不動産テック

巨大産業の破壊者《ディスラプター》たち

北崎 朋希・本間 純 著
谷山 智彦 監修
日経不動産マーケット情報 編

本書に登場する主な米国不動産テック企業

Cadre（カドル）
――富裕層向けクラウドファンディング

トランプ大統領の娘婿ジャレッド・クシュナーらが立ち上げたクラウドファンディング事業者。オフマーケット物件を取得し富裕層に的を絞って資金募集。物件取得担当としてBlackstone、不動産投資大手Starwood Capital、大手金融機関JPMorgan Chaseなどの出身者を揃えた。

→第七章

Compass（コンパス）
――高級住宅特化型のデジタル仲介事業者

高級住宅に特化したオンライン型の仲介会社。ITシステムを活用した徹底したコスト削減で、手数料を割り引くディスカウント仲介のモデルを進化させた。エージェントを高額報酬でスカウトすることで有名。ソフトバンクから4億5000万ドルの投資を受け入れ急成長中。

→第四章

CompStak（コンプスタック）
――ユーザー投稿型の賃料データベース

事業用不動産の成約賃料データベース。外部のブローカー、リサーチャー、鑑定士などに匿名での投稿を促すことで、情報流通の量と速度を飛躍的に高めた。2012年にニューヨークで創業し、有名アクセラレーターの500 Startupsなどが投資。

→第八章

CoStar Group（コースターグループ）
――事業用不動産の総合データベース

1987年に登場した情報サービス。ワシントンDCに本社を置き、事業用不動産の賃貸契約事例や売買事例などの有料データベースで全米最大手。98年にナスダック市場に上場。2800人の従業員を抱え、大規模なコールセンターを使って各地のエージェントなどから情報を収集する体制を敷く。

→第八章

LiquidSpace（リキッドスペース）
――遊休空間を活用するオフィス版Airbnb

2011年シリコンバレー発のマッチングサービス。ビルオーナーは無料で空きスペースを登録し、契約が締結された場合に1回だけ月額賃料の10％を手数料としてLiquidSpaceに支払う。マリオットなどと提携し、ホテル内会議室の貸し出しも開始。

→第六章

eXp Realty（イーエクスピーリアルティー）
――無店舗型で急成長する仲介会社

仮想空間などを生かした業務システムを持ち、オフィスや店舗を原則持たない「クラウド型」の住宅仲介会社。住宅仲介を担当するエージェントを全米に1万5000人抱え急成長中。2018年5月にナスダック上場。

→第四章

Fundrise（ファンドライズ）
――WTC建設資金もクラウドで調達

インターネットで小口資金を集め、不動産取得や開発の資金を調達するクラウドファンディングプラットフォーム。ニューヨークのワールドトレードセンター再建においても、その建設資金の一部をFundriseが調達。Eリートと呼ぶ個人投資家向け私募REITも運用する。

→第七章

Opendoor（オープンドア）
――人工知能が買い取り価格を査定

オンライン決済サービスのスクエア出身者らが2014年に立ち上げた住宅買い取り再販サービス。人工知能（AI）を使って住宅価格を査定し、現地でのインスペクションを経て買い取る。仲介モデルよりも決済が早いのが特徴。ソフトバンクから18年9月に大型資金調達を実施。

→第四章

Redfin（レッドフィン）
――デジタル時代の不動産仲介業者

2006年にシアトルで創業。通常のリスティングサイトと異なり、自らが仲介業者となって売買契約まで一貫したサービスを提供している。利用者には仲介手数料の一部を還元する仕組み。Zillowにならい、独自に住宅価格を推計するサービスを15年12月から開始。

→第四章

VTS（ブイティーエス）
――ブラックストーンも使う運用管理ソフト

2011年、ニューヨークで設立。社名は「View The Space」から。賃貸状況をビジュアル化する機能が豊富で、パフォーマンス管理や物件レポートの作成を自動化、リアルタイム化する。15年1月にブラックストーンが出資、大規模導入に踏み切った。

→第二章、第八章

WeWork（ウィーワーク）
――コワーキングオフィスの雄

2010年設立のコワーキングオフィス最大手。ビルオーナーから借り受けたスペースを改装し、スタートアップ企業やフリーランスワーカーに転貸するビジネスで急成長した。立て続けに資金調達を実施し、同社の施設が集積するマンハッタンでは賃借面積でトップにランクイン。シェア住宅のWeLiveなど多角化を急ぐ。

→第六章

Zillow（ジロー）
――推定価格を提供するリスティングサイト

2006年にシアトルで設立。11年にナスダック上場。本業は住宅の売買・賃貸物件情報を掲載するサイト。登記情報や自治体の統計データを基に、1億1000万戸以上の住宅価格を推計したゼスティメートを無料で公開し、同種のサービスの先駆けとなった。価格の推移や過去の売買履歴も公開している。

→第三章

プロローグ
迫るディスラプターたち

その男は、即断即決だった。

2017年1月、メディアはソフトバンクが組成したばかりのビジョン・ファンドが、米国のスタートアップWeWork《ウィーワーク》に巨額出資するニュースを一斉に報じた。トランプ大統領に500億ドルの米国投資を提案する少し前、ニューヨークに当時38歳の創業者、Adam Neumann《アダムニューマン》を訪ねた孫正義。到着するなり時間がないことを告げると若き起業家を次の行先へ向かう車に誘い、その場でiPadに44億ドル（約4900億円）の出資契約をしたためたという（Forbes Magazine）。

コワーキングオフィス事業を手がけるウィーワークは、この出資によって未上場ながら当時200億ドルの時価総額を得ることになる。その後の資金調達によって、時価総額は470億ドル（約5兆2000億円）に増大した。その数字は、いずれも2兆円台半ばの三井不動産と三菱地所を合わせた規模に匹敵する。

日本発のITコングロマリット——というよりも、実態としては〝クレージー〟な発想を持つカリスマ経営者のベンチャー投資会社——として、米国のスタートアップかいわいでソフトバンクの名を知らぬ者はいない。総額930億ドル（10兆4000億円）規模のビジョン・ファンドには、同社のほかサウジアラビアとアラブ首長国連邦の政府系ファンド、アップル、鴻海《ホンハイ》精密工業、クアルコムなどが顔をそろえた。市場での評価がある程度確立した未公開企業に狙いを定め、ライバルが成長する前に大量の資金を一気に投入して、投資先を半ば強引にナンバーワンプレーヤーに育て上げる。その目利きが、後の支配者を決めるという意味で、ビジョン・ファンドの投資スタイルを、「キングメーカー」と呼ぶ人もいる。

投資先はアームホールディングスやエヌビディアなどの半導体メーカーに加え、ライドシェアサービスのウーバー、軍事用ロボット開発のボストンダイナミクス、小型通信衛星のワンウェブ、バイオベンチャーのロイバント、フィンテック企業ソーファイなど多彩。その巨大な波が、ついに不動産業界に及んできた形だ。

ファンドはその立ち上げ以降、ITを活用した建設会社のカテラ、住宅買い取り再販のオープンドア、オンライン仲介業者のコンパスなど、不動産テックの各分野で有名なスタートアップに数百億円〜千億円規模の投資を実行した。19年1月に発表したウィーワークへの20億ドルの追加出資と合わせ、同分野への投資は累計約150億ドルに達している。

多くのプレーヤーが100年以上の歴史を持つ不動産業界にとって、ウィーワークはえたいの知れない怪物だ。創業から8年半で、東京を含む86都市に約300拠点を展開したその成長スピードだけが理由ではない。同社のビジネスモデルの中に、自身の存立基盤を脅かしかねない本質的な「何か」を見いだしている。

不動産賃貸業は言うまでもなく、土地・建物を所有してテナントに貸し出す、インフラビジネスとしての側面が強い。ただし、その業務の中には、適正な賃料でテナントを募集し、オフィス空間を清掃や警備などの管理サービスとともに提供して、彼らが退去しないようにその満足度を維持するオペレーションの側面も無視できない比重を占めている。

ところが、ウィーワークはオーナーである不動産会社からビルを借り受ける形で、ビルを所有せずに賃貸業を実現している。いわば宿泊業におけるホテルオペレーターのような存在だ。テナント企業の総務担当者にとっては、入居・退去にまつわる面倒な契約事務も内装工事も必要なければ、室内清掃からコピー機の用紙補充、来客対応、コーヒーの用意まで肩代わりしてくれる便利な存在である。同社が実現しているのはオフィス環境をサービスとして提供すること。これは、ソフトウエアをCD-ROMなどのパッケージとして販売するのではなく、月々の対価を得てインターネット上の利用権を提供するSaaS（Software as a Service）と同じビジネスモデルだ。いわばReal Estate as a Serviceとでも表現できるだろう。

近年、自動運転やライドシェアの普及により、個人の自動車保有が廃れ、利用したいときにだけ利用するMaaS（Mobility as a Service）と呼ばれるサービスに置き換わるという未来が現実味を持って語られるようになった。

「ウィーワークはつまらない場所だった賃貸オフィスにホテルライクなサービスを提供し、ユーザー体験をかつてない高みに押し上げた。彼らは我々の顧客接点を完全に奪ってしまいかねない」。こうした不動産会社の経営者の発言は、そのまま

MaaSの到来におびえる今の自動車メーカーの心情に重なる。

変革は辺境から

米国の住宅市場では、オンライン仲介業者のレッドフィンやコンパスが急速にシェアを拡大。AI（人工知能）による価格査定などのサービスを進化させながら、現場で営業を手がけるエージェントを多数抱える、いわばリアル×ITのハイブリッド型のビジネスモデルによって、センチュリー21といった従来の仲介業者に真っ向勝負を挑んでいる。住宅の買い取り再販事業では、ソフトバンクの投資先でもあるスタートアップのオープンドアが存在感を示している。

これらの不動産テック企業のビジネスモデルには、一見、従来のリアルな不動産会社が手がける事業と見分けがつかないものもある。しかし、本質的に共通しているのは、まず、AIをはじめとする技術のトレンドに明るい若手経営者がおり、そのアドバンテージを最大限に利用していること。そして、ベンチャーキャピタル（VC）が供給する豊富な資金をテコにして、時に数年で参入市場の景色を一変させるほど爆発的な成長力を見せること。敵視するか革命児と持ち上げるかは立場によるが、要は不動産業界にとって、あくまでITスタートアップのエコシステムの中に生きる、アウトサイダーたちであるということだ。

既存のルールや慣習にとらわれず、業界団体のしがらみもない新興企業が、これまでと違った角度の発想でパラダイムシフトを起こし、すでに確立された商品・サービスの市場を根底から覆してしまう現象はＩＴ業界で繰り返し見られてきた。

ハーバード大学のクレイトン・クリステンセン教授は１９９７年の名著「イノベーションのジレンマ」で、「Disruptive Innovation（破壊的イノベーション）」という言葉を紹介した。コンピューター産業を舞台に、市場の定義そのものを覆すような革新的技術や製品によって、従来の価値観やビジネスモデルに縛られた大企業の製品やサービスを駆逐してしまう新興プレーヤーの姿を描いた。

着々と力をつける彼らは今や、不動産会社の独壇場だったファンド運用やテナント仲介事業にも手を伸ばし、その領域を侵食している。米国内に１０００社、世界に３０００社あるともいわれるこうした企業群の中から、不動産市場に新たな勝者が生まれる日は思ったよりも早そうだ。国内でも、大手不動産会社のうちいくつかは、すでにその恐れに気づいて行動を始めている。

スタートアップを中心とした、いわゆる「不動産テック」の具体的な動きは続く本編で詳しく見ていく。その前に、本書のもう一つのテーマである巨大テック企業の動きに触れておこう。

米国テックに街づくりの主導権

ＧＡＦＡ《ガーファ》（グーグル、アップル、フェイスブック、アマゾン）と呼ばれる巨大なテック企業の群れ。最近ではプライバシー問題や独占の弊害なども批判されるが、良きにつけあしきにつけ、その支配力がネットの世界から現実世界へと及んでいる。それは、住宅や都市環境の分野においても例外ではない。各社は自動運転技術や、スマートスピーカーを切り口としたIoT住宅の開発にしのぎを削るが、なかでも目立つのがグーグル、アマゾン両社のつばぜり合いだ。

前者は8万5000人、後者に至っては61万5000人の従業員を抱える「オフィステナント」であり、金融危機後のオフィス需要を支える不動産業界のお得意様だ。近年はテックワーカー不足のため、ニューヨーク、ボストン、サンフランシスコ、ロンドンといった都市の人気エリアで物件確保に余念がない。東京では、グーグルが現在の2倍にあたる社員を雇用すべく、渋谷駅前の35階建て新築ビルのオフィスフロアを一棟借りし、恐ろしいほどの成長力を見せつけた。

そうした現実世界での影響力を極端な形で行使したのがアマゾンだ。17年9月からの約1年間、全米とカナダの一部で行われた進出予定地公募（第二本社計画）では、各自治体が多額の補助金や減税を提示した。有利な条件を引き出そうと、将来の雇用を餌に一企業が自治体間を競わせた手法には少なからぬ批判もあったが、これが米国で起きている現実である。一方のグーグルは、既存の道路や駐車場、電気自動車の充電設備といったインフラに飽き足らず、カナダ・トロントでグーグル仕様のスマートシティ建設に着手している。

スマートホーム、スマートシティにまつわる技術といえば、これまで、パナソニックをはじめとする日本メーカーの独壇場であり、不動産デベロッパーも各地でそのコンセプトを取り入れた地域開発を進めてきた経緯がある。ただ、要素技術開発は進むものの最終消費者である住み手との距離がなかなか縮まらない。その間にユーザー志向を貫くグーグル、アマゾンが、まがりなりにもスマートスピーカーの普及で先行。さらには自動運転やセンサー技術を活用した街づくりの展開も視野に、まずは玄関口となる卓上デバイスの覇権確立に王手をかけた状況にある。

ここでも、前述したディスラプターへの恐れが思い起こされないだろうか。耳馴染みのある例えを挙げれば、一度は携帯型音楽プレーヤーの覇権を握りながら、CDなどのパッケージ音楽ビジネスの保護に腐心しているうちに、米アップルに主導権を奪われたかつてのソニーの教訓だ。今そうした恐れに目を向けなければ、不動産・住宅・住設・電機といった国内プレーヤーは、海外のテック企業の下働き、良くて要素技術なり互換製品のプロバイダーに甘んじる未来しか見えない。

時間はもう、それほど残っていないのである。

1 ユニコーンを追って

今やバズワード（はやり言葉）となった不動産テック。ビッグデータや人工知能などの最新技術を武器に旧態依然とした業界の変革に挑むスタートアップの群れは、既存勢力と対立や融和を繰り返しながら、驚くほど速い勢いで業界秩序を塗り替えている。ブームの震源地である米国の動きを中心に解説する。

ニューヨーク市マンハッタン。ブロードウェイと5番街が交差する三角形の敷地に立つ22階建てオフィスビルは、1902年の竣工当時、市内で最も高い建物と呼ばれた。当時のアイロンの形になぞらえて「フラットアイアン」と呼ばれるこの歴史的建造物の愛称は、そのまま、周辺のエリア全体を示す名前として定着している。

米国では優に1000社以上、世界では3000社を超えるといわれる不動産テック企業。その一大集積地となったのがニューヨーク、なかでも、〝シリコンアレー〟の別名を持つフラットアイアン地区だ。大企業が集うミッドタウンの堅苦しい雰囲気を嫌い、古びた中小ビルのフロアを今風に改装した空間を好むミレニアル世代*1の起業家が相次いでオフィスを開いてきた。1km^{2}に満たないこのかいわいに、30を超える不動産テック企業が本社を構える［図1］。

木々の葉が色づいた11月初旬、この街ではNYC Real Estate Tech Weekと呼ばれる一連の催しが行われ、不動産会社、業界団体、大学などが市内各所でセミナー

*1 30代半ば前後までの若者たち。デジタルネイティブであり、旧来の価値観に縛られない生き方を尊重する。ミレニアルズとも。

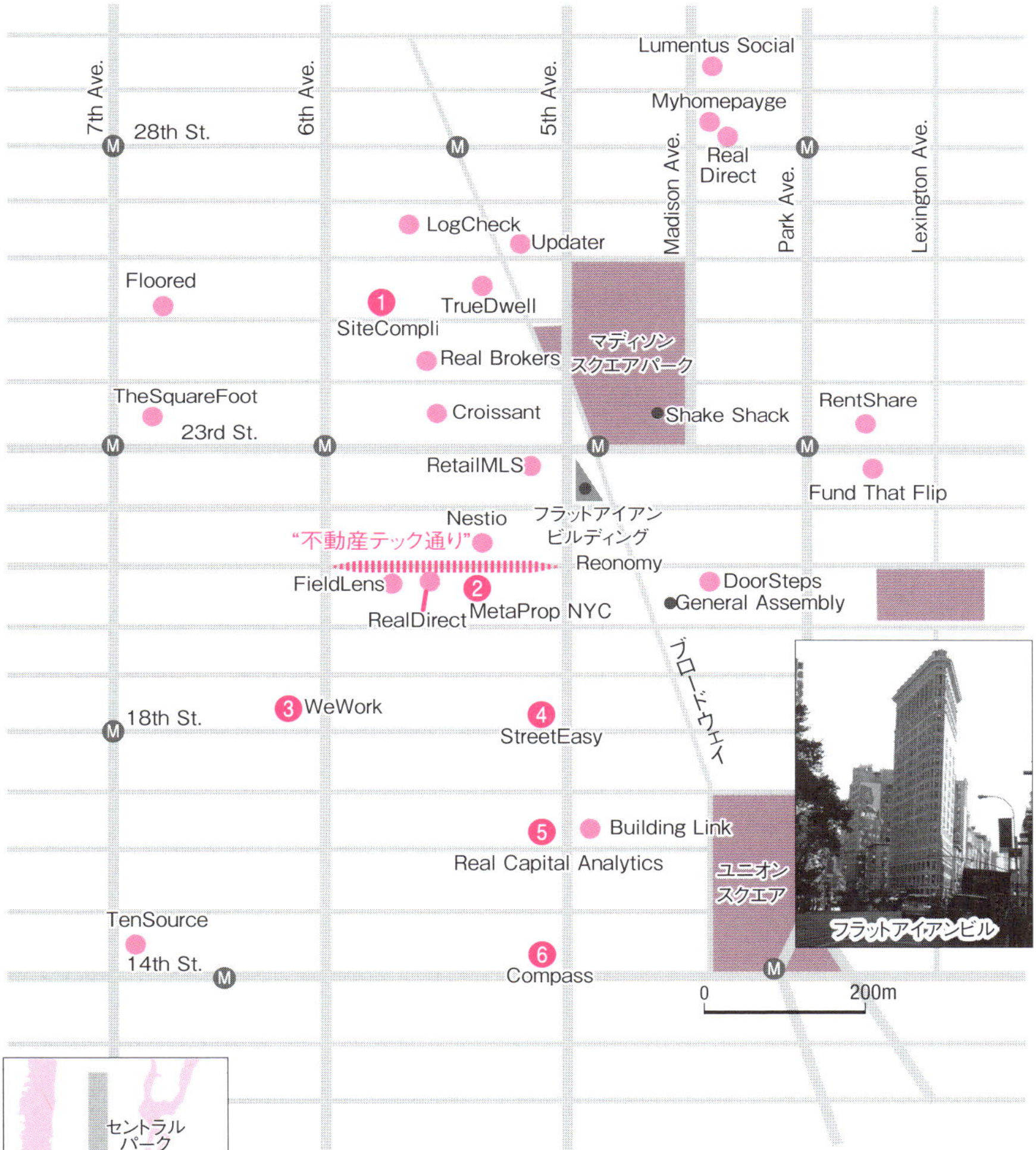

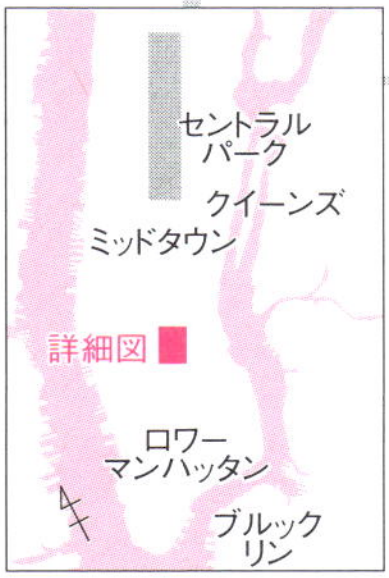

❶**SiteCompli** ▶ 不動産開発・運用者向けのコンプライアンス対策チェックツールを提供	❸**WeWork（本社）** ▶ 日本にも進出して急成長中のコワーキングオフィス運営大手	❺**Real Capital Analytics** ▶ 世界172カ国・地域をカバーする事業用不動産売買のデータベース
❷**MetaProp NYC** ▶ 不動産テックに特化したスタートアップ・アクセラレータ	❹**StreetEasy** ▶ ニューヨーク中心の住宅リスティングサイト大手。Zillowが2013年に買収	❻**Compass** ▶ 高級住宅特化型のデジタル仲介事業者。創業から5年で仲介ランキング上位に

〔図1〕**ニューヨーク・フラットアイアン地区の不動産テック企業の分布**

❶〜❻と●はいずれも不動産テック企業の本社所在地。Ⓜは地下鉄駅

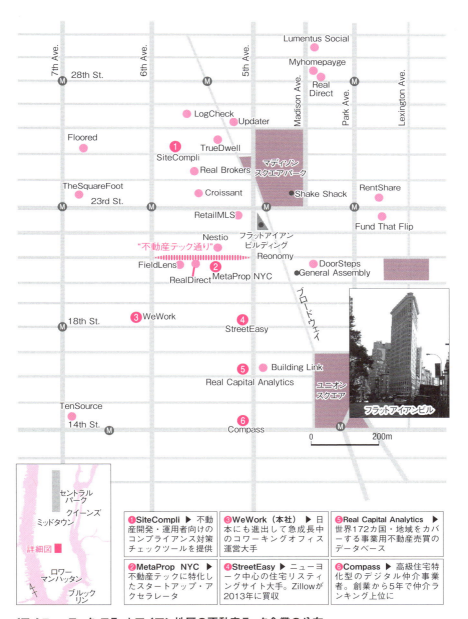

や討論会を開催する。旗艦イベントとなるのは、名物のスタートアップ・コンペティション[*2]をはじめ、30ほどのセッションが開催されるミピムプロップテックNYCだ。[*3]

2016年に始まった同イベント。不動産テック人気のバロメーターともいえるその参加者数は、当初の300人から800人、そして1000人超へと、年ごとに増加してきた。海外からの参加者も急増している。日本からは三菱地所、日本郵政グループ、東京スター銀行のほか、ウェルスパーク[*4]など複数のスタートアップが参加。邦人参加者の数は直近では50人を数えた。初回の邦人参加者が本書の著者2人だったのを思い出すと、この2年間の変化に驚くばかりだ（図2）。

幻獣を追う投資家たち

〝ユニコーン〟――。Google《グーグル》やFacebook《フェイスブック》の後を追う無数のスタートアップの中から、ごくまれに誕生する巨大な成功者。具体的には、企業価値10億ドル[*5]（約1100億円）を超えた未公開企業を、幻の怪獣「一角獣」になぞらえて呼ぶテック業界のバズワードだ。企業価値1200億ドルとも言われる[*6]配車サービス、UBER《ウーバー》が筆頭格。広い意味での不動産テック企業としては、Airbnb《エアビーアンドビー》が挙げられる。

英Savills《サヴィルズ》によれば、世界の不動産市場規模は217兆ドル。利益率で金融業に次いで2番目に高い産業となっている。その巨大さにもかかわらず、業界には情報の非対称性、労働集約型の産業構造など多くの非効率が温存されてきた。米コンサル

＊2　米国のテック業界をリードするベンチャーキャピタルや不動産会社役員の前で、起業家たちが自分のビジネスアイデアをアピールするセッション。

＊3　地元ベンチャー投資会社のMetaProp NYCと、仏イベント会社のReedMIDEM社が共催。

＊4　東京を拠点にアジア各国に向けて投資用物件の販売・管理プラットフォームを提供するスタートアップ。

＊5　未公開企業の企業価値は、直近増資時の割当価格から算出する。

＊6　ウォール・ストリート・ジャーナル（電子版）が18年10月、ゴールドマン・サックスとモルガン・スタンレーが上場準備中のウーバーに提出した試算として報じた。

〔図2〕**NYC Real Estate Tech Weekの様子**

MIPIM PropTech NYCをはじめとする、2016年以降の写真から構成した

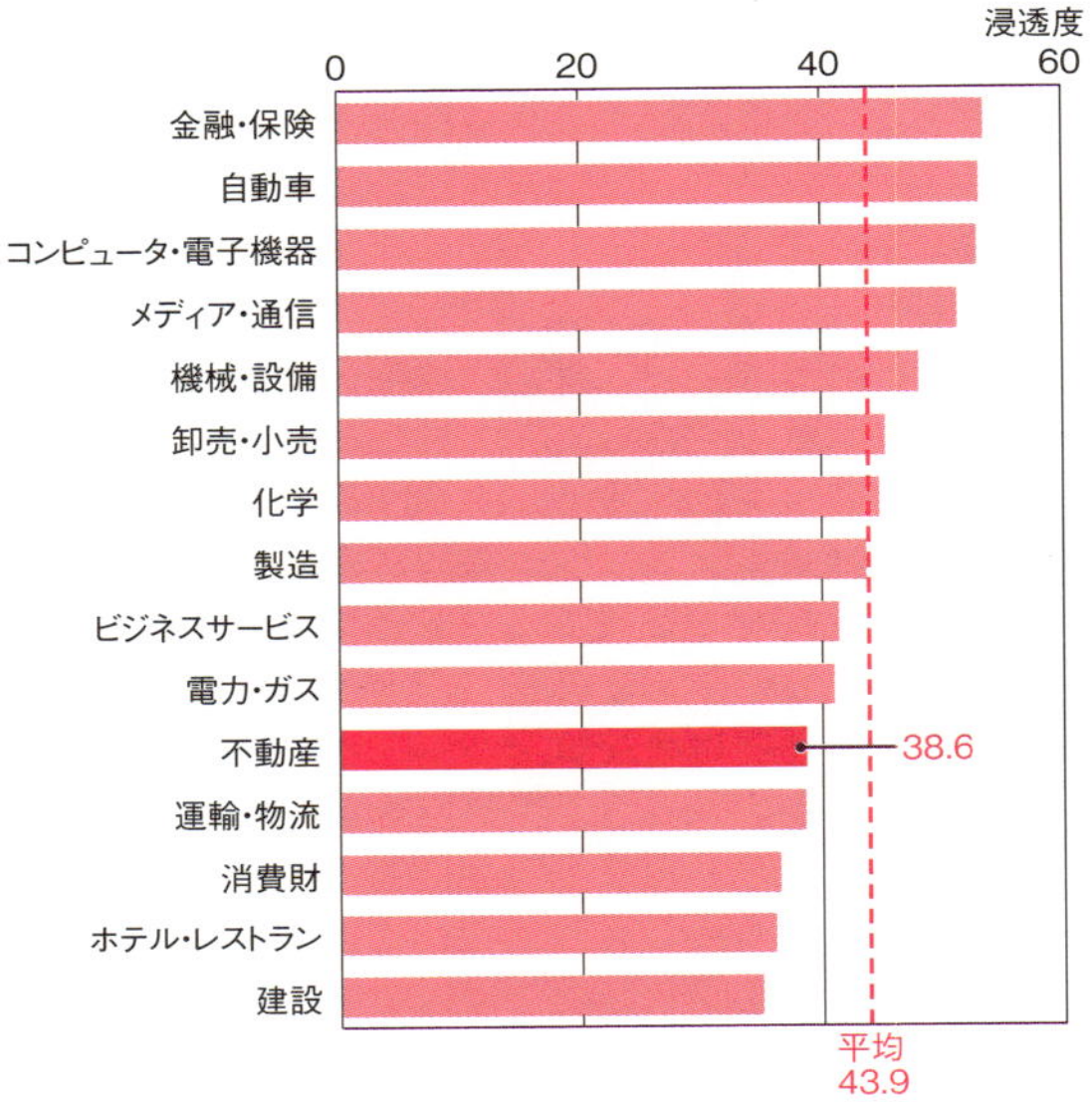

〔図3〕**各産業のデジタル化浸透度**

（資料：Booz & Company（現PwC Strategy&）「2012 Industry Digitization Study」）

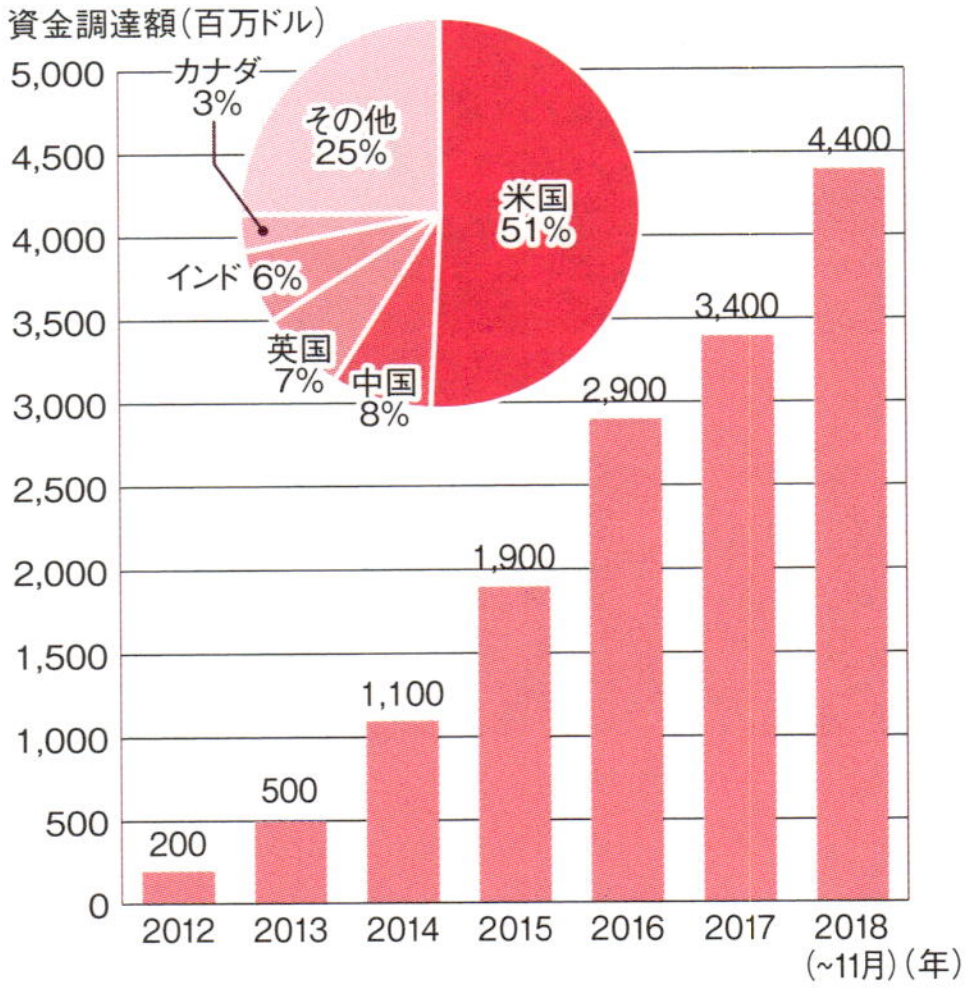

〔図4〕**世界の不動産テック資金調達額と、国別資金調達額**

（資料：CB Insightsを基に作成）

ティング会社ＰｗＣ《ピーダブリューシー》 Strategy&《ストラテジーアンド》によると、不動産業界のデジタル化浸透度は運輸・物流業と同程度で、大半の産業と比較して遅れた立場にある〔図3〕。巨大で利益率が高く、かつ非効率な市場こそ、一般にテック企業の参入余地が大きいとされる。オンライン化される前の旅行業界や証券業界などが典型だ。野心に燃える起業家、投資機会に貪欲なベンチャーキャピタリストなどの顔ぶれが、次なるユニコーンを求めてこの業界に流入している。

米調査会社のCB《シービー》 Insights《インサイツ》によると、世界の不動産テック・スタートアップへの投資は年率１８０％[7]のペースで増加しており、18年は44億ドル[8]（約５０００億円）を超えるのが確実だ。国別に見ると、世界最大の不動産市場である米国が約5割を占めた[9]〔図4〕。

米国不動産テックのスタートアップを見渡すと、数の上で目立つのはリスティング（物件検索）サイト、小口投資家の資金を不動産取得・開発に投資するクラウドファンディング、不動産会社に業務支援ソフトを提供するマネジメントツール系不動産テックなどである〔図5〕。資金調達額ランキングの上位には、WeWork《ウィーワーク》、Airbnbを筆頭に不動産仲介会社のCompass《コンパス》、買い取り再販事業を手がけるOpendoor《オープンドア》などの顔ぶれが並ぶ〔図6〕。

同国ではＶＣ業界最大手のSequoia《セコイア》 Capital《キャピタル》や、有名スタートアップ・アクセラレーター[10]のＹコンビネーターなどが複数の不動産テック企業に出資。ここに来て、不動産テック専門アクセラレーターも相次いで設立されている。

＊7 13年以降5年間の平均値。

＊8 数字にはWeWorkを含まない。

＊9 米国が過半を占めるのはサービスの基盤となる不動産情報の質と量が圧倒的に充実していることも理由と考えられる。

＊10 初期段階のベンチャー専門の投資・育成会社

数あるベンチャー投資家のなかでも、日本のソフトバンクの存在感は米国において群を抜いている。サウジアラビアの政府系ファンドなどと共同投資するビジョン・ファンドを中心に約150億ドルを投資してきた〔図7〕。最近では住宅買い取り再販大手オープンドア、オンライン型の不動産仲介会社であるコンパスへの大型投資が注目を集めた。なかでも目立つのがコワーキングオフィス運営大手、ウィーワークへの投資だ。18年11月に実施した30億ドルの新株予約権の引き受けや、19年1月に発表した20億ドルの追加出資などを合わせ、すでに100億ドル以上を投じている。

不動産テックとは何か

不動産テックは、賃貸・売買といった取引、資産管理といった業務、市場調査や鑑定といった評価の各場面に応じて先端テクノロジーを活用し、新たな付加価値を生み出す概念と言い表せる。ただし、一口に不動産業務と言っても、関連するビジネスは、住宅系・事業系、分譲・賃貸、投融資など極めて多岐にわたる。

また、これらの個々の機能・サービスに対して応用可能なテクノロジーの範囲も非常に幅広い。要素技術としてはIoT（モノのインターネット）、VR（仮想現実）、人工知能、ブロックチェーンなどが使われている〔図8〕。

同分野で先行する米国を含め、その言葉の定義についてはさまざまな意見があるが、本書がこれから紹介しようとしている不動産テックの姿をここではっきりさせ

〔図5〕**米国の主な不動産テック企業**

順位	会社名	業態	対象	調達額	累計調達額	時期
1	WeWork	コワーキングオフィス	事業用	44億ドル	120億5600万ドル	2017年8月
2	Airbnb	民泊マーケットプレイス	住宅	15億ドル	43億9800万ドル	2015年6月
3	Compass	デジタル住宅仲介	住宅	4億ドル	12億800万ドル	2018年9月
3	Opendoor	オンライン買い取り再販	住宅	4億ドル	10億4500万ドル	2018年9月
5	EasyKnock	セール&リースバック	住宅	1億ドル	1億500万ドル	2018年9月
6	Redfin	デジタル住宅仲介	住宅	7100万ドル	2億1000万ドル	2014年12月
7	Cadre	不動産クラウドファンディング	事業用	6500万ドル	1億3300万ドル	2017年6月
8	LendingHome	オンライン住宅ローン	住宅	5700万ドル	1億6600万ドル	2017年10月
9	VTS	リーシングマネジメント	事業用	5500万ドル	9700万ドル	2016年5月
10	Apartment List	賃貸住宅マーケットプレイス	住宅	5000万ドル	1億900万ドル	2018年1月

〔図6〕**直近5年間の米国不動産テックにおける資金調達額ランキング**

Crunchbaseを基に作成、対象は2014年以降の私募による資金調達事例。
累計調達額は設立以来の額。

会社名	業態	投資額	時期
WeWork	コワーキングオフィス	106億5000万ドル	2019年1月
View	自動調光ガラス開発	11億ドル	2018年11月
WeWork China	コワーキングオフィス	10億ドル	2018年7月
Katerra	ITを活用した建設会社	8億6500万ドル	2018年1月
Compass	デジタル仲介	8億5000万ドル	2018年9月
Opendoor	住宅買い取り・再販	4億ドル	2018年9月
Housing.com	住宅ポータルサイト	1億ドル	2014年11月
Reonomy	不動産データベース	4670万ドル	2018年6月
Fieldlens	建設プロジェクト管理	990万ドル	2014年5月
Updater	引っ越し手続き代行サービス	800万ドル	2014年4月
OYO	IoTを採用したインドのホテルチェーン	630万ドル	2016年8月
PropTiger	インドの不動産リスティングサイト	550万ドル	2017年1月

〔図7〕**ソフトバンクグループの不動産テック企業への投資**

Crunchbaseと各社報道を基に作成。投資額は複数の投資ラウンドがある場合その合計。時期は直近の投資

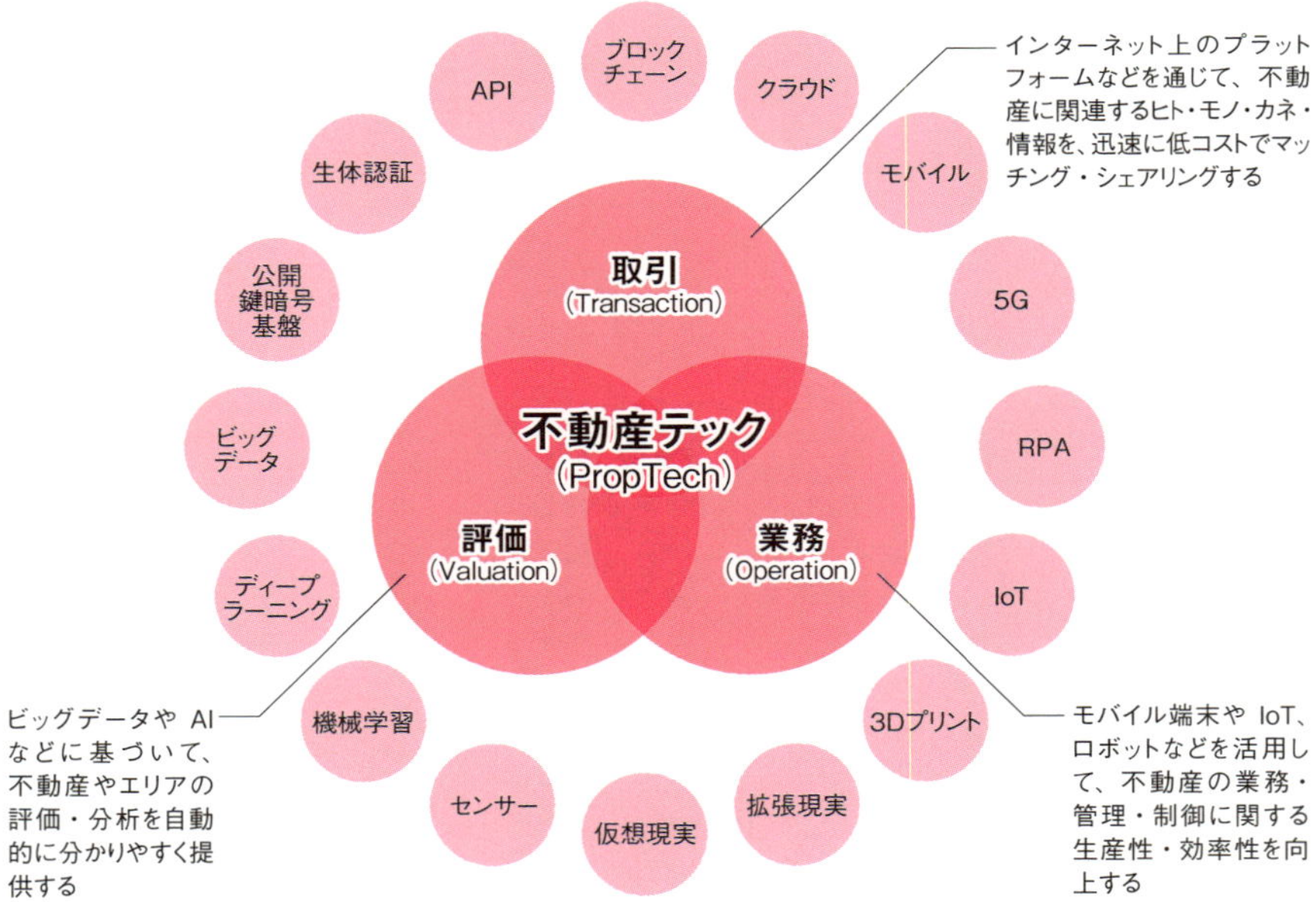

〔図8〕**不動産テックが変える三つの領域と周辺の要素技術**

(資料:谷山 智彦)

ておきたい。すでに金融業界で話題になっているフィンテックと同様に、業務プロセスや特定の作業を効率化するためのＩＴ化にとどまらない概念だ。

例えば、民泊ビジネスで一躍有名となったAirbnbは、自宅を貸したいホストと旅行などで滞在したいゲストをウェブサイト上でマッチングすることで、これまで特定の世帯が永続的に占有していた住宅という空間を、旅行者の宿泊空間へと変身させた。これは住宅やホテルという存在の垣根を消失させるものであり、宿泊・観光業界のみならず各地の小売業や文化にも多大なインパクトをもたらした。

不動産テックとは、単にデジタルツールを活用して漸進的な業務改革をめざすものではない。新しいテクノロジーを活用することで、不動産に関連する事業や市場を変え、そして不動産に関わる人々の意識そのものを変革する。組織変革やビジネスモデルの転換に重点を置いた用語を使えば、デジタル・トランスフォーメーション[*11]をめざす動きといえよう。

*11　デジタル技術を活用することで新しいビジネスモデルを構築することや、事業そのものの変革を行うこと。単に業務効率を向上させるという従来の「デジタル化」の延長線上にはない概念。

解説

米国の起業環境は選別期に

米国の不動産テックには、どのようなスタートアップ企業が誕生しているのだろう。図9は米国のデータベースCrunchbase《クランチベース》を参考に、米国の不動産テックの起業件数の推移を独自に集計したものである。これをみると不動産テックの起業トレンドは4段階に分けられる。

まずは年間数件程度の起業が行われていた04年までの「黎明期」である。米国でコンピューターが普及し始めた1980年代後半に設立されたのがCoStar《コースター》である。同社は、事業用不動産の価格、賃料、テナント情報などを収集し会員制データサービスを開始した。また、同じ時期には住宅の賃貸や売買の情報を集約したBtoC型のApartments.com《アパートメンツドットコム》、オフィスビルや店舗などの事業用不動産に特

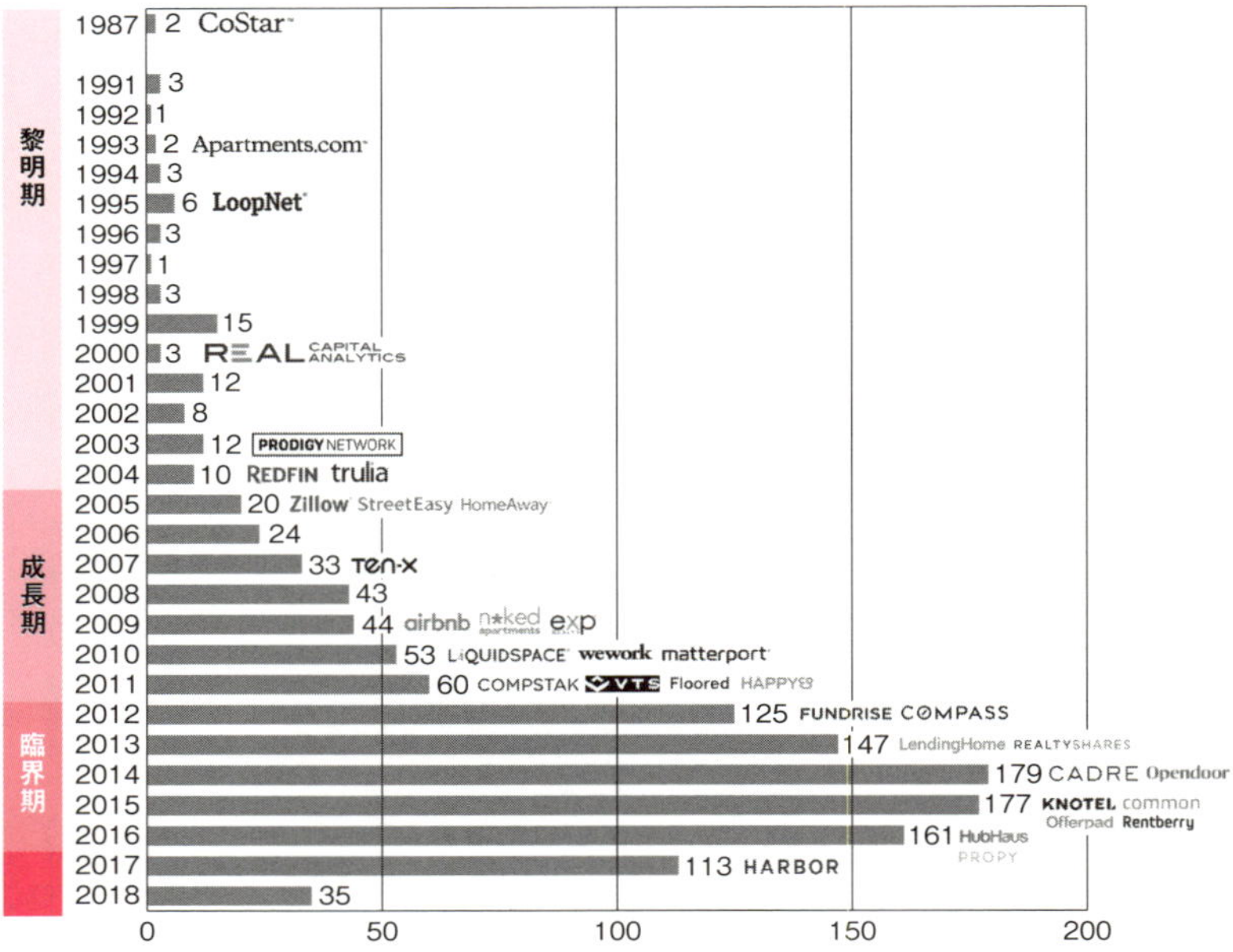

〔図9〕米国不動産テックの起業件数とその分類

（資料：Crunchbaseを基に作成）

化したＢｔｏＢ型のLoopNet《ループネット》など、リスティングサービスが数多く創業した。

続いて住宅リスティングサービス最大手であるZillow《ジロー》が設立された05年から11年までが、起業件数が安定的に増加していた「成長期」である。例えば、住宅の短期賃貸をターゲットにしたエアビーアンドビー、オフィスビルなどの賃貸管理ソフトウエアを提供するＶＴＳ、３Ｄによる室内レイアウトツールを提供するFloored《フロアード》などが代表的な企業である。

そして12年から16年までが年間１００件以上の起業が行われた「臨界期」である。この時期には、12年４月にＪＯＢＳ法*12が成立したこともあって、Fundrise《ファンドライズ》や、Cadre《カドル》などの不動産クラウドファンディング企業が多数設立された。先に触れたオープンドアやコンパスなどの創業もこの時期だ。

しかし、17年以降は一転して起業件数が減少傾向に転じた。不動産テックへの関心は高まり投資額も増加しているものの、一方で多くのアイデアがすでに試され、一部のセクターではレッドオーシャン化したことにより起業のハードルが上がったとも言える。不動産テックは「選別期」に突入したといえるだろう。

＊12 Jumpstart Our Business Startups Actの略。起業の促進を目的に幅広い分野で規制緩和を実施した。

2

大手が先を争うテック展開

不動産テックにおいて、テック系ベンチャーキャピタルやソフトバンクのようなプレーヤーと並んで欠かせない役割を果たしているのが既存の大手不動産会社の投資だ。直接投資やファンドを通じた間接投資によって、日米両国でその存在感は高まっている。最近では彼らを投資家とする不動産テック専門VCも相次いで設立されている。

不動産市場の大きさと利益率の高さ、その規模と反するように旧態依然としたワークスタイルは、日本でも海外でもそれほど変わらない。

国内の不動産業の市場規模は約40兆円。売上高経常利益率は14・0％と全産業平均の5・4％を大きく上回る水準にあり、その生み出す付加価値は64兆円と国内総生産（GDP）の12％を占める。これは製造業、流通業に次いで第3位であり、不動産業の影響力を最も良く示す数字だ〔図1〕。利益率においても、不動産業は各産業と比較して一番高い水準を誇る〔図2〕。事業所数*1は、全国のコンビニエンスストアの約6倍となる35万拠点に上り、従業者数は売買・賃貸を合わせて約100万人を数えている。

しかし、これら事業所のうち9割は従業員4人以下の小規模なもの。IT投資の余力のある事業所は限られており、業務の多くが依然として紙と電話、ファクス――良くても電子メールとエクセルシート――を用いた労働集約型の産業となって

*1　企業の本社、支店のほか、支店を持たない企業の単独事業所などを含む。

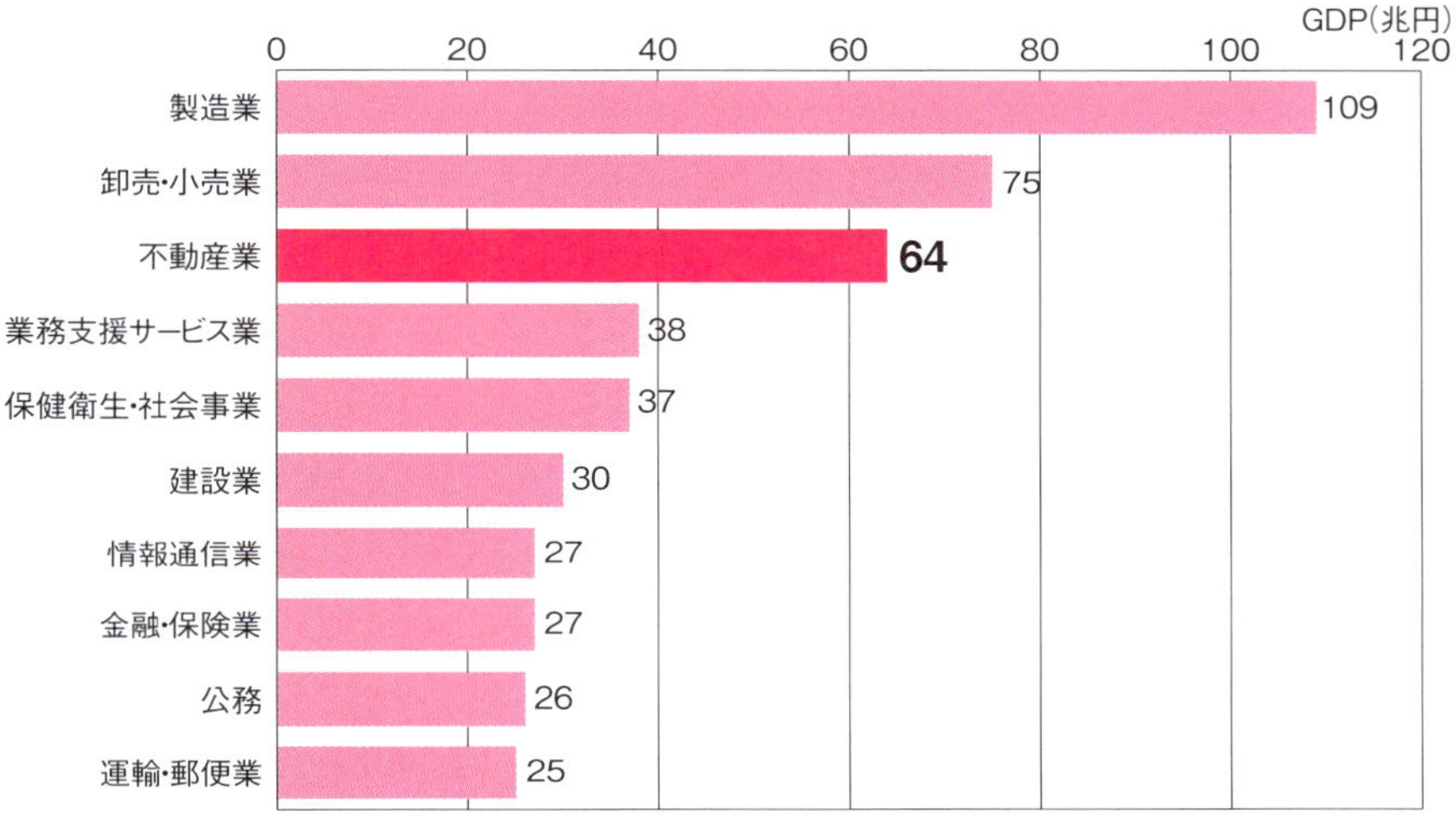

〔図1〕**主な産業別GDP**(国内総生産)

内閣府発表の平成29年度国民経済計算における経済活動別国内総生産より大項目1位〜10位を掲載
業務支援サービス業は正しくは「専門・科学技術、業務支援サービス業」

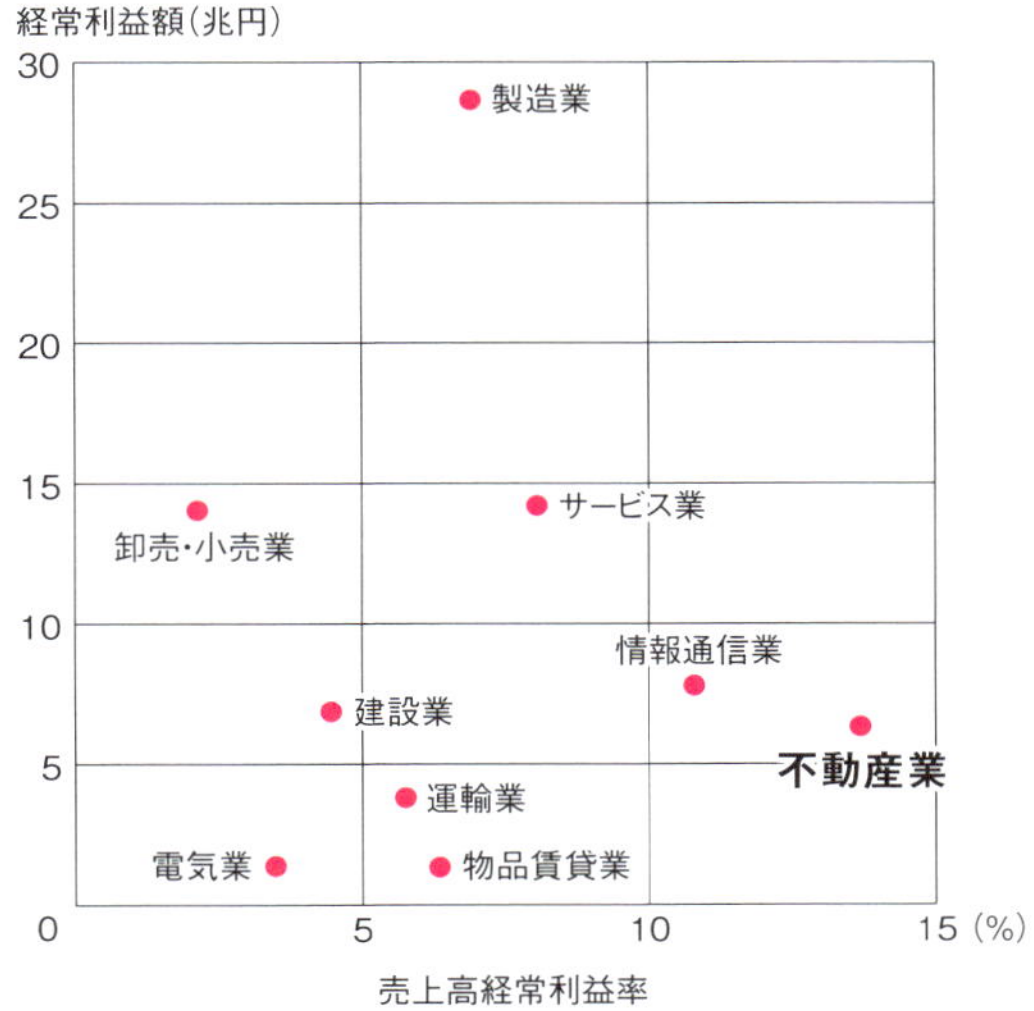

〔図2〕**他業界よりも高い不動産業の利益率**

(資料:財務省「平成29年法人企業統計」)

いる。その効率化に成功すれば大きな利益が見込めるとあって、国内でも不動産テック投資が流行の兆しを見せている。

毎年100社近くの不動産テックが創業している米国と比較すると数は多くないものの、日本でもいくつかのスタートアップが誕生しつつある。有望株の一つがスタートアップの「軒先」やスペースマーケットなどが手がけるスペースシェアリング。空き店舗や駐車場などのオーナーと借りたい人を結ぶマッチングビジネスだ。また近年、数多く設立されているのが不動産を対象としたクラウドファンディングである。この分野のプレーヤーには、オフィスビル投資と並行してクラウドファンディングを手がけるロードスターキャピタルなどがある。

近年では、大手企業とベンチャー企業が手を組み新たなサービスを立ち上げる動きがみられる。取り組みをリードしているのは日本を代表するデベロッパー、三井不動産と三菱地所だ〔図3〕。

三井不動産は18年5月に、ベンチャーキャピタル（VC）のグローバルブレインとともに300億円規模のファンドを立ち上げ、国内外で投資先を発掘する計画を発表した。これは16年2月に50億円規模で立ち上げた1号ファンドに続くもの。前回が比較的若いアーリーステージのスタートアップを対象にしていたのに対し、今回はグロースステージと呼ばれる収益モデルの確立したスタートアップを対象にしている。[*2]

海外では別途、複数のルートで投資機会を探っており、米国では、500 Startups《スタートアップス》

＊2　投資領域の筆頭に不動産テックを掲げているものの、それに特化したものではない。18年12月には第1号案件として、小型衛星ベンチャーのアクセルスペースへの出資を発表した。

三井不動産の主な投資先

	投資先	事業内容
ベンチャー	CrediFi	米国で事業用不動産向けローンのデータベースを運営
	クリューシステムズ	AI、ディープラーニングを使った映像監視システム
	SiteAware	イスラエル企業。建設現場をドローンで撮影し3D化
	GeoSpock	英国のビッグデータ処理サービス。スマートシティにも
	Peerspace	米国でスペースシェアリングサイトを運営する
	リビングスタイル	インテリアのシミュレーションサイト「RoomCo」運営
VC	グローバル・ブレイン	31 VENTURESを共同運営。300億円の2号ファンドも
	DFJ Growth	TwitterやTesla、Redfinなどに投資したシリコンバレーVC
	Beyond Next Ventures	ライフサイエンス系国内VC。日本橋での協業に向け出資
	Pitango Venture Capital	イスラエルを拠点に世界のスタートアップに投資
	MetaProp NYC	ニューヨークの不動産テック特化型アクセラレーター
	ユーグレナインベストメント	医療・バイオに投資するリアルテック育成ファンドに参加

その他の投資先:アクセルスペース(宇宙)、アラヤ(AI)、Undo(IT)、おかん(飲食)、Omise Holdings(フィンテック)、コグニティ(言語解析)、Seismic(ロボティクス)、SCADAfence(セキュリティ)、Source Defense(セキュリティ)、ナノエッグ(ヘルスケア)、Popshoot(フィンテック)、Loom Systems(IT)
※直接投資と31VENTURESを通じた間接投資を含む

三菱地所の主な投資先

	投資先	事業内容
ベンチャー	ナーブ	不動産業向けにVR内覧システムなどを提供
	Gorilla Space	シンガポールの小規模オフィスマッチングサービス
	スペイシー	スペースシェアリングサイトを運営
	ライナフ	スマートロック「NinjaLock」や不動産管理システム
	クラウドリアルティ	不動産に特化した投資型クラウドファンディング
	gooddaysホールディングス	賃貸物件リノベーションサイト「goodroom」を運営
	RealTech Holdings	ニューヨークで不動産仲介サービス「Triplemint」を提供
VC	地域創生ソリューション	「ALL-JAPAN観光立国ファンド」を運営
	Sozo Ventures	米国を拠点に現地スタートアップの日本進出を支援する
	Fifth Wall Ventures	ロサンゼルスを拠点とする不動産テック専門VC

その他の投資先:アストロスケール(宇宙)、クリーンプラネット(エネルギー)、サマリー(物流)、SEQSENSE(ロボティクス)、スカイファーム(宅食)、羽田市場(食品)、FiNC(ヘルスケア)、Liquid(セキュリティー)

両社とも出資

	投資先	事業内容
VC	ジャフコ	1973年設立の国内最大手ベンチャーキャピタル
	Draper Nexus Ventures	シリコンバレーの有名ベンチャーキャピタル
	500 Startups	世界1800社以上に投資するシードベンチャーキャピタル

〔図3〕**三井不動産、三菱地所のスタートアップ投資**

取材、各社ホームページに基づき不動産テック関連を中心にまとめた

やDraper《ドレーパー》 Nexus《ネクサス》 Ventures《ベンチャーズ》などシリコンバレーの有名VCに出資。また、ニューヨークの不動産特化型アクセラレーター、MetaProp《メタプロップ》 NYCにも投資している。18年4月には、経営企画部の下に自社での不動産テック活用を推進する、ビジネスイノベーション推進グループを設置。ベンチャー投資を通じてスタートアップから取り入れた知見の活用や展開を図る体制を整えた。

一方の雄である三菱地所。同社は18年11月、経営企画部の下にDX推進室と呼ぶ組織を設置し、国内外の不動産テックへの投資や提携に向けて本格的な取り組みを始めた。オフィス、住宅、商業、物流といった社内の各部門から次世代を担うエース級の人材20人を集め、社内の業務課題を洗い出したうえでテックがもたらす可能性を探る。

すでに、同社は丸の内地区を新技術の実験場とするMarunouchi《マルノウチ》 UrbanTech《アーバンテック》 Voyager《ボイジャー》と呼

〔図4〕**丸の内で行われた自動運転シャトルバスの走行実験**

（写真：三菱地所）

ぶ取り組みで、ソフトバンクなどの異業種や大学研究室と組み自動運転の実証実験などを進めている（図4）。同社のスタートアップ投資も不動産テックに特化したものではないが、この分野の投資先としては、同社の新事業創造部を通じてクラウドファンディング事業のクラウドリアルティ、スペースシェアリングサイト運営のスペイシー、バーチャル内覧サービスのナーブなどに投資済み。今後、DX推進室と歩調を合わせて自らの事業とのシナジーを探っていくという。

ベンチャーキャピタルなどの活動が低調な日本において、国内初となる、不動産特化型のスタートアップ投資（アクセラレーター・プログラム）に着手したのは、カカクコムなどを傘下に持つデジタルガレージだ[*3]。その名はOpen Network Lab Resi-Tech。三井不動産、野村不動産、東京建物といったデベロッパーと鉄道会社やゼネコンをパートナー[*4]に迎え、住宅・不動産分野での有望起業家発掘をめざす。国内に限らず、海外のスタートアップも対象にし、日本市場への参入を手助けする。

覇を競うCBREとJLL

一方、米国の伝統的な不動産会社のうち、不動産テックの潮流にいち早く呼応したのが、賃貸・売買仲介を中心に世界最大の不動産サービス企業となったＣＢＲＥと、その最大のライバルであるJones Lang LaSalle（ＪＬＬ）である。15年後半以降、その投資のペースは加速するばかりだ（図5）。両社の売上高は合計２００億ドル（約

＊3　伊藤譲一氏（現ＭＩＴメディアラボ所長）が創業した、国内ネット企業の草分けの一つ。投資事業では初期のTwitterやFacebook、クラウドワークスなどに出資したことで知られる。

＊4　コスモスイニシア、竹中工務店、東急グループ（東京急行電鉄）、東京建物、野村不動産ホールディングス、阪急阪神不動産、三井不動産。

2兆円）。最近では企業買収も交えながら、技術の囲い込み競争が激しさを増している。
ＣＢＲＥは、２０００年にアセットマネジメントソフトのYardi Systems《ヤーディ システムズ》に３５００万ドルを投じたのを皮切りに、これまで10社以上の不動産スタートアップに投資してきた。16年６月には、大手金融機関で情報システム担当役員を務めていた女性を最高デジタル技術責任者に採用。新体制の下で、単なる出資にとどまらず、スタートアップの買収を織り交ぜた戦略へと踏み込んだ。その積極姿勢を象徴するのが、17年1月にニューヨークで３Ｄ画像作成スタートアップ、Floored《フロアード》を数千万ドルで買収したことだ。

12年に創業したフロアードは、オフィスや商業施設などのフロアプランから内装や家具を備えた３Ｄウォークスルー画像を生成するソフトを開発。仲介用の募集サイトなどに、簡単な操作で魅力的な室内空間のイメージを追加することができるので、スケルトン状態での賃貸が一般的な米国では大いに受けた。実際の使用状況に基づいて机や会議室などのレイアウト変更プランを自動生成する機能も備える。

さらに、現在開発中のSpacerと呼ぶツールでは、業種や従業員の服装など、企業文化に関する30の簡単な質問に答えていくことで、テナントに最適なフロアプランを提示する。ミレニアル世代の台頭に伴い、内装レイアウトやデザインがかつてより多様化、複雑化していることに対応した。

この買収で注目すべきは、創業者であるDavid《デイビッド》 Eisenberg《アイゼンバーグ》を、ＣＢＲＥ本体のリーシング部門のデジタル技術担当リーダーとして招いたこと。ＣＢＲＥは単なる要素技術の買収と同時に、社内の業務改革のため次世代の才能を確保。一挙両得を狙ったわけだ。以降、同氏は従来のフロアードのサービスだけでなく、CBRE

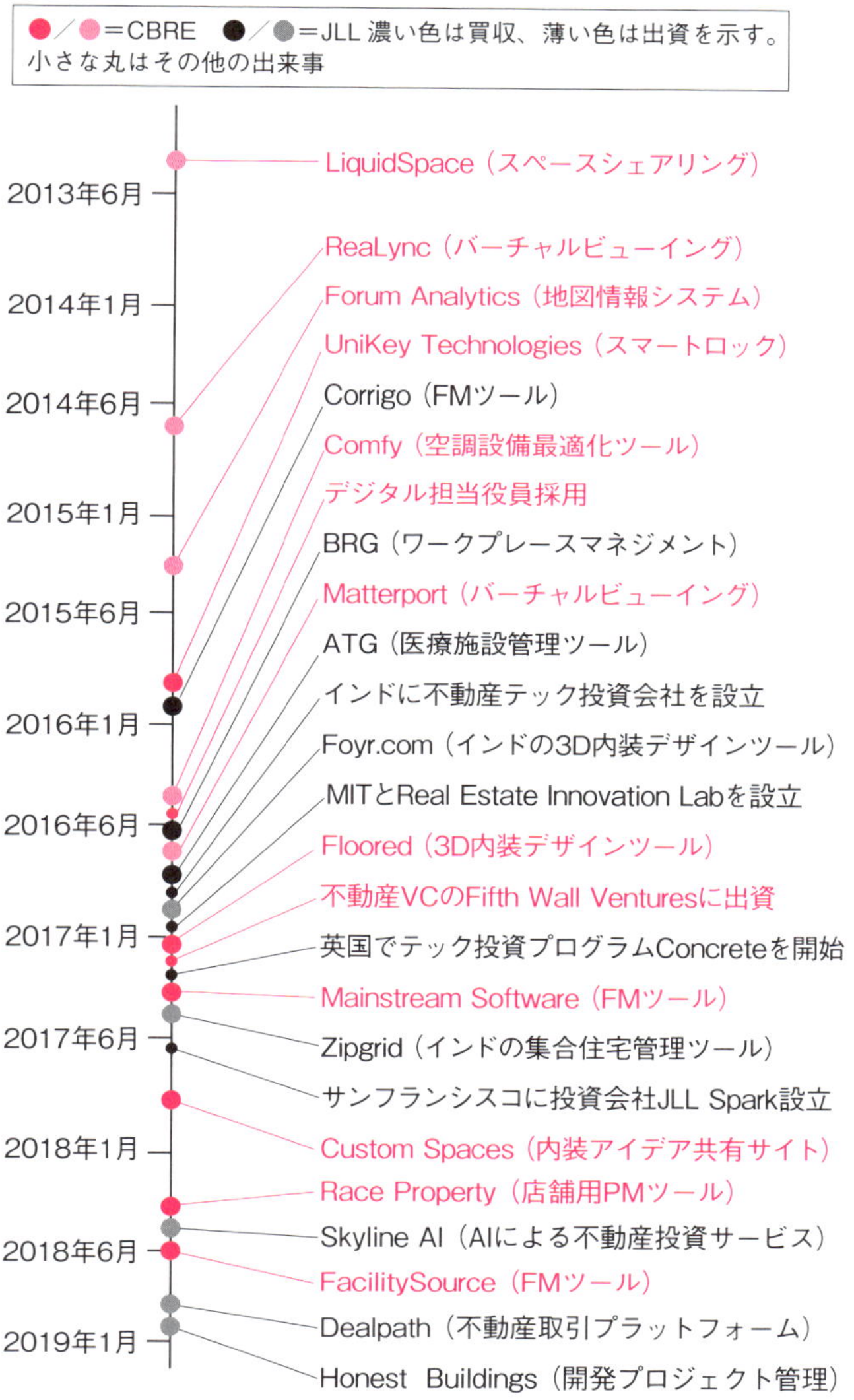

〔図5〕**投資や買収を加速するCBREとJLL**

社内の業務支援ツールの開発にも携わっている。

そのCBREを急速に追い上げているのがJLL。15年度の年次レポートでは冒頭7ページを割いて不動産テックに取り組む姿勢を宣言。20年までにすべての社内データをデジタル化し、業務ソフトとワークフローを刷新する計画を打ち出した。ソフト開発においては、社内のIT部門を中心としたそれまでの一元的な技術開発体制を改め、スタートアップとの協業や買収を通じた〝オープンイノベーション〟を加速する戦略へと大きく舵《かじ》を切った。

同社は15年12月に、ファシリティマネジメント（FM）ソフトウエアベンダーのCorrigo《コリーゴ》を買収。これを皮切りに、不動産管理に特化したシステム開発・コンサルティング会社のBRG（現・JLL Technology Solutions）や医療施設管理ツール開発のAdvanced Technologies Group（ATG）を次々と傘下に収めてきた。同社のIT部門出身で、現在不動産テックの伝道師役を務めるPushpa Gowda《プシュパ ゴーダ》は、「自社開発、提携、買収、人材採用と、あらゆる選択肢を使ってデジタル技術を取り込んでいく」とその狙いを語る。

巨大投資家、ブラックストーンのテック戦略

有望なスタートアップにいち早く出資して、業務の効率化に結びつけているのが世界最大の投資ファンド運用会社ブラックストーン・グループである。同社では、

＊5　起業から比較的間もない時期の投資。

12年ごろから自社の業務改善に寄与すると見込まれるスタートアップに投資と開発支援を行う戦略的投資を展開している。そのなかで最も成功したのが、創業3年目のVTS（View The Space）に3300万ドルのシリーズA資金[*5]を投資したことだ。

VTSは、多彩な情報を集約して画面上に届ける、ダッシュボードのようなクラウドソフトウエアだ。いずれも、ビルの各フロアの入居状況やテナントの契約、入出金状況をビジュアルに表示するスタッキングプラン表示機能などを備える。従来マクロだらけのエクセルシートや操作が複雑なデスクトップソフト、あるいは紙ベースで処理されてきた賃貸管理情報の一元化、リアルタイム化を狙った〔図6〕。

VTSのユーザーであるブラックストーンはオフィスビルだけでも世界に900万㎡を運用。その多さ、煩雑さからデータの集計に1年もかかることがあったが、同ソフトの導入後は、

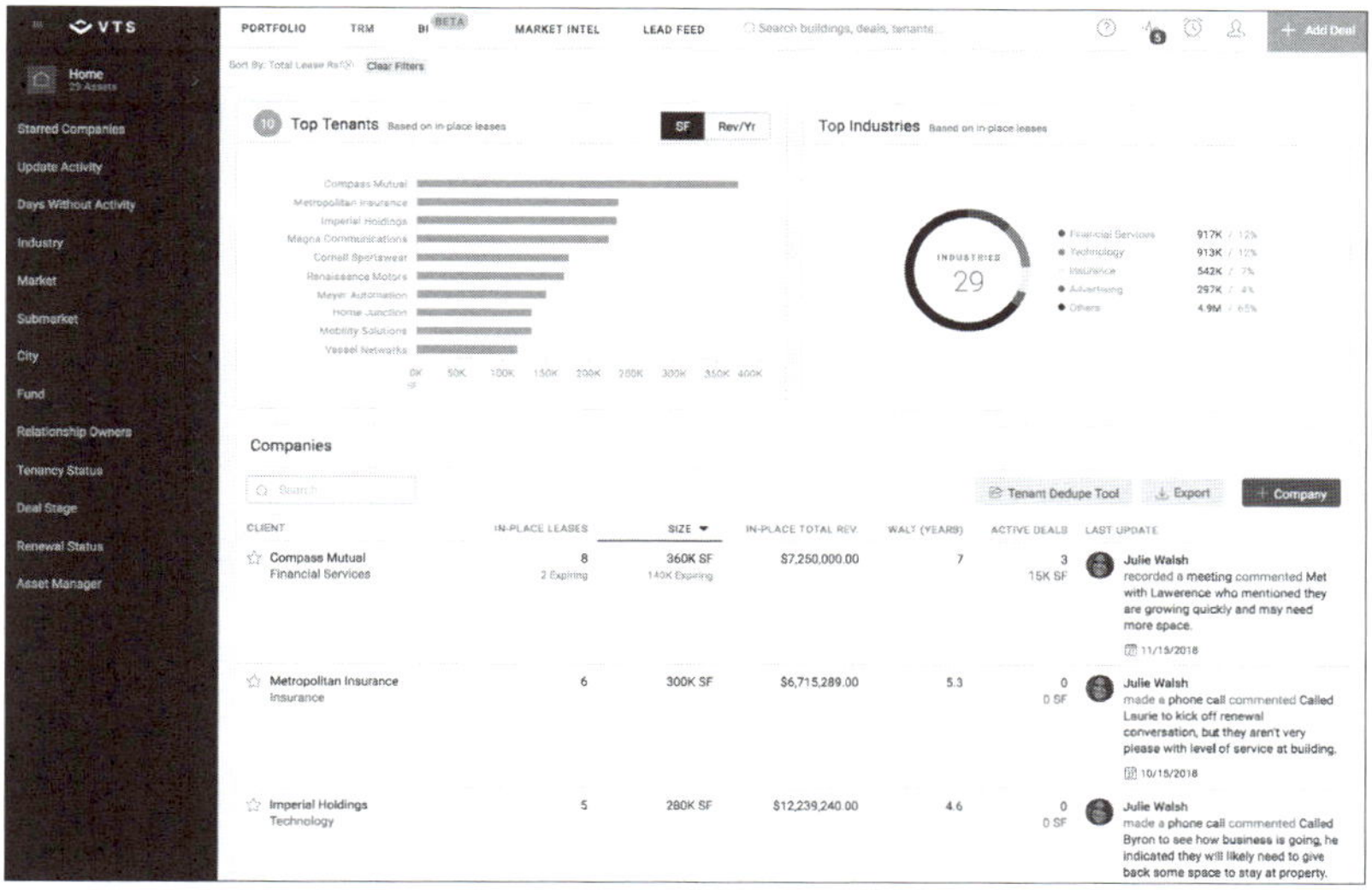

〔図6〕VTSの画面イメージ

テナント・リレーションシップ・マネジメントと呼ぶ機能により、そのテナントが自社のオーナーのポートフォリオのなかでどれだけの面積を借りているのか、営業担当者は誰か、最近起こったトラブルは何かといった情報を集約し、いつでも確認できるようにした。（資料：VTS）

ほぼリアルタイムで結果を得られるようになったという。

一方VTSは、ブラックストーンの信用力をバックに利用者数を伸ばしていった。16年11月には最大の競合相手であったHightower《ハイタワー》を吸収合併し、時価総額3億ドルの不動産テックが誕生するに至っている。

名だたる大手企業をスタートアップ投資に駆り立てる動機は何か。その一つが、業界の外からやって来る、未知の脅威に対する潜在的な危機感だ。

既存プレーヤーが不動産テックへの取り組みを急ぐ理由について、大手仲介会社Cushman《クッシュマン》 &《アンド》 Wakefield《ウェイクフィールド》のGlobal CIO（最高情報責任者）を務めるAdam Stanley《アダム スタンレー》はこう説明する。「現状に安住するわけにはいかない。テクノロジーの導入で自らを改革していかなければ、かつて隆盛を誇ったブロックバスター*6やコダックのように、いつの間にか時代に取り残されてしまう」。彼が語った未来への漠然とした恐怖は、既存の不動産プレーヤーに共通する感情だろう。

相次いで設立される不動産テック専門VC

12年にブルックリンで設立されたプロフィットシェア型コワーキングオフィス運営会社Industrious《インダストリアス》は資金調達で大きく苦戦した1社である。すでにマンハッタンではウィーワークが大きく成長するなかで、投資家は新たにコワーキングオフィスを創業するという同社のビジネスモデルに懐疑的であり資金はほとんど集まらな

*6 ビデオ販売・レンタルチェーン大手。

かった。創業者たちは両親、親戚、友人に時間をかけてビジネスモデルを説明して何とか８００万ドルを集めて第1号物件を開業することに成功した。

しかし数年後、その様相は一変した。16年に同社は６２００万ドルをＶＣから集めることに成功し、18年には８０００万ドルを集めるに至った。

こうした資金調達環境の変化に恩恵を受けた不動産テックは同社だけではない。ファンドライズ、コンパス、カドルなど次のユニコーンと噂される各社は、いずれもこの時期にアーリーステージでの資金調達に成功し、大きな成長を遂げたのである。近年、こうした不動産テックに特化して投資するＶＣが次々に設立されている。

15年1月、住宅ポータルサイト大手ジローとニューヨークの住宅仲介準大手Warburg《ウォールバーグ》 Realty《リアルティ》が中心となって設立されたMetaProp《メタプロップ》 NYCもその一つ。同社は、5年間で数十社のスタートアップに対して５００万ドルを投資する計画を打ち立てて支援先を募集し、国内外から１００社を超える応募を集めた。

選定された8社のスタートアップは、普通株6％と17万５０００ドル分の転換社債と引き換えに2万５０００ドルの資金が供与され、さらにオフィススペースの提供、不動産業界で著名なＣＥＯ（最高経営責任者）やＣＩＯ（最高情報責任者）など80人以上から構成されるネットワークからのメンター派遣、経営戦略・技術開発・人材育成などの専門アドバイザーの活用などが16週間にわたって提供された。

メタプロップの共同創業者であるAaron《アーロン》 Block《ブロック》は、支援先の選定基準として「チーム、スペース（参入余地）、テクノロジー」を掲げており、世界中の都市やさまざまなアセットにおいて展開可能な原石を発掘し、磨き上げることを自らの使命としている。そのため、16週間にわたって提供されるプログラムは、週単位でスケジュールが管理されており、アーロンブロックは不動産テックのブートキャンプ（新兵訓練トレーニング）に例えている。

日本の三井不動産を含め、多くの不動産会社がMetaPropの投資家として手を挙げた。CBREやJLLに次ぐ大手仲介会社、Cushman & Wakefield《クッシュマンアンドウェイクフィールド》とは17年7月に有望スタートアップの発掘に向けての協業を発表。9月には、メタプロップの投資先でもあるニューヨークのスタートアップ、Bowery Valuation《ボワリーバリュエーション》*7と業務提携を結んだ。

大手不動産が出資するフィフスウォール

こうした不動産テック専門アクセラレーターは近年増加しており、ニューヨークで著名なエンジェル投資家が設立したAREA《エリア》、住宅仲介会社Century21 ChicagoのCEOがシカゴに設立したELMSPRING《エルムスプリング》、不動産テック専門メディアRE:Techの創業者がダラスに設立したMOTIVE《モティーブ》なども次のユニコーンとなる不動産テックを探し続けている。

ゴールドマン・サックスの不動産部門でCMBS*8の組成などを手がけていたBrendan Wallace《ブレンダンウォレス》らが16年に設立したのはFifth Wall Ventures《フィフスウォールベンチャーズ》。同社は、翌年に不

*7　さまざまな経済データを表示するダッシュボード、文章の自動生成ツール、実査用のモバイルアプリなどを備えた鑑定評価支援システムを開発している。

*8　商業用不動産ローン担保証券。オフィスビルなどの不動産を担保としたローンを証券化した金融商品のこと。

動産テックに投資する第1号ファンドを設立し、CBRE、不動産開発大手Hines《ハインズ》、賃貸住宅大手Equity《エクイティー》 Residential《レジデンシャル》、住宅建設大手Lennar《レナー》、物流大手Prologis《プロロジス》といった不動産大手から2億1200万ドルを集めた〔図7・図8・図9〕。

彼らの投資は、出資者である不動産大手に対して、どのような技術やサービスだと使いたいと考えるかを徹底的にインタビューすることから始まる。アーリーステージ段階にあるベンチャー企業にとっては資金と顧客が一挙両得できるとあって、同ファンドは非常に人気だ。

第1号ファンドの資金は、プロフィットシェア型のコワーキングオフィス運営会社インダストリアスに8000万ドル、住宅買い取り再販オープンドアに3500万ドルを投資した。オープンドアにはファンドの出資者の一つであるレナーが1億ドルの融資を実行し、さらにレナーの物件購入を考えている顧客が保有する既存物件をオープンドアが買い取るサービスで協業した。

この投資スタイルは、ブラックストーンが15年にリーシングマネジメントツールを提供するVTSにいち早く投資したのに加えて、世界中に保有する不動産のリーシング管理を一括で任せて急成長させたストーリーと類似しており、

〔図7〕Fifth Wall Ventures共同創業者のBrendan Wallace

- Hines 米国最大の総合デベロッパー
- Equity Residential 米国最大の住宅デベロッパー
- PROLOGIS 世界最大の物流リート
- HOST HOTELS & RESORTS 米国最大級のホテルリート
- Rudin Management ニューヨーク老舗デベロッパー
- LENNAR 米国最大のホームビルダー
- MACERICH 米国最大級の商業施設リート
- LOWE'S 世界最大級のホームセンター
- CBRE 世界最大の不動産総合サービス
- 三菱地所 日本の大手総合デベロッパー

〔図8〕**Fifth Wall Venturesの資金パートナー**

（資料：Fifth Wall Venturesのウェブサイトや取材を基に作成）

分類	企業名	創業年	資金調達額	事業内容
マネジメントツール	VTS	2011	9740万ドル	リーシングマネジメントツールを提供
	Eden	2015	1500万ドル	清掃、修繕、システム運用などのサービスを提供
	b8ta	2015	3850万ドル	IoT製品を展示するショールームを提供
	Notarize	2015	3040万ドル	オンライン公証サービスを提供
	BUILT Robotics	2016	1500万ドル	建設機械の自動運転システムを提供
	Entic	2011	1200万ドル	ビルマネジメントツールを提供
	Shipwell	2016	1200万ドル	物流マネジメントツールを提供
	WiredScore	2013	900万ドル	物件ごとにネット接続環境を評価、格付け
	Enertiv	2009	430万ドル	不動産ポートフォリオマネジメントツールを提供
	Blueprint Power	2017	400万ドル	太陽光発電による売電システムを提供
マーケットプレイス	Opendoor	2014	10億ドル	オンライン買い取り再販サービスを運営
	Loggi	2013	1.3億ドル	物流マッチングプラットフォームを運営
	Harbor	2017	3800万ドル	不動産や証券化商品の売買プラットフォームを開発
	Lyric	2014	1900万ドル	出張者向け民泊プラットフォームを運営
	Appear Here	2013	2140万ドル	ポップアップストアのマーケットプレイスを運営
コワーキングシェアビジネス	Convene	2009	2.8億ドル	企業内コワーキングスペースの開発・運営
	Industrious	2013	1.4億ドル	大企業向けのコワーキングオフィスの開発・運営
	Lime	2017	4.6億ドル	シェア電動スクーターサービスを提供
	ClassPass	2013	2.4億ドル	世界8500箇所のフィットネスジムコミュニティを運営
	Clutter	2013	9630万ドル	オンデマンドのセルフストレージサービスを提供

〔図9〕**Fifth Wall Venturesの投資先**

（資料：Fifth Wall Venturesのウェブサイトなどを基に作成）

同ファンドはこの成功事例を再現しようと考えている。すでに26社に投資しており、18年6月には第2号ファンド[*9]として4億ドルの資金を集めることを公表した。

さまざまなタイプがあるCVC

米国の大手不動産会社のなかには、個別のスタートアップに投資したり、スタートアップ・アクセラレーターと呼ぶ創業期支援のベンチャーキャピタルに投資するだけでなく、一歩進んで自らのアクセラレーター（コーポレート・ベンチャー・キャピタル＝ＣＶＣ）を立ち上げる会社も出てきた。

その目的は大きく二つに分けられる。第一は保有する不動産の価値を高めるための広告塔としての役割を期待するタイプ。代表事例がニューヨークのグランドセントラル駅周辺に複数のオフィスを開発・保有してきたMilstein《ミルスタイン》 Properties《プロパティーズ》である。エリアの古く堅苦しいイメージを払拭すべく、14年に保有ビルをコラボレーションスペースに改装し、グランドセントラルテックというアクセラレーターを設立してスタートアップを募集するに至った（図10）。多くの不動産会社が自社ビル内で手がけるインキュベーション・オフィスもこれにあたる。

第二は事業活動の変革をターゲットにするタイプだ。社外に技術革新のリソースを求め、速いスピードで自己変革を図るオープンイノベーション戦略の一環といえる。

全米で最大の商業施設ＲＥＩＴであるSimon《サイモン》 Property《プロパティー》 Group《グループ》は、14年から

*9　19年7月に、5億３００万ドルを集めてファイナルクローズした。日本からは、三菱地所に加えてケネディクスも投資家として参加した。

Simon Venturesを運用している。投資先の約2割は、同社が保有する商業施設にすぐに導入できるプロダクトを開発するスタートアップだ。新サービスを次々とサイモンが保有するショッピングモールで試行することで、リアル店舗に進出するオンラインリテーラーに対抗しようとしている〔図11〕。

前出のJLLも、専門の目利きの下で有望スタートアップの発掘を加速すべく、VCを通じた投資にも取り組む。17年7月、ウーバーやグルーポンなどを経験したシリアルアントレプレナー2人を招いて、サンフランシスコに自らの投資会社（CVC）であるJLL Sparkを設立。翌年6月には、1億ドルを元手にJLL Spark Global Venture Fundを設立した。JLLの本業であるリーシングやアセットマネジメント、プロジェクトマネジメント関連の不動産テック企業に対して、数十万ドルから数百万ドルの投資を計画している。同年3月には中小投資家向けのアセットマネジメントツールを提供するStessa《ステッサ》を買収[*10]。8月にも、イスラエルのテルアビブに拠点を置くSkyline AI《スカイライン》[*11]に投資を決定した。

米国では、こうした多様なアクセラレーターの存在が、不動産テックのエコシステムの裾野拡大に大きな影響を与えているのである。

*10 リアルタイムで不動産ポートフォリオの全体像を把握することが可能であり、さらに定期的に作成するレポートの自動作成なども備えている。

*11 17年に設立され、130種類以上の不動産データを機械学習で分析して投資物件を特定するサービスを開発中だ。まずは手始めに集合住宅に投資することを考えており、調達した資金は不動産データが世界で最も豊富なニューヨークにオフィスを開設するのに使われる。

〔図10〕Grand Central Techが入居するオフィスビル

appear [here]	BIRD	BUSTLE DIGITAL GROUP	DIRTY LEMON
英国発のポップアップストアのマーケットプレイス	電動スクータのライドシェア	ミレニアルズ女性のためのデジタルメディア	若者向けドリンクサプリ販売
fabfitfun	FOURSQUARE	GRAILED	MeUndies
ビューティボックスの企画・販売	口コミ情報を活用したマーケティングデータ分析	中古服のマーケットプレイス	アンダーウエア専門製造小売

〔図11〕Simon Venturesの主な投資先

（資料：Simon Ventures）
https://simonventures.co/selected-investments/

インタビュー

Aaron《アーロン》 Block《ブロック》氏

――MetaProp NYC共同創業者

Real Estate Tech Weekの旗振り役を務めたのが、不動産特化型のスタートアップ・アクセラレーター、メタプロップＮＹＣである。共同創業者のアーロン・ブロック氏に話を聞いた。

――あなたにとって、アクセラレーターとは？

起業家にとってのブートキャンプ。普通の若者を〝殺人マシン〟に育てる新兵訓練基地だ。我々は母親のように面倒見の良いインキュベーターでも、ましてや単なるコワーキングスペース提供者でもない。中途半端なスタートアップの面倒を見るのは他社に任せて、最初からベストの中のベストを見つけるように努力している。

３人合わせて50社以上の不動産テック企業に投資してきた我々経営陣には、ひっきりなしに起業家が会いに来るから、選択肢はライバルより多い。独自調査も含めて、世界３５００社の不動産テック企業のデータを蓄積している。

——他都市への展開を考えているか？

将来は考えるかもね。でも今はその必要はない。なぜなら不動産テックに関しては、我々が本社を構えるこの通り（Real Estate Tech Row）こそが世界の中心だからだ。毎日のように、海外の投資家が我々のオフィスを訪ねてくる。ロンドンや東京、シンガポールもいいが、不動産テック・コミュニティーの熱気はニューヨークに及ばない。我々はここに居続ける必要があるんだ。

——業界の注目を集めるＶＴＳをどう見る？

ハイタワーとの〝未来の巨人〟同士の合併は理にかなっている。今後はもっと小規模なディールを含めて、不動産テック企業の合併や買収の動きが増えていくだろう。私の目には、素晴らしい技術やチームを備えているのに、長い目で見た安定性を欠いて見える会社が多い。表面的な特徴が良ければ良いほど、ビジネスとしての側面を忘れがちなんだ。こうした企業は先々、より強いプレーヤーに吸収される運命だ。

（16年10月実施のインタビューを基に構成）

3

弱肉強食の住宅ポータル

IT業界から不動産市場に切り込み、ビッグデータや機械学習といった技術を武器に、それまでの旧態依然とした情報流通の環境を一変させたジローなどの住宅ポータル。その原動力となった価格推定サービス実現の背景には、データ利用をめぐる住宅流通業界内での闘争があった。多くの物件検索サイトやスタートアップが、住宅価格を推定して公開するサービスを開始している。

不動産テックという言葉が生まれるはるか前、1990年代後半のインターネットブームの最中に、日本でもITを使った不動産ビジネスの走りとなるサービスが生まれていた。現在、国内の住宅流通において最も影響力のある二つのサイト、SUUMO《スーモ》とLIFULL HOME'S《ライフルホームズ》である。住宅ポータルや物件検索サイトとも呼ばれるこれらは、情報をリスト形式で掲載することから業界内では一般にリスティングサイトと総称される。

かつて住宅の賃貸や売買の情報といえば、リクルートの情報誌「住宅情報」を書店で手に入れるのが一般的だった。*1 しかし、インターネットの爆発的な成長を前にした同社は、96年、スーモの前身となる「住宅情報オン・ザ・ネット*2」を立ち上げ、それまでの営業ネットワークを生かして不動産仲介会社から次々と物件情報の出稿を獲得していった。

リクルートが紙媒体とネット媒体の両立を模索していたころ、ネット専業で自ら

*1 05年に一部で無料化。
*2 一時はイサイズ住宅情報。09年、雑誌含めスーモに統一。
*3 産経広告社調べ。18年1月時点。

のビジョンを実現すべく同社を飛び出したのがLIFULL《ライフル》創業者の井上高志である。97年創業の同社は、電話によるプッシュ型営業に加え、全国で仲介会社向けのインターネット活用セミナーを開催し、興味を持った参加者にホームズへの広告掲載を働きかけるプル型営業を展開。これが功を奏して加盟店数を増やし、2006年に東証マザーズ市場に上場。10年には東証一部に指定替えを果たした。

国内の二大リスティングサイトとして競い合うスーモとホームズには、それぞれ売買・賃貸を合わせて648万件、769万件の物件が掲載される巨大サイトに成長している。*3

全米最大のリスティングサイト

他方、世界最大の不動産市場である米国では、ビッグデータ、AIなどのテクノロジーを武器に圧倒的ナンバーワンの地位を確立したリス

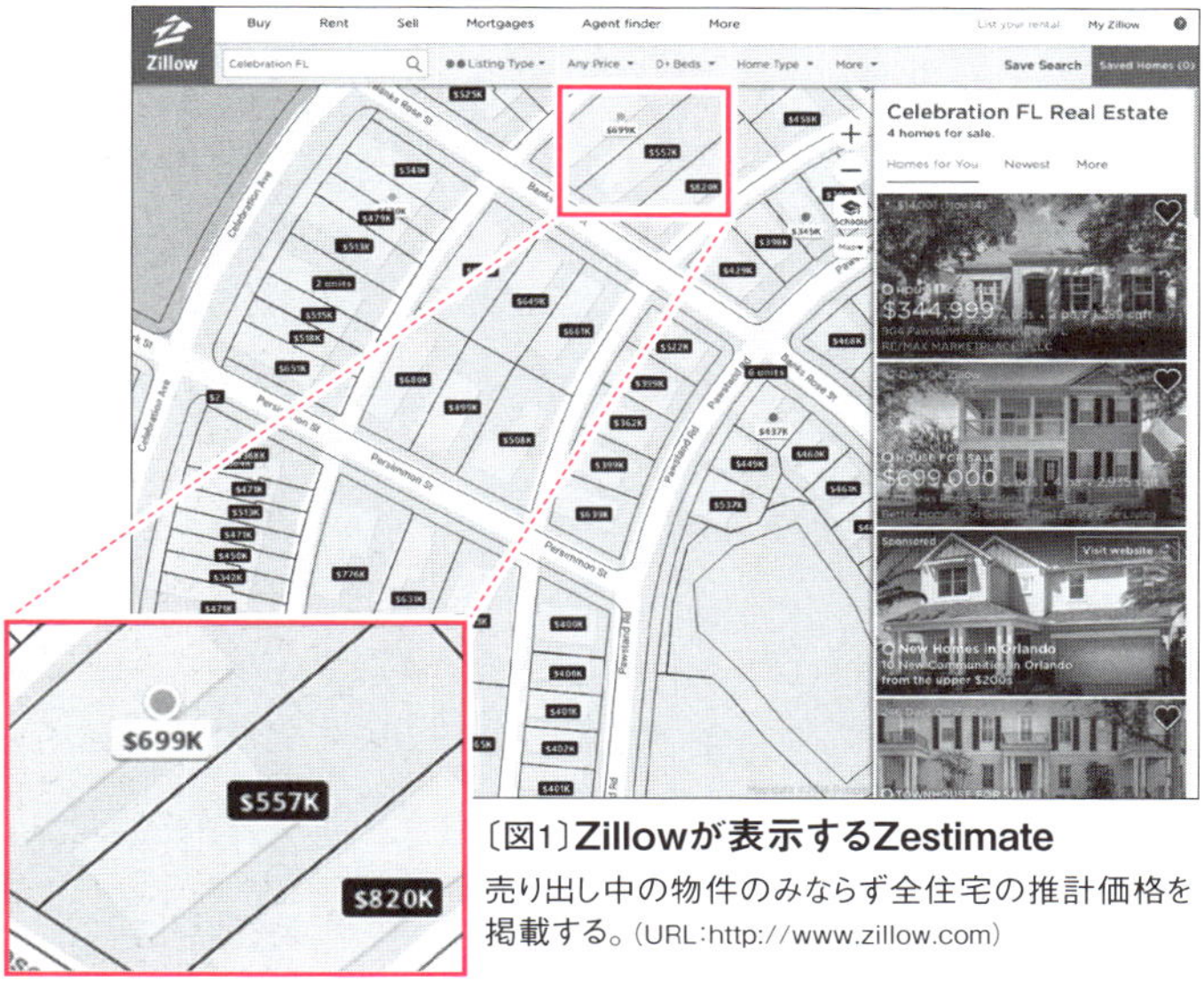

〔図1〕Zillowが表示するZestimate

売り出し中の物件のみならず全住宅の推計価格を掲載する。(URL:http://www.zillow.com)

ティングサイトがある。06年に航空券・宿泊予約大手エクスペディアの創業者らがシアトルで設立したZillow《ジロー》である。設立メンバーには、同じシアトル周辺に立地するマイクロソフト、アマゾンなどのＩＴ企業出身者が数多く参加した。

ジローの本業は、住宅の売却や賃貸の情報を掲載するサイトの運営。主な収益源はエージェント*4と呼ばれる仲介事業者からの広告収入である。当初から、登記情報や自治体の統計データを基に全米４３００万戸（現在は1億１０００万戸以上まで拡大）の住宅価格を推定したZestimate《ゼスティメート》（＝Zillow＋Estimate）を無料で公開。サイトの利用者数を飛躍的に増加させることに成功した。サイトでは、ゼスティメートによる価格の推移や過去の売買履歴も公開されており、利用者は物件の売り時や買い時を自ら判断することが容易となった〔図1・図2〕。09年には、住宅の売買だけでなく賃貸物件の取り扱いを開始し、同時に賃料の推定価格も公表した。

こうした継続的なサービス拡大によって、11年第3四半期には月間２４００万人以上の利用者を記録するまで成長し、同年7月、新興市場ナスダックに公募価格20ドルの3倍以上となる、60ドルの初値をつけて上場を果たした。

ゲームチェンジャーとなった価格推定

ジローが提供している住宅価格や賃料は、独自の算定式を基に算出した値であり、不動産鑑定士が長年の経験によって一件ずつ算定する鑑定評価額とは異なる。この

＊4　不動産仲介に携わる営業担当者。日本の宅地建物取引士などに相当する。米国では個人事業主の場合も多く、売り主、買い主のいずれかに代理人として付くのが一般的。

算定式とは、住宅価格を立地、物件特性、取引時期などさまざまな属性の価値による集合体と捉えて、重回帰分析によって各属性の支払意思額を推定するヘドニック・アプローチ[*5]と呼ばれる手法が用いられている。

しかし、この手法によって算定された住宅価格は推定値であり、実際の取引価格との誤差が生じる。そのため、ジローは推定値の精度をより向上させるために、機械学習によって算定式に用いるデータの入れ替えや算定式の細かな変更を地域ごとに繰り返している。

06年、ジローが初めて4300万件の住宅価格を推定した際には毎月3万4000通りの算定式が試され、実際の取引価格との差（中央値）は14％だった。しかし、現在では分析に用いるデータを大量投入することで一晩に700万通り～1100万通りの計算を試行し、1億1000万件の住宅価格を推定している。同社によると、誤差を5％未満まで縮小することに成功したという。

買収を重ねてライバルを圧倒

ゼスティメートの公表により、先進テクノロジー企業としての顔を印象づけたジロー。リスティングサイトを稼働させた後、さまざまな機能を順次追加していった。08年4月には、個人情報を提供せずに不動産担保ローン[*6]を相談できるZillow Mortgage Market Siteを開設し、同年12月にはユーザーが不動産に関する質問を

*5　不動産価格の推定や分析に一般的に使われる統計手法の一つ。

*6　所有する住宅を担保にして借り入れする方法。モーゲージローンとも呼ばれる。

〔図2〕**売出物件は売却希望価格に加えてZestimateによる推定価格も掲載**

（URL：http://www.zillow.com/）

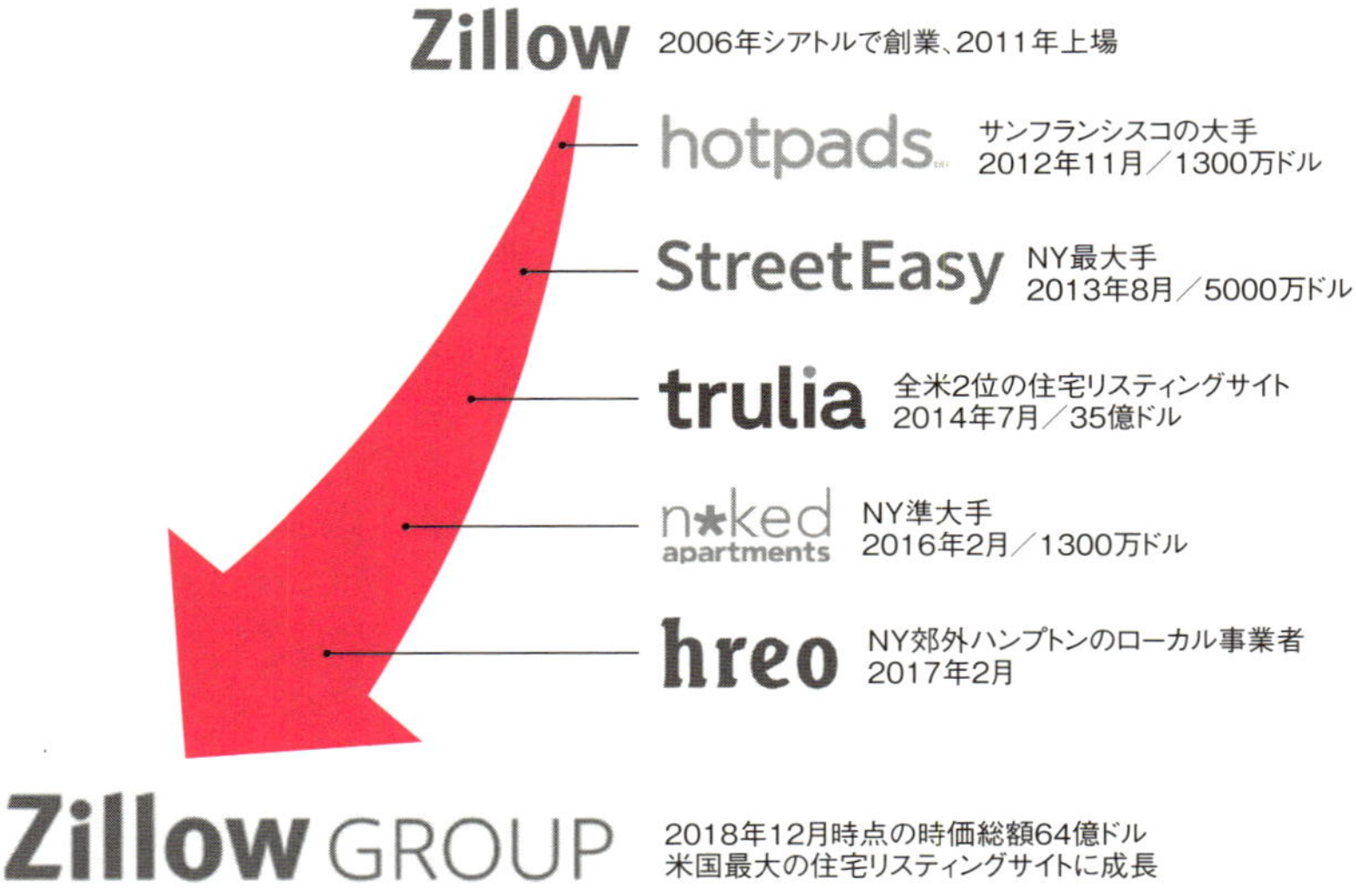

〔図3〕**同業を相次いで買収しているZillow**

エージェントに気軽に相談できるコミュニティーサイト、Zillow Adviceも開設した。11年の上場を成功させ、資金力でライバルに差をつけると、さらなる成長を求めて数多くの企業を買収していく。

12年5月、ジローは4000万ドルでリスティング支援サービスを提供するRentJuice《レントジュース》を買収し、同社の事業をベースに所有者や不動産エージェントを対象として、物件登録や広告作成を自動化するサービスを開始した。また、同年10月には、不動産エージェントと買い主との間で物件情報の交換や検索などのサービスを提供するBuyFolio《バイフォリオ》を買収し、同種のサービスの提供を開始した。

地域的な拡大を図るため、全米各地で同業他社の買収も続けている。

12年11月、サンフランシスコを拠点とする物件検索サイト大手Hotpads《ホットパッズ》を1300万ドルで買収したのを皮切りに、13年8月にはニューヨークを拠点とする物件検索サイト大手StreetEasy《ストリートイージー》を5000万ドルで買収した。さらに14年7月には35億ドルでカリフォルニアを拠点とする全米2位[*7]の物件検索サイト大手Trulia《トゥルーリア》の買収を公表し、これがリスティングサイトの分野におけるジローの圧倒的地位を決定づけた。これによって株価も上昇。不動産仲介最大手Realogy《リアロジー》 Holdings《ホールディングス》（Century21やSotheby's《サザビーズ》 International《インターナショナル》 Realty《リアルティ》などのブランドを保有）を時価総額で上回るまで成長した。

その後も16年2月にニューヨーク物件検索サイト準大手Naked《ネイキッド》 Apartments《アパートメンツ》、17年2月にはニューヨーク郊外ハンプトンを拠点とする物件検索サイト大手Hamptons《ハンプトンズ》 Real《リアル》 Estate《エステート》 Online《オンライン》（HREO）と買収を続けている〔図3〕。

＊7 全米1位はジローだった。

MLS情報開示が後押し

ジローの最大の特徴であり、成長の原動力となったゼスティメート。その複雑な統計分析の基盤となるビッグデータの中心を成すのが、米国独特の不動産情報流通システムであるMLS[*8]から得た売買・賃貸取引の情報である。ジローのようなテック企業が膨大なデータにアクセスできるようになった背景には、米政府と不動産仲介業者との間で争われた、ある裁判があった。

05年、司法省はエージェントの業界団体である全米リアルター協会[*9]がインターネットを活用したブローカー[*10]に対し、MLSのデータを提供しないのは、消費者の利益を著しく損なうものだとして訴えを起こした。

MLSとは、売り出し中の物件情報を交換する、米国独特の業者間ネットワークだ。物件の売り主側についたエージェントが売り出し中の物件の概要をMLSに登録すると、買い主側のエージェントは、そのデータベースから今抱えている顧客のニーズに合いそうな物件を探して紹介する。その役割は日本でREINS《レインズ》（不動産流通標準情報システム）と呼ばれるシステムに似ている。ただし、データの内容はレインズよりずっと豊富だ。

大きな違いの一つが物件履歴情報（ストックデータ）。過去の取引履歴や物件属性[*11]といった項目が含まれる。さらに一部の地域では、共通契約書や顧客管理システムなどの業務支援ツール、接客やマーケティングなどの研修ツール、業界ニュースやマー

＊8　Multiple Lsting Serviceの略。各地の業界団体などが中心となり物件情報を交換している。

＊9　米国のエージェント資格者200万人のうち、136万人が所属する。

＊10　日本の宅地建物取引業者に相当する。米国では多数のエージェントと契約を結んで営業するのが一般的。

＊11　床面積・階数・間取り・設備など建物情報、課税情報、登記履歴、都市計画情報、学区情報など。

ケットレポートなどの情報ツールなども提供されている。その運営主体は各地の業界団体を中心に全米で700を超えるが、基本的な項目については、上位組織である全米リアルター協会がガイドラインを制定し、共通化が図られている。

当時のブローカーは専用端末でMLSを閲覧して、店頭広告や折り込みチラシなどを作成して売出中の物件を宣伝するのが一般的であった。しかし、技術の進歩とともにMLSの売り物件のデータを自社のホームページ上ですべて公開するブローカーが徐々に現れてきた。情報の質や量で勝負できないとなれば、ブローカーは新規顧客を求めて自社ウェブサイトのアクセス数を競い、体力勝負に突入することになる。エージェントのなかには、リスティングサイトにMLSで得た情報を横流しして、小銭を稼ぐ者も出てきた。

これに対して、MLSを統括する全米リアルター協会は、IT化に乗り遅れた圧倒的多数の声を受けて、インターネット上にMLSのデータを掲載することを禁止した。一方、司法省は、このテクノロジーの進化に逆行する動きを問題視し、独占禁止法を根拠に、協会に強く是正を求めた。

翌06年、全米リアルター協会は、エージェントが物件を登録する際、インターネット上での情報開示の有無を自発的に選択できるようにしたが、この妥協策にも司法省は不十分であるとの見解を示す。そして08年、協会はすべての情報をネット上に開示可能とする内容で、司法省と合意を結ぶところまで追い込まれた。それまで、物件情報の閲覧は、MLSを閲覧できる各地のブローカーやエージェントに限定されてきたが、これ以降は外部の企業が業務提携やデータの購入を通して広範囲の物件情報を取得することが可能になった。

独自の価格推定システムを運用するジローは、これを機にMLSのデータを入手できなくなるリスクから解放され、株式市場の支持を得て急速に成長していくことになる。

推定価格開示に反発

一方で、個別の住宅の推定価格を公表するという前代未聞の試みは、現在に至るまで常に批判にさらされてきた。

その先駆けは06年10月、非営利団体である全米コミュニティー再投資連合が連邦取引委員会に対して申し立てた苦情である。「ジローは、不正確で誤解を招きやすい推定モデルを使っているにもかかわらず、それを正確なものと偽り、消費者や不動産業者に対して意図的に誤解を与えている」というのがその主張だ。[*12] ジローの価格推定が実態と乖離《かいり》しているのを知りながら、エージェントの一部がそれを都合良く根拠にして、顧客に実際の相場より高く物件を売りつけるといった行為が横行しているという指摘も飛び出した。

07年には、ウォールストリートジャーナルが約1000件の売買事例をもとにジローによる価格推定の妥当性に関する調査を実施した。記事は、推定価格と実際の

*12　ジローはこの批判に対して、ゼスティメートによる推計価格は、適切な住宅価格を把握するための出発点に過ぎないとの見解を示した。

取引価格の平均誤差が7・8％であることを紹介し、多くの物件で誤差が数％に収まっていると評価したものの、サンプルのうち10物件では25％以上の乖離が存在すると指摘。なかには200万ドルも乖離する物件も含まれており、登記情報などが十分に公表されていない地域では、住宅価格を推定することは非常に困難であると結論づけた。

こうした批判を踏まえて、ジローは詳細な地域特性の反映や価格推定モデルの改善に注力しており、サイトにおいて都市別に推定価格と実際の取引価格の誤差を継続的に公表することを始めた。18年12月時点での全米における誤差の中央値は4・5％と、16年時点の7・9％よりも大幅に改善[*13]している。

＊13 一方、テキサス州のヒューストンやサンアントニオ、ミズーリ州のセントルイスやカンザスシティーなど、不動産情報の公開が遅れている地域では10％以上の誤差が発生しており、適切な価格推定が不可能な状態となっている。

強まる逆風

18年7月、司法省と連邦取引委員会による公聴会が終了した。テーマは「新たな住宅取引の競争促進に向けて」だ。08年の司法省と全米リアルター協会のMLSの情報開示の合意書の期限が10年後である18年11月に迫ってきたため、近年の住宅をめぐる情報流通のあり方に関して公聴会が開催された。

公聴会では、全米リアルター協会がジローのゼスティメートよる混乱を糾弾し、「消費者の利益を損ねる行動をしている不動産テック」に対して規制当局による監視の強化を訴えた。

この際、ゼスティメートとともに槍玉に挙げられたのが、ジローの収益源であるプレミアムエージェントプログラム。つまり広告料を余分に支払ったエージェントを画面の上位に優先表示するサービスである。ジローにとって同プログラムは全収益の71％を占めている主力商品。一枚看板であるゼスティメートと同様に、止めるつもりは毛頭ないだろう。

広報担当者は公聴会で、「協会が主張する顧客の混乱という意見は不正確で矛盾が多く、全米の消費者に誤解を与える表現である」と強く反論した。

高まる不動産業界からの反発を背景に、全米最大の住宅市場であるニューヨーク市でも異変が起きた。ジロー傘下のリスティングサイト、ストリートイージーで17年7月、それまで3万1000件もあった掲載物件数が、1万3000件へと約6割も急減したのだ。

きっかけは、同サイトに物件情報を投稿してきた約5000社の仲介会社に対して、1物件あたり3ドル／日の掲載料を突然通告したこと。この一方的な仕打ちに対して多くの仲介会社は怒り、自らの物件情報の掲載を取り止めた。

業界団体がジローに対抗

背景には、ジローグループの寡占に対する怒りがある。

同市では、ほかの都市で一般的な存在であったMLSを十分に整備してこなかった。その理由は、他社との物件情報の共有が手数料収入の減少を招くとして、仲介大手数社が強く反対したからだ。[＊14]

その間隙を突いて成長したのが、06年に創業したリスティングサイト、ストリートイージーである。同社は個別に仲介会社と提携し、無料で物件情報を掲載することで、ほかの都市のリスティングサイトのようにMLSの情報に依存せずにナンバーワンの地位を築いた。その運営費用は、サイト上のバナー広告などで賄っていた。

一方、13年にその親会社となったジローはすでに上場を果たしており、収益拡大に向けて躍起になっていた。ストリートイージーを含めた買収先の各社の収益化を図るなか、ジロー本体と同様に、仲介会社から物件情報掲載料を徴収する方針を決めたのだ。毎月4500万件のページビューを誇り、市内では唯一無二の存在であったストリートイージーに大きく依存してきた仲介各社は突然の課金宣言に驚愕した。

彼らが泣きついたのがニューヨーク不動産協会（REBNY《レブニー》）だ。同協会独自のリスティングサービスは17年8月から稼働を開始。全米リアルター協会が運営するリスティングサイトRealtor.comにも情報提供を行っている。

＊14　ニューヨーク市では、所有者が建物の株式を保有するコープという集合住宅が中心であったため、全所有者の審査を経なければ住戸を売買できないといった特殊な慣習が現在においても続いている。そのため、創業100年を超える数社の老舗住宅仲介によって寡占化されており、MLSの必要性がなかったため長らく設置されてこなかった。

ニューヨークで圧倒的な優位を築いてきたストリートイージーに対し、顧客である仲介会社のなかには、掲載料を支払ってでも物件情報を載せたいと考えている会社もまだ存在する。両者の綱引きはしばらく一進一退の状況が続きそうだが、同社、ひいてはジローの成長戦略が大きく脅かされているのは間違いない。

MLS情報開示が引き起こした囲い込み

ここに、政治の中心地ワシントンDCで注目されている1本の論文がある。18年4月、経済学者Fredrick《フレドリック》 Flyer《フライヤー》[*15]が公表した「MLSの利用制限における競争促進的利益」だ。論文は、MLSデータの公開によって住宅仲介は十分に競争的な環境となっており、全米の消費者に利益をもたらしていると評価した。他方で、今後もエージェントに対してMLSデータを無制限に公開させることを強制し続けることは、最終的に消費者の利益を損なう可能性があると、司法省が堅持してきた方針とは異なる見解を示した。

少し込み入った議論に聞こえるが、そもそも何が問題の発端なのだろうか。その成り立ちから、説き起こしてみよう。

MLSとは、不動産の売買資格を有する者、いわゆるエージェントが物件情報を共有するために始めた情報交換サービスである。古くは、1800年代に全米各地の不動産業界団体に参加しているエージェントが、売出物件の情報を自発的に共

*15 企業合併による寡占化が反トラスト法に抵触するか否か問題視される案件において、連邦取引委員会で参考人として頻繁に召致される重鎮。

有したのが始まりである。やがて業界団体は、業者間の情報流通を促進するために、売り主から依頼を受けたエージェントがほかのエージェントに物件の情報を開示するように要求。その対価として、買い主側エージェントが得た仲介手数料の一部を、売り主側エージェントにキックバックすることを認めた。売り主側エージェントはMLSに売出物件の登録と合わせて希望のキックバック額を提示し、その条件に応じて買い主を見つけてきたエージェントが内覧や売買交渉を行うという方法で取引のスピードアップが図られた。

当時はパソコンなどがなかった時代であったことから、すべてのやり取りが紙に記録され、比較的狭い地域で限られたエージェントによって運営されていた。その後、情報通信技術の発達によって、MLSは売出物件を掲載するリスティング情報にとどまらず、過去の取引情報や物件属性などのさまざまな情報を蓄積し、よ

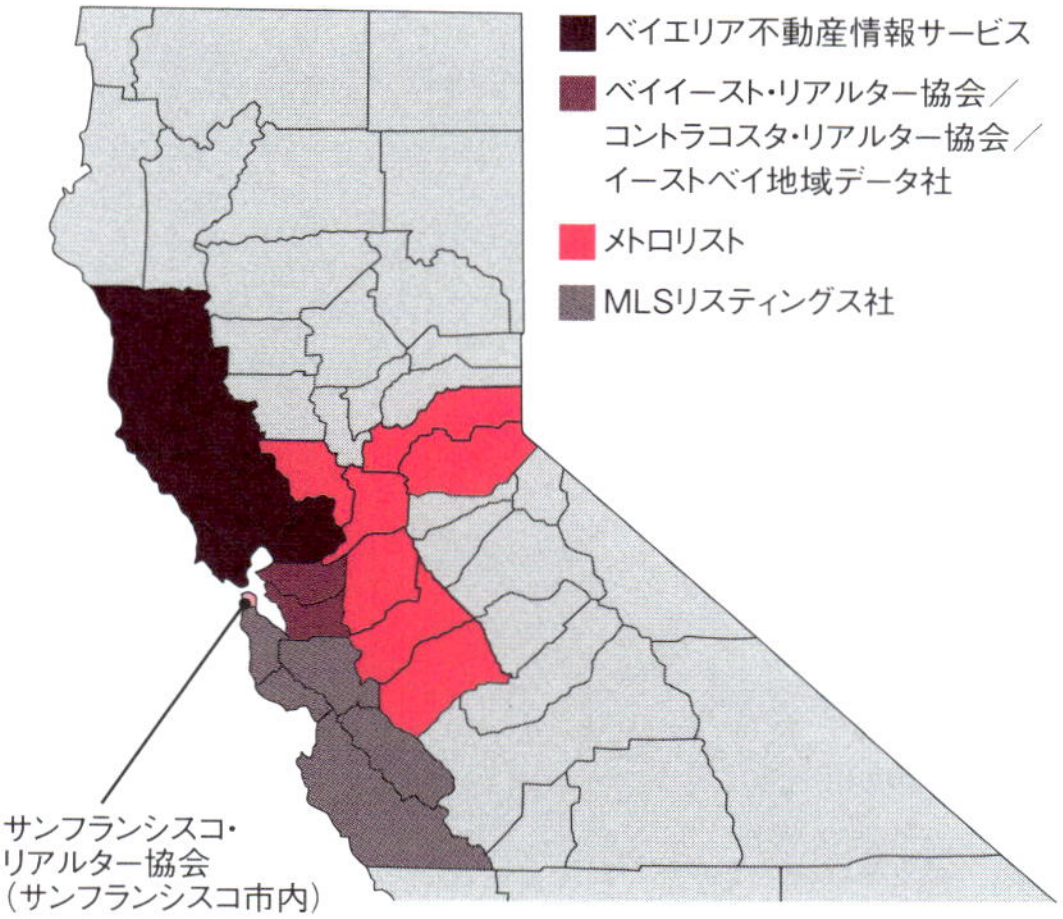

〔図4〕サンフランシスコ都市圏には5つのMLSが存在

（資料：Silicon Valley Association of Realtors）

り大規模なデータベースへと進化していった。今では、全米各地の業界団体がMLSを運営する一方、民間企業がビジネスとして運営する独立系MLSもあり[*16]、カリフォルニア州などではその両方が存在している[*17]〔図4〕。

いずれにせよ、MLSはエージェントが自発的に物件情報を共有するシステムとして構築されたのだ。

しかし、司法省との合意により、全米リアルター協会と各地のMLSがこの情報を第三者に公開すると、ジローなどはそれを利用して消費者を引きつけたうえで、積極的に収益化を図った。具体的には、広告を優先して掲載するたびにエージェントに追加料金を請求したり、仲介手数料の一部をマージンとして還元するよう要求し始めた。

そうなるとエージェントは物件をMLSに登録するのを遅延させたり、物件を隠したりする可能性が出てくる。フライヤーは「08年の合

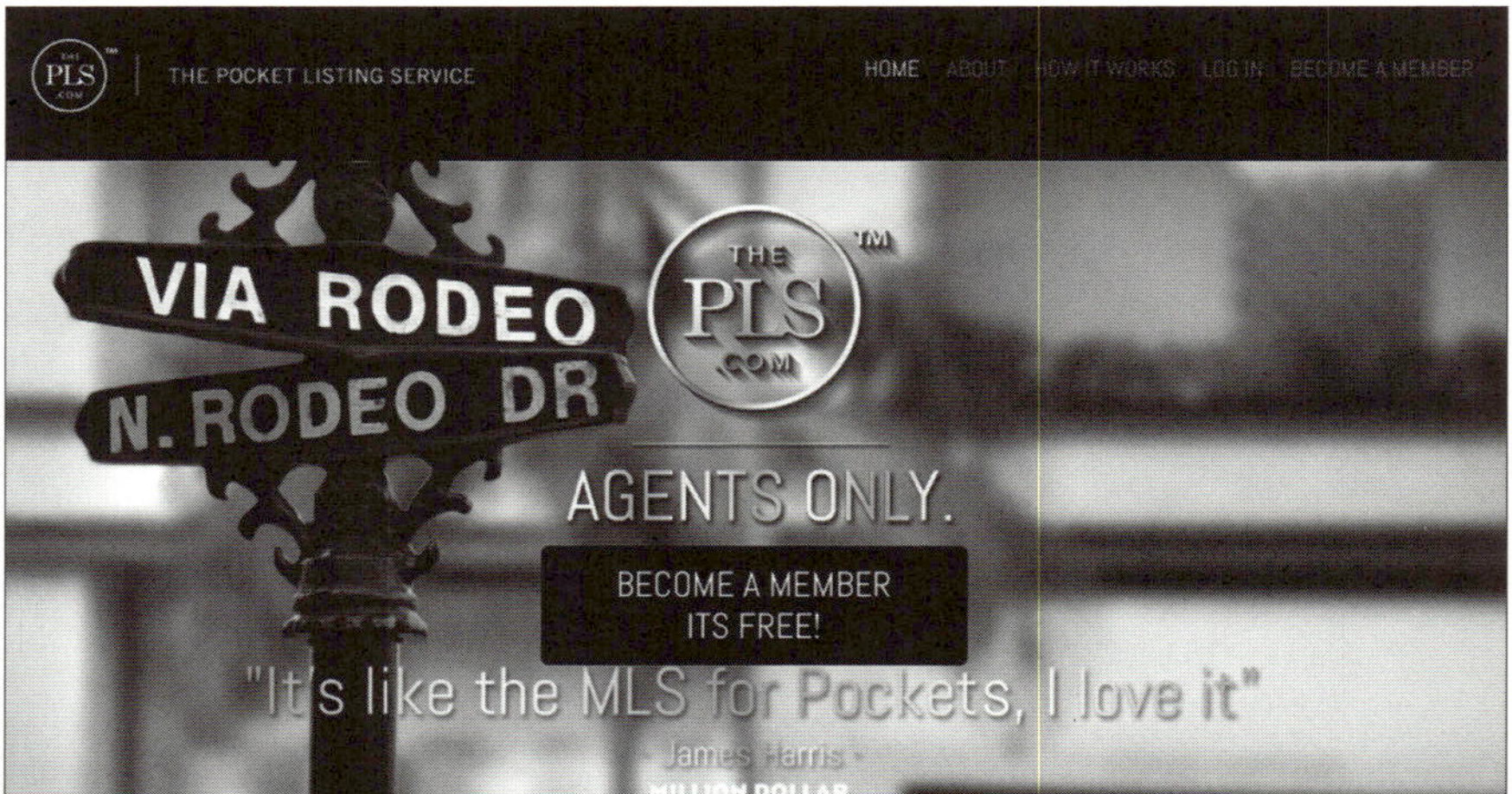

〔図5〕**ついに登場した囲い込みプラットフォーム**

PLSとはThe Pocket Listing Serviceの略だ
（URL：https://thepls.com/）

意書は、近視眼的な消費者の利益を求めたものであり、これからは公開に制限を加える必要がある」と結論づけた。

非公開の取引が横行

フライヤーの論文は、現実に市場で起きている動きを踏まえたものだ。13年、ワシントンDC、シカゴ、ニューヨークなどの13都市圏のブローカーやエージェントがフェイスブックにグループを作成して、MLSに物件を登録する前に情報を交換していたことが発覚した。一般にMLSではブローカーが売り主から委託を受けて48時間以内に物件を登録する義務があるが、前述のエリアはこうした必要のない地域であり、ヴァージニア州北部では1130人ものブローカーがメンバーとなっていた。カリフォルニア州北部でMLSを運用する会社が調査したところ、こうしたMLSを通さない住宅売買（ポケット・リスティング）は12年に全取引の15%を占め、翌年には26%まで増加していたという。

17年8月には、ロサンゼルスで活躍する敏腕エージェントたちがポケットリスティングプラットフォームを提供するThe PLS.comという会社を設立した〔図5〕。開始3カ月で全米1500人以上のエージェントが参加して総額14億ドルの高級住宅が登録された。

米国では景気拡大が続いており、売り物件が少ない状態が長期化している。買い

＊16　例えば、カリフォルニア州には10万人弱のエージェントが参加するCalifornia Regional Multiple Listing Serviceや、3万人弱のエージェントが参加するワシントン州のNorthwest Multiple Listing Serviceなどがある。

＊17　そのため、必ずしも各地域でMLSが一つしか存在しないとは限らず、複数のMLSを活用するエージェントも存在する。

手を必死で探す必要がなく、エージェントたちがＭＬＳに登録する動機は低くなっているのだ。また、消費者の側も、膨大な物件情報をジローなどのリスティングサイトを通して情報を収集できるため、手数料を払ってまでエージェントに物件検索を依頼する必要は薄れている。わざわざエージェントに依頼する買い主は、ほかの特別な理由、例えばＭＬＳに流通する前の「オフマーケット」物件を求めている場合が多い。

司法省がＭＬＳデータを強制的に公開させたことは、ジローなどのリスティングサイトを成長させた一方で、彼らに対する既存の不動産業者の警戒感を高め、皮肉にも囲い込みが横行する土台を作ってしまった形だ。

また、デジタル仲介の急成長によってシェアを大きく奪われているニューヨーク住宅仲介大手7社は、物件情報ではなく、買い主情報を共有するプラットフォームNYC Buyer Graph＊18を開設することを18年9月に公表した。これは参加する仲介各社のエージェントが買い主の代わりに希望条件（立地、間取り、価格など）を事前に入力しておくことで、売り手側のエージェントに見つかりやすくするもの。いわば参加する7社のなかでの両手取引を増やすことで新興勢力との対決に打ち勝つことをめざしている。

このように、不動産市場の透明性で知られる米国でも、不動産情報流通の主導権をめぐる争いは日本以上に過熱しているのである。

＊18　NYC Buyer Graphのシステムを提供するスタートアップのReal Scoutは、ほかにも両手取引（in-house deals）を円滑にするためのマーケットプレイスを提供しており、価格交渉を行うことも可能にしている。

解説1

囲い込みと両手取引の違い

これまで日本の住宅仲介で長らく議論されてきた問題が囲い込みと両手取引[*19]である。

一般的に仲介会社は、売買が成立した場合、売買価格の3%に6万円を加えた金額[*20]を上限に売り主と買い主にそれぞれ仲介手数料として請求する仕組みとなっている。

売り主から委託を受けた仲介は、売り物件の情報をレインズに登録したり、仲介各社に物件情報を提供して買い主を見つけた仲介からの連絡を待つのが基本であるが、通常は売り主側の仲介も買い主を探すために広告料を支払ってリスティングサイトに掲載したり、折り込みチラシや立て看板などを作成することで丹念に買い主を探している。これは一つの取引から仲介会社が売り主と買い主の双方から仲介手数料を獲得することを目的としており、業界では両手取引または両手仲介と呼んでいる。

一方、囲い込みとは、売り主から委託を受けた仲介（売り主側仲介）が内見や購入を希望する顧客を持つ別の仲介（買い主側仲介）からの連絡に対して、売り主側仲介が自ら買い主を見つけることを目的として、「すでに購入の申し込みが行われた」とか、「売り主の都合で一時的に紹介を停止したい」といった理由をつけ

＊19　米国では州によって両手取引に関するルールが異なる。例えばニューヨーク州では、同じ仲介会社に所属するエージェント間での売買や、同じ担当者が売り主と買い主のエージェントとなることが認められている。しかし、両手取引を行う場合には、売買交渉の前に、売り主と買い主に対して両手取引開示書を提出することが求められる。

＊20　金額は国土交通省の告示によって決まっている。

て拒否することである。これは消費者である売り主や買い主に大きな不利益を与える行為であり、宅地建物取引業法31条の信義誠実義務[*21]に違反することから、業務停止や免許取り消しなどの処分対象となる。

囲い込みが発生する要因には、多くの仲介会社が売上を伸ばすために両手取引を志向することが背景にある。そのため、消費者側の立場に立つ業界関係者やメディアなどでは、囲い込みを市場から撲滅するためには、そもそも両手取引自体を禁止にすべきだとの意見も根強い。次章で紹介するソニー不動産の「おうちダイレクト」はこうした理念に基づいている。その他の多くの不動産仲介会社は、囲い込み行為を否定しつつも、両手取引という行為そのものに違法性はない[*22]ことから容認しているのが現状だ。

*21 依頼主の信頼を裏切らないように行動すべきであるという法原則。

*22 日本では仲介会社が媒介者として住宅売買に携わることが一般的であり、売り主や買い主から全権を委任された代理人ではない。そのため、民法108条の双方代理に抵触しないと理解されている。

*23 Argumented Realityの略。現実の風景にさまざまな情報を重ね合わせて表示する技術を指す。VRとともに、ジャイロセンサーを備えたスマホや3Dゴーグルを表示デバイスに使うことが多い。

解説2

住宅分野への応用見込むVR・AR

VR（バーチャルリアリティー）やAR[*23]（拡張現実）は、近年最もホットな技術開発が続いている分野の一つだ。最も身近な用途はゲームなどのエンターテインメントだが、近年になり建設・住宅分野での応用可能性が盛んに取り上げられるようになった。ゴールドマン・サックスは、日米英独の4カ国において、不動産分野のVR・ARを合わせた市場規模が25年までに26億ドル（約2800億円）に達するとの予想を発表している。主な根拠として挙げられるのが仲介手数料の存在だ。16年時点での日米の不動産仲介市場はそれぞれ520億ドル、380億ドル。不動産サイトへのVR画像掲載は年率10%以上の成長をみせる見込みだ。

一方で主な課題として指摘されるのが、撮影機材の高さと手間だ。米国では測距センサーを備えた専用機材を使うMatterPort《マターポート》が高いシェアを持っているが、最近では画像処理技術の向上により、スマホのカメラ画像からVR画像を手軽に制作できるアプリが登場している。例えば韓国YouVRが開発した製品では、画像の重なり度合いから室内での位置を検出して3D画像を作成できたり〔図6〕、間取り図の自動生成も可能だ。

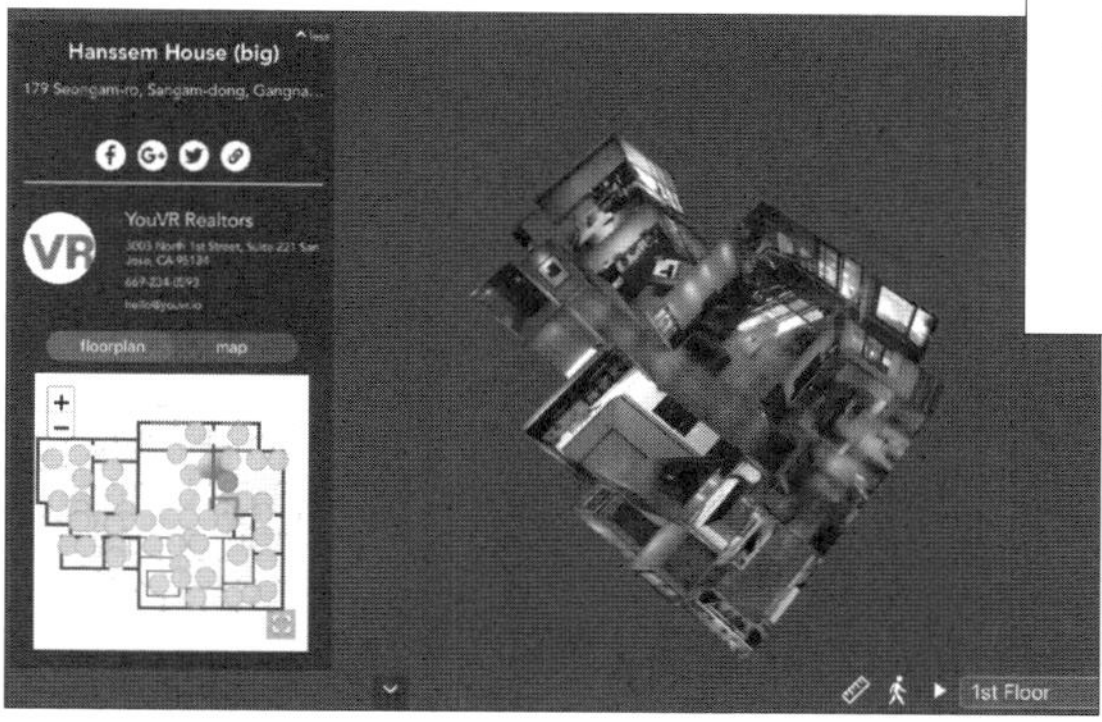

（資料：YouVR）

（資料：Pivo）

（資料：iYell）

〔図6〕住宅分野でのVR・ARの例

上は韓国YouVRの製品。室内の各所で撮影した画像をソフトウエアで自動的につなぎ合わせ3Dウォークスルー画像を生成しているところ。手持ちのほか、自動回転機能を持つスマホ用マウントPivo（右上、139ドル）と組み合わせることも可能／右はフィンテックベンチャーのiYellによる「いぇーる 住宅ローンAR」。スマホのカメラをかざすと撮影範囲内にある銀行支店の最低金利を現実の風景と重ね合わせて表示するアプリだ。

4 デジタル仲介の勃興

ジローなどのリスティングサイトと異なり、自ら不動産仲介事業者としてビジネスを展開するネット企業の群れをデジタル仲介と呼ぶ。いずれもネットでの集客を活用するが、後者はエージェントと呼ばれる営業担当者たちが原動力だ。ソフトバンクが投資するコンパスもその一つ。さらに、最近では買い取り再販の分野でもテック系スタートアップの勢力が大きく伸びている。

ニューヨーク市マンハッタン。セントラルパークのすぐ南に広がる一帯は、1戸あたり10億円を優に超える超高級分譲タワーマンションの開発ブームによって、ここ数年で風景が一変したエリアだ。エリアの東西を貫く通りには有名俳優や野球のスター選手、そして中東やアジアの富豪の自宅や別荘が集積し、いつしかビリオネアーズ・ロウ（億万長者通り）と呼ばれるようになった。世界の富裕層を相手にこうした不動産の取引を一手に引き受けてきたのが、創業100年を超える老舗仲介会社、Douglas Elliman《ダグラス エリーマン》や、オークション世界最大手サザビーズの不動産部門、Sotheby's Internatinal Realty《サザビーズ インターナショナル リアルティ》などである。

ところが2017年末、この街の業界人に衝撃を与える調査結果が明らかになった。創業5年に過ぎない新興ブローカー、Compass《コンパス》がマンハッタの高級住宅の仲介件数ランキングにおいて4位に食い込んだのだ。同社は、ツイッターのスターエンジニアやゴールドマン・サックス出身者などが12年に地元ニューヨークで設立した「デジタルブローカー（仲介会社）」の一つである。設立パーティーには、当時ニューヨーク市長であったMichael《マイケル》 Bloomberg《ブルームバーグ》が駆けつけるなど、ユニークなビジネスモデルは大きな注目を集めた（図1）。

不動産仲介業では、報酬制度との関係もあり、1人のエージェントが内見から契約までを一貫して担当するのが一般的だ。しかし、デジタル仲介は業務プロセスを内見、申込、契約と細分化し、能力のあるエージェントを現場業務に専念させることで、人件費の配分を最大限に効率化する。チームの営業プロセスを「見える化」するクラウドソフトウエアやモバイルアプリの徹底的な活用も特徴だ。これを各地で大規模に展開することにより、既存業務でのコスト削減を有能なエージェントの確保や仲介手数料の割引に充てている。代々続くファミリービジネスが中心の既存プレーヤーと異なり、創業者の多くはＩＴ業界出身の若者たちである。

既存業者と全面戦争

こうしたデジタル仲介の最右翼が、17年7月にナスダックに上場したRedfin《レッドフィン》と、18年5月、これに続いたｅＸｐ《イーエクスピー》 Realty《リアルティ》である。一方のコンパスは、17年9月にソフトバンクのビジョン・ファンドから4億５０００万ドルの投資を受け入れ、未上場ながら22億ドルの評価額を有するまでに成長した。後述するOpendoor《オープンドア》と合わせて１０００億円規模に上るソフトバンクの不動産テック投資は、米国スタートアッ

順位	企業名	売買額（対前年比）	売買件数	設立時期
1	Corcoran Group	62.9億ドル（3%増）	1960件	1973年
2	Douglas Elliman	52.3億ドル（4%減）	2380件	1911年
3	Stribling & Associates	15.8億ドル（73%増）	391件	1980年
4	**Compass**	**13.7億ドル（106%増）**	**673件**	**2012年**
5	Sotheby's International Realty	13.5億ドル（59%増）	388件	1976年

〔図1〕**マンハッタンの住宅仲介ランキング**（2017年）

（資料：Real Deal New York）

プ業界を揺るがす話題となった。

デジタル仲介のビジネスモデルは、米国に古くから存在するディスカウント仲介のそれを現代風にアレンジしたものだ。分業体制によって仲介手数料を削減するディスカウント仲介は、経験の浅い若手エージェントを固定給で大量に雇用[*1]するためサービス水準はそれほど高くなく、大きく成長してこなかった。他方、デジタル仲介はITツールによってエージェント間のサービス水準のばらつきを防ぐとともに、浮いたコストを有能な人材の採用に投資することで、従来のディスカウント仲介のイメージと一線を画す評判を築いてきたのだ。

コンパスの場合、当初はUrban《アーバン》 Compass《コンパス》という社名の賃貸専業仲介会社として創業。公的統計やソーシャルメディアの口コミデータなどに基づいて、賃借人に最適な住宅を提案し、地域スペシャリストと呼ばれるブローカーが契約やその後のアフターサービスまでを支援するサービスをめざした。

同社の快進撃が始まったのは、14年に住宅売買への進出を宣言してからだ。まずは市内屈指の腕利きエージェントに対して、他社よりも高い移籍金を約束したうえでストックオプションをちらつかせて次々と引き抜いていった。

米国では、営業の最前線に立つエージェントはブローカーの社員でなく、契約を結んだ個人事業主であることが一般的だ。センチュリー21など従来型のブローカーは、ブランド使用の対価などとしてエージェントにコミッション（上納金）を請求するが、コンパスならそれもゼロ。すでにレッドフィンなどのデジタル仲介が大きく

＊1　エージェントは米国では個人事業主や中小規模の事業者であり、ブローカー（仲介会社）は彼らと成果報酬ベースで契約するのが一般的だ。

＊2　18年4月にはシカゴで300人のブローカーを有するConlon《コンロン》 Real《リアル》 Estate《エステート》を買収し、7月には同じくシカゴで350人のブローカーを有するHudson《ハドソン》 Company《カンパニー》を買収した。6月にもサンフランシスコで225人のブローカーを抱えるParagon《パラゴン》 Real《リアル》 Estate《エステート》を23億ドルで買収し、西海岸に進出を果たしている。

成長していたなかに、潜在的に危機感を持っていた敏腕エージェントが既存のブローカーから次々と逃げ出した形となった。

この業界秩序を大きく揺るがす動きに対して、住宅仲介大手Corcoran《コーコラン》は15年、51人ものエージェントが奪われたとコンパスを相手に裁判を起こした。その後も前述のダグラスエリーマンやBrown《ブラウン》 Harris《ハリス》といった住宅仲介大手がコンパスを提訴したが、同社は怯《ひる》まずにその規模を拡大させていき、やがて数々の訴訟も証拠不十分ですべて取り下げられるに至った。

現在、コンパスはシカゴ、サンフランシスコなどの都市で高級住宅仲介会社の買収[*2]を重ね、全米に同社のネットワークを広げるべく邁進している。電子看板などのデジタルツールの開発にも積極的だ〔図2〕。

同社は住宅業界のアマゾンをめざして、売買を入り口とした「プラットフォーマー」化も視野に入れている。共同創業者Robert《ロバート》 Reffkin《リフキン》は

〔図2〕**電子看板などデジタルツール開発を積極化するCompass**

エージェントの名前などを画面表示するほか、立ち止まった人の数や閲覧時間を把握する機能を備える

（資料：Compass）

将来的に仲介手数料が売上高に占める割合を20％～30％に抑えたいと考えており、住宅ローンの仲介や引っ越し、さらには家具の売買やハウスキーピングなどのサービスを既存の顧客接点を通じて提供したいと考えている。「住宅購入はあらゆる消費の入り口に立っている」という彼の考えは、第六章で詳説するウィーワークの戦略をなぞるものだ。

リアル版ジローをめざしたレッドフィン

このデジタル仲介分野において、コンパスに先行したのが02年創業のレッドフィンである。同社は前章で触れたジローと同じく、シアトルでＩＴ技術者たちが設立した。よくリスティングサイトとしてジローと比較される同社。サイト上で物件の価格推定サービスを提供している点も共通だが、自らが仲介免許を持つブローカーとなって現場にエージェントを配置し、売買手続きを提供している点で異なる。いわばリアル×デジタルのいいとこ取りをねらったモデルだ。

同社のRedfin Estimateは、自社のエージェントが取引した不動産売買の情報を活用して、全米４０００万件を対象に独自に住宅価格を推定するサービス。価格推定と実際の取引価格との誤差の中央値は全米で１・９％と発表しており、ジローよりも精度の高い住宅価格情報を提供していると主張する。また、自社のポータルサイトを各地のＭＬＳとリアルタイム接続することで物件情報の鮮度を向上したり、

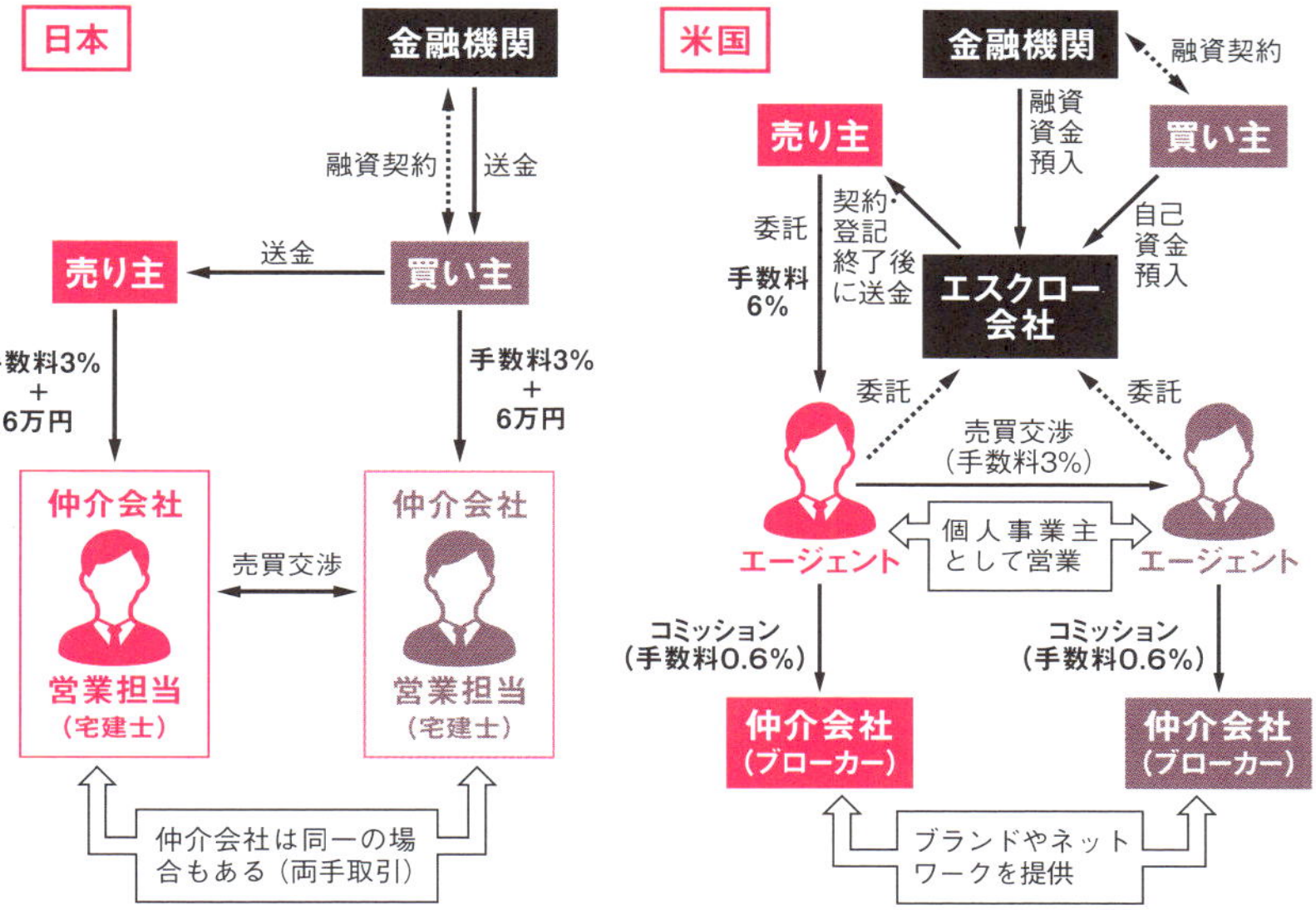

〔図3〕**日米の不動産売買の違い**

米国では売り主が買い主の仲介手数料も負担する。エージェントは個人事業主として仲介会社（ブローカー）と契約するのが一般的で、ブランドや営業ネットワークの対価としてコミッションを支払う必要がある。

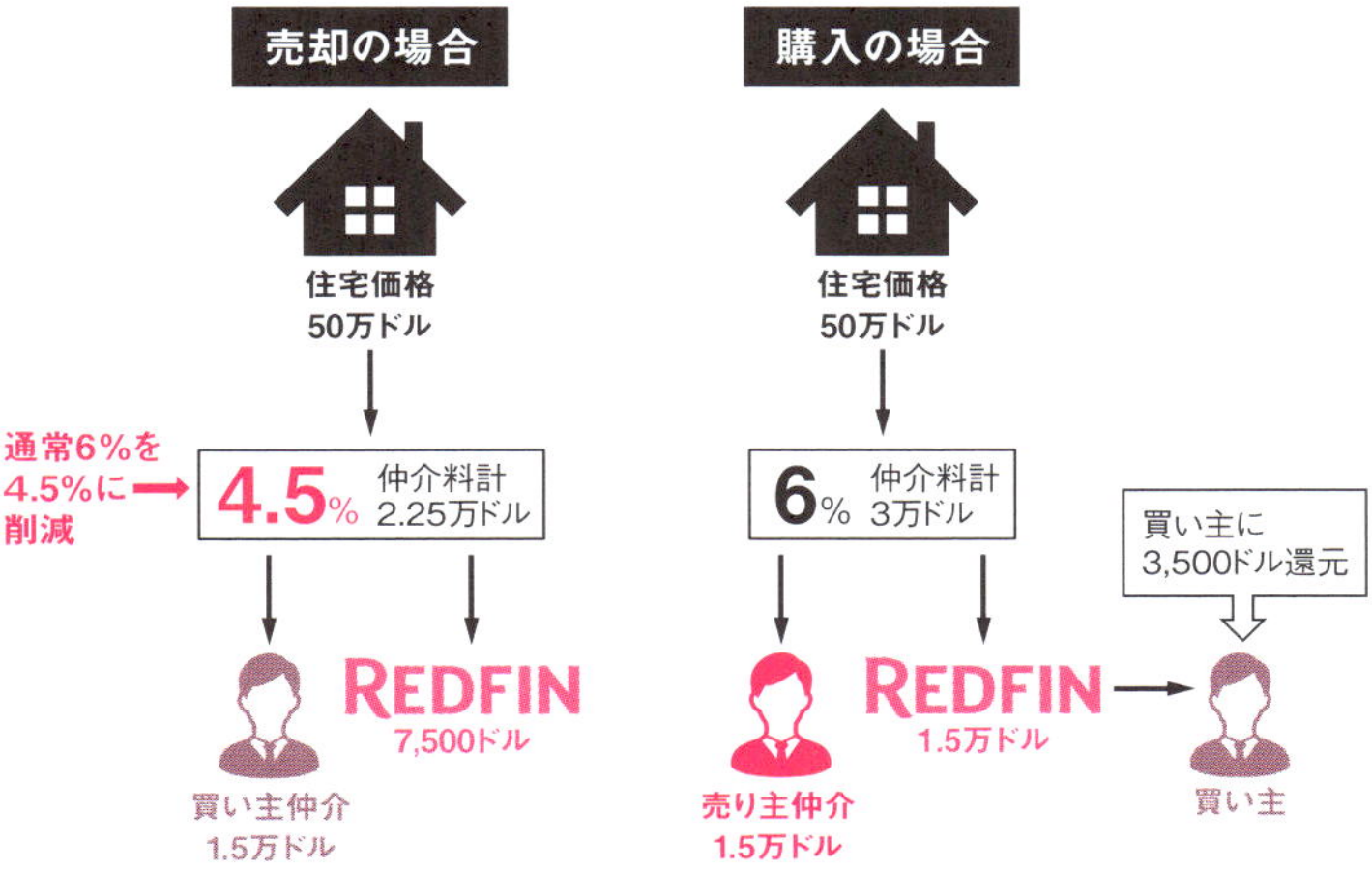

〔図4〕**Redfinの住宅仲介の仕組み**

売り主は買い主の分を合わせ6%の仲介手数料を負担するのが一般的だが、Redfinが売り主のエージェントとなる場合は同社の取り分を半額とすることで、売り主の負担を4.5%に削減する（左）。一方、Redfinが買い主のエージェントとなる場合、同社が売り主から得る手数料3%のうち0.7%相当を買い主に還元する（右）。

広告作成、顧客管理、電子契約などのデジタル化によって業務のコスト削減に取り組んだりと、ITの活用でも先頭を走ってきた。

買い主が仲介手数料を負担することのない米国では、売り主が自分と相手の仲介手数料を合わせ、物件価格の6％程度を負担するのが一般的だ。これに対してレッドフィンは、自身の仲介手数料を1・5％にとどめることで、売り主の負担を合計4・5％に抑えられるとアピール（図3・図4）。先進的なイメージも武器に営業地域を全米に拡大させ、17年7月に公募価格を45％上回る初値をつけてナスダック証券取引所に上場を果たし、1億3800万ドルの調達に成功した。

ユニークだったのはその報酬体系。獲得した仲介手数料に基づいて支払われるのではなく、顧客がつけた評価（レビュー）に基づいて支払われる仕組みとなっている。そのため、エージェントは物件価格を吊り上げるのではなく、買い主の意思を十分に配慮して行動するように動機づけられている。さらに、成果報酬に過度に依存した業界一般の報酬体系ではなく、一定の基本給与を支払うことでエージェントの帰属意識を高めることに成功した。

デジタル仲介の成長を受けて、過去に仲介ビジネスへの参入を何度も否定してきたジローも、ついにフロリダ州で住宅仲介のテストを開始している。実際の仲介業務は、同社の有料会員プログラムPremier Brokerに登録しているエージェントが担当する。買い主がジローを通して問い合わせした物件が成約した場合、エージェントがコミッションとして仲介手数料の一部を同社に支払う仕組みだ。この背景には、レッドフィンやコンパスの侵食によって、中核ビジネスであるリスティングサイトの一強状態が揺らいできていることも大きく影を落としているようだ。

ここまで見てきたように、米国のデジタル仲介はその表面的なイメージと異なり、個々のエージェントのスキルや人脈にかなり依存した商売であることがわかる。近年ではソーシャルメディアの普及によって、エージェントが自らをブランディングしていくことも可能となった。一方でブローカーがエージェントに提供できる価値が減少しており、エージェントの影響力が相対的に高まっている。

デジタル仲介は、ITツールによる業務効率化、スタートアップ特有の成長性といった魅力を加えることで、ブローカーの存在意義を再定義していると言える。

本社も仮想化、オフィスを持たない仲介

ここで、伸び盛りのデジタル仲介会社をもう一つ紹介しよう。09年、西海岸ワシントン州のベリンハム市で創業したeXpリアルティだ。同社は16年以降、年率約3倍のペースで売上高を伸ばしてきた。18年5月にはナスダックに上場を果たしており、同年の売上高は4億ドルを大きく超える見通しである。

「通勤のない会社」としても知られる同社には、住宅仲介の基本となる店舗が一つも存在しない。その代わりにあるのは、eXp Worldと呼ばれる統合業務ソフトウエア。住宅売買の各種手続きを支援するトランザクションツール、セールスや顧

客リレーションといった住宅仲介のテクニックを学ぶことができるオンライントレーニング、チラシや看板の作成を支援するプロモーションツール、ファイナンスやＩＴの専門スタッフと相談できるリアルタイムサポートなどを備えたデジタル・プラットフォームである。

その特徴は、３Ｄアバターを活用したコミュニケーションツールと統合されていること。ｅＸｐの社員やエージェントは、オフィスフロアや会議室を模した仮想空間に毎日決まってログインし、自分の分身であるアバターを通じて、リアルなオフィスと同じように時間を仲間と共有する体験を味わう。営業情報の交換や進捗報告、研修、時には気晴らしの雑談まで、この場を使ったチャットやビデオ会議で済ませてしまう〔図5〕。

これは同社の幹部も例外ではなく、ＣＯＯ（最高執行責任者）はアリゾナ州、ＣＦＯ（最高財務責任者）はネバダ州、ＣＴＯ（最高技術責任者）はニューヨーク州といったように全米各地に点在して勤務している。実態としては会社のほとんどの機能がデジタル空間に存在しているというわけだ。

ｅＸｐでは、こうした持たざる経営を志向することで固定費の大幅削減を実現し、エージェントからのコミッションを最小化して利益還元に努めている。

エージェントは、入会時に初期費用として１４９ドルを支払い、毎年約１０００ドルをプラットフォーム利用料および研修費用として支払う仕組みとなっている。コミッションは仲介手数料の２割、ただし年間１万６０００ドルが上限だ。それ以降は獲得した手数料がすべて自分の収入になる。成績上位のエージェントへのインセンティブとして、ストックオプションや仲介手数料の一部を株式に交換するプログラムも用意した。

認知度が業界内で徐々に高まるにつれて、同社の合理的なシステムに引かれたIT感度の高い若手エージェントが続々とeXpに加盟しており、16年には2500人だったエージェント数が、17年には6000人、18年11月には1万5000人を超える規模となっている。

eXpのビジネスモデルでは、店舗などのリアルな設備を省いたことにより時間とコストのムダを省いただけでなく、全米展開を急速に進めることを可能にした。また、業務の要であるシステムの開発や運営に要する費用は、エージェントの人数が増えてもほぼ変わらないため、1人あたりのコストは逓減していく。ドットコムバブルの時に語られた夢のような話だが、eXpがすごいのはきちんと数字で結果を

〔図5〕エージェントがアバターで参加する会議の様子

（資料：eXp Realty）

残してきたことだ。ここに、グーグルやフェイスブックといったＩＴ業界のプラットフォーマーと同じく、爆発的な成長の可能性を見ている専門家も多い。

デジタル再販ビジネスの急成長

一方、中価格帯の住宅では、ＡＩなどの技術を使い住宅を大量に査定、購入して転売するスタートアップが急成長している。インスタント・バイヤー、または略称のi-Buyer（iバイヤー）で呼ばれるプレーヤーの一群だ（図6）。14年にサンフランシスコで創業したオープンドアがその先駆者である。不動産リスティングサイト大手Trulia《トゥルーリア》や決済アプリ開発のSquare《スクエア》出身者たちが起業した同社は、創業後わずか2年間で3億ドルの資金を調達。18年9月にはソフトバンクからの4億ドルの出資と、金融機関からの巨額融資の受け入れを公表して大きな注目を集めた。

数多くのベンチャーキャピタリストを引きつけているのが、買い取り再販という事業モデルのリスクを、テクノロジーによって最小化しようと試みていることだ。

同社が初めての進出地に選んだのが、住宅価格が高騰している地元サンフランシスコではなく、１０００㎞も離れたアリゾナ州フェニックスだった。１９６０年代以降の戸建て住宅で12万５０００ドル～50万ドルといったボリュームゾーンを対象に毎月１００戸程度を購入している。

売却を希望する顧客が住宅の見積もりをウェブ上でオープンドアに依頼すると、

同社は周辺の類似物件の取引事例や自治体の課税評価額を基に機械的に推定した買い取り価格を提示する。早ければ依頼したその日のうちにホームインスペクターと呼ばれる査定員が自宅を訪れ、住宅の状態を目視調査してモバイルアプリで査定額を修正。その場で価格に納得すれば、3日以内に決済可能である。

全米リアルター協会の調査によれば、物件売却の不満の上位として、「多くの内見対応に必要以上に時間を奪われた」「売り出し価格を高く設定し過ぎ、売却に長期間を要してしまった」「最終的に買い手の住宅ローンがつかずに売買がキャンセルとなった」などが挙げられている。そもそも住宅の売り主は、できるだけ高く、なるべく早く売りたいという二つの願望を持っているが、この願望はトレードオフの関係にある。売却にまつわる多大なストレスと時間は、不動産にまつわるユーザー体験のなかでも最も放置されてきたポイントだけに、テクノロジーによ

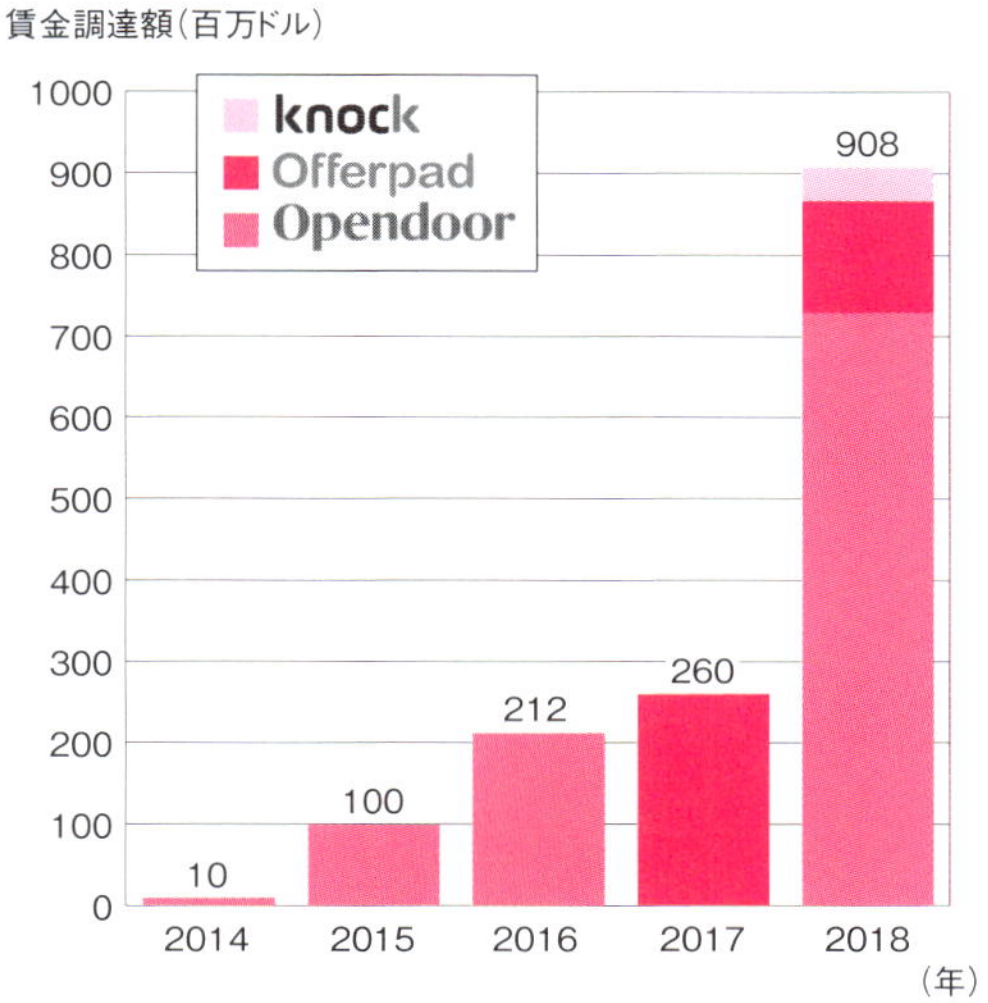

〔図6〕急拡大するiバイヤーの資金調達
（資料：Crunchbase）

る改善余地は大きいとみるベンチャーキャピタルは多い。

急な転勤や離婚、新居の購入代金決済など、必要に迫られて自宅を売却する人は多い。オープンドアは、相場より少し安くても、時間や手間を掛けたくないこうした売り手の需要を捉えた。サービス料はリスクに応じて柔軟に設定。買い取った住宅を必要に応じて改修したのち、平均20日で売却している〔図7〕。

ソフトバンクの巨額出資に先立ち、オープンドアを粘り強く支援してきたのが不動産テック専門ＶＣのFifth《フィフス》 Wall《ウォール》 Ventures《ベンチャーズ》である。18年6月には、オープンドアに対して３５００万ドルの出資と同時に金融機関からの1億ドルの融資をアレンジした。投資家の1社である住宅建設最大手Lennar《レナー》は、同社の顧客が住宅を売却する際、オープンドアを紹介するといった支援を行うことを発表した。

ＡＩ査定の強みにフォーカス

住宅の買い取り再販を主力とする不動産テック企業は、ほかにも15年にフェニックスで創業したOfferpad《オファーパッド》、同年にニューヨークで創業してアトランタで事業を開始したknock《ノック》などがある。一方で、従来の不動産業界にも、安く買いたたいて多少のリフォームを施し、高く売るといった再販ビジネスを手がける業者は少なからず存在してきた。これらの業者と、ｉバイヤーとはどこが本質的に異なるのだろうか。

従来の買い取り再販業者は、離婚や失業、住宅ローンの支払遅延や自己破産などで経済的に困窮した人が所有する住宅を安く買いたたくことに注力してきた。そのため、多くの業者は相場の70％程度で買い取り、数％をリフォームに費やしたうえで早期に転売している。一方、オープンドアなどのｉバイヤーは相場の90％以上で買い取りを実施することを掲げており、通常の住宅売買で発生する仲介手数料（物件価格の６％）を差し引いても、ｉバイヤーに売却することがメリットになるとアピール。従来の買い取り再販業者とは全く異なるマーケットを開拓したと主張している。

次の違いは、言うまでもなくＡＩ査定である。ｉバイヤーは従来の買い取り再販業者よりも薄利（利益率は４％程度）である分、人手を掛けずに大量に物件を買い取ることでスケールメリットを生み出そうとしている。ビッグデータ解析で査定の精度を高め、リスクを抑えることも重要になる。

そこで肝となるのがエリアの選別だ。ｉバイヤーが参入している地域は、比較的近年、大量に中価格帯（30万ドル～50万ドル程度）の住宅が供給されたラスベガス、フェニックス、ダラス、アトランタといったサンベルト（20世紀後半に人口増加した米国南部の地域）に集中している。このうちフェニックスでは18年の１月～10月に約９万件の売買が行われ、ｉバイヤーによる取引は３６３５件で４％を占めた。同市は米国のなかで都市化が遅れていたこともあり、築浅の戸建て住宅が数多く存在する均質なマーケットとなっている。また堅調な人口増加によって中古住宅の取引が活発であり、まさに定量的分析に基づいた買い取り再販に最適なマーケットである。ダラスやラスベガスといった都市においてもｉバイヤーのマーケットシェアは２％

台に達している〔図8〕。

一方、古くから都市化が進んだボストン、ニューヨーク、ワシントンDCなどの北東部や、シカゴ、デトロイト、ピッツバーグといった五大湖周辺の都市には高価格帯の住宅価格が多く、多様な物件属性が含まれるために適正価格を算出するには困難であるため、iバイヤーの多くは進出していない。

3点目のポイントは、ベンチャーキャピタルから調達した、多額の資金に支えられていることである。AI査定に誤差はつきもの。ならば大数の法則*3を用いて個別物件のリスクを分散してしまおうという発想だから、そもそも資金力がなければ成り立たない。

iバイヤーはカネ余りの状態にある現在だからこそ花開いたビジネスモデルであり、資金調達環境が悪化すると途端に収縮してしまう可能性が高いと指摘する声も多いが今後も注目すべきビジネスモデルであることに変わりはない。

自らもファンドを組成

全米各都市で着実に住宅購入を増やしているiバイヤーは、自社による売却活動だけでなく、大手の不動産ファンドへの一括売却や外部エージェントの活用を進めている。大手のオープンドアとオファーパッドでは18年、全体の売却物件の買い手のうち約10%をこうしたファンドが占めた。

*3　多数の試行を重ねることにより確率が理論上の値に近づくこと。

	一般的な仲介による住宅売却	Opendoorによる買い取り
■売買プロセス		
販売開始までの日数	10日	即日
売却完了までの日数	50日	10日〜60日（平均20日）
内覧件数	10件	0件
■コスト比較		
売却価格（例）	20万ドル	20万ドル
売却コスト		
仲介手数料	6%	—
住宅検査料、諸費用	2%	—
住み替え費用	1%	—
サービス料	—	6.5%
小計	7%〜10%	6.5%（平均）
売却完了後の手元残金	18万2000ドル	18万7000ドル

〔図7〕**従来の仲介と同等の費用で買い取りをめざしているOpendoor**

（資料：同社HPを基に加筆）

〔図8〕**均質な住宅が並ぶラスベガス郊外の住宅地**

（写真：Tupungato/Shutterstock.com）

投資ファンドの一部は戸建て賃貸専門の投資プログラムを運用している。昨今の住宅売買マーケットの逼迫によって新規の物件購入が困難となっているなかで、iバイヤーがそのアクイジション機能の一翼を担うようになっている。オープンドア自身でも、不動産ファンドOpendoor Property Acquisition Fundの設立を18年11月に発表。外部の投資家を募って激化する競争に打ち勝ちたい考えだ。

物件売却において外部のエージェントを活用する動きも加速している。従来、iバイヤーでは購入希望者の内覧にアルバイトのみで対応し、購入申し込みはすべてユーザーのオンライン入力に任せることでコスト削減を実現してきた。しかし、事業対象地の拡大や買い取り物件数の増加に伴って物件在庫が手元に滞留するようになると、その姿勢を転換している。

ジロー、レッドフィンのiバイヤー参入

オープンドアは、ソフトバンクの出資と同時期にデジタル仲介Open《オープン》 Listings《リスティングス》の買収を決定し、事業の多角化に一歩を踏み出した。仲介手数料半額で人気を高めているオープンリスティングスはレッドフィンと同様、内見、申し込み、契約の各業務を分割し、内見はアルバイトに任せて申し込みはオンラインのみにすることでコスト削減を図っており、エージェントは契約業務に徹することが可能となっている。この買収はオープンドアに住宅を売却した顧客から、次の住宅購入時の仲介を獲得

することが目的とみられている。

一方で、オープンドアは同社の主力ビジネスにおいて、最大手リスティングサイトのジローから挑戦を受けている。

ジローは18年5月からInstant Offers（現Zillow Offers）というサービス名で買い取り再販に参入を果たし、２億５０００万ドルを投じて同年内に１０００戸以上購入する計画を発表。その圧倒的な集客力と資金力を背景に、オープンドアと真っ向から競合する可能性が出てきた。ＣＥＯのSpencer《スペンサー》 Rascoff《ラスコフ》は、「Netflix《ネットフリックス》*4がオリジナルコンテンツを充実させて圧倒的な地位を築いたように、我々もオリジナル商品のラインナップを増やしていかなければプラットフォームとしての優位性を維持できない」と主張し、再販事業に注力していくことを表明している。

これに先立つ17年7月、デジタル仲介サービスのレッドフィンも住宅買い取りサービスRedfin Nowを開始している。買い取り手数料６％～９％、24時間以内にインスペクターが訪問して72時間以内に取引が完結するといった内容はオープンドアとほぼ同じだ。

急成長を遂げた新世代の不動産テック企業であるオープンドアと、先輩格に当たるジローやレッドフィン。ｉバイヤー、リスティング、デジタル仲介とそれぞれ異なる事業分野のナンバーワン企業は、互いに領空侵犯を繰り返しながら、さらなる成長に向けてひた走っている。住宅価格がリーマンショック以前の水準を超えた米国だが、今後再び訪れるであろう景気の後退局面において、各企業の真価が問わ

*4　ビデオオンデマンドの大手プラットフォーム事業者。

れるだろう。

解説 ソニー不動産の挑戦

日本におけるデジタル仲介の先駆けとして、ソニー不動産の存在を忘れてはならないだろう。14年4月に設立された当初、集客をオンラインに絞っていたことや、親会社であるソニーが開発した機械学習エンジンによって推定した不動産価格を提示することなど、同社のビジネスモデルは米国の先行プレーヤーを意識している。なかでも、顧客との利益相反の恐れが指摘される両手取引を否定し、片手取引主体の米国型エージェントモデルを採用したことは大いに注目された。

15年11月にはヤフーからの出資を受け入れ、その集客力を活用した「おうちダイレクト」[*5]を開始したことで、市場の期待はさらに高まった。その目玉となるのは、売り主が自ら不動産価格推定エンジンを参考に売却価格を決定し、ヤフーの不動産サイトに掲載する「セルフ売却プラン」[*6]である。売り主側の仲介手数料を不要とする一方で、ソニー不動産は問い合わせのあった買い主から仲介手数料を徴収することで収益を確保している。

同社は当初、5年後の売上高500億円（業界3位と同水準）をめざした。しかし、住宅仲介とリスティングサイトを融合したこの戦略は、業界団体から大きな反感を買ってしまった。15年10月、不動産取引に携わる大手企業を中心とした業界団体である不動産流通経営協会は[*7]、ヤフー不動産がリスティングサイトとしての公平性や中立性に欠けるとして[*8]、加盟会社からの物件情報提供を停止した。また16年2月には、中小規模の不動産会社を中心に全国の事業者の約8割、10万社が会員となっている全国宅地建物取引業協会連合会（全宅連）もこれに続いた。こうしたこともあって、集客エンジンと期待したヤフー不動産の物件掲載件数[*9]は業界5位にとどまり、二大リスティングサイトであるホームズ、スーモの牙城を崩すに至っていない。

一般的に買い主は仲介会社の店頭やリスティングサイトで売り物件の情報を比較検討して購入物件を絞っていくが、ヤフー不動産は物件掲載件数が見劣りするために真っ先に閲覧する買い主は少なく、多くの買い主に閲覧される機会を喪失しているといえる。また、ソニー不動産の事業エリアも現状では1都3県にとどまっている。

ただし、大風呂敷ともいえた当初の目標水準からは大きく乖離しているものの、同社は17年度に売上高26億円と初の営業黒字を達成した。仲介手数料収入は非公表ながら国内で15位前後にランクされるとみられ、創業から4年目のプレーヤーとしては大健闘を見せている。不動産業界から有能なエージェントを採用したほか、銀座、横浜など7カ所に実店舗を展開するなど、オンライン仲介としての立

＊5　おうちダイレクトでは、ヤフーが主体となり、売り主と買い主を結びつけるマッチングサービスを提供している。

＊6　ソニー不動産が売却希望価格を設定して買い主を探す「おまかせ売却プラン」、査定から最短10営業日で買い取る「買い取りプラン」も用意している。

＊7　FRKとも呼ばれる。

＊8　ヤフーは物件売却を仲介する指定仲介会社としてソニー不動産に独占的な立場を与えている。

＊9　産経広告社の調査によると、17年1月時点の掲載物件数は約250万件。

場にこだわらない積極的な姿勢が実を結んだとみられる。

最近では、同社の業務システムの開放を通じて、それまで反発を受けることの多かった既存の不動産仲介会社との協調姿勢を打ち出している。18年10月には、8500社が加盟する大阪府宅地建物取引業協会との業務提携を発表。*10 協会加盟の不動産会社は、ソニー不動産自慢の価格推定エンジンの利用や、ユーザーに相見積もりを提供する一括査定依頼サービスへの参加に加えて、同社のノウハウを詰め込んだ業務システムを使って査定・媒介・販売・契約までのプロセスを管理することが可能になる。

自前のITシステムに投資する余力に乏しい中小規模の不動産会社に対して自社のシステムをオープン化することで、国内で標準的な不動産取引業務のプラットフォームになることをめざしている。

*10 19年5月には1万4000社が加盟する東京都宅建協同組合との提携も開始した。19年6月にはSREホールディングスと社名変更し、自己勘定投資やAI導入コンサルも含めた事業の多角化を進めている。

5 生き残りを模索する民泊ビジネス

住宅を貸したい人と借りたい人をマッチングする民泊ビジネスが岐路に立たされている。急増する訪日外国人の受け皿、あるいは地方振興の解決策の一つとして期待が集まったが、自治体に幅広い上乗せ規制を認めた民泊新法の施行が大きな混乱を招いた。普及が先行した米国でも、推進派と反対派入り乱れての議論が続く。

2008年8月、Airbed and breakfast.comというサイトがリリースされた。現在のairbnb（エアビー）の前身である。サンフランシスコに住む2人の工業デザイナーがルームシェアしている住宅の家賃を補うため、住宅の一室にエアーベッドを設置して朝食を提供するというアイデアが発端であった。

このアイデアを基に、住宅の一室またはすべてを貸したい人「ホスト」と借りたい人「ゲスト」を結びつけ、その宿泊料金の10％前後を手数料として徴収するビジネスモデルが確立し、10年後に191カ国500万室を提供する世界最大のシェアビジネスへと成長した。しかし、このユニークなビジネスは、エアビーの利用者が集中する大都市のホテル業界や自治体との間にさまざまな摩擦を引き起こしている。

東京湾岸エリアにそびえ立つ33階建てのタワーマンション、ブリリアマーレ有明。総戸数1085の規模を誇り、最上階にはプールやスポーツジム、エステルーム、バーなどの共用施設を備えている。高級感あふれるマンションの管理組合公式サイトにある日、こんな注意を呼びかける文章が投稿された。

「豪華な共用部を持つマンションにおいて、ルールを知らない見知らぬ人が多数利用するようになると、たちまち共用部分が荒れて区分所有者の資産価値を棄損します」。

同マンションでは、15年以降エアビーに居室を登録する事例が相次いだ。民泊やシェアハウスは管理規約で禁止していたが、改めて公式サイトでその旨を周知したのだ。当事者たちにも個別に連絡し、民泊サイトからの取り下げを求めたという。

企業の参入が続々

一般の住宅に観光客らを泊める民泊は、宿泊施設の不足した東京や大阪で一時大きな勢力を誇った。日本では、エアビーのほかにも、米Expedia《エクスペディア》傘下のHomeAway《ホームアウェイ》、米TripAdvisor《トリップアドバイザー》傘下のFlipKey《フリップキー》、中国の途家《トゥージア》など、いくつもの海外民泊紹介サイトが競って参入。提供される民泊施設数も東京でホテル客室数の約1割、大阪、京都では約2割に及んだ。一時は関西国際空港を訪れた訪日外国人の２割が民泊施設に宿泊するなど、ホテル業界の脅威[*1]になるほどだった。

民間事業者も期待に沸き立った。ＩＴ関連企業を中心に組織される経済団体の新経済連盟では15年時点で、民泊の解禁によって年間で延べ約２５００万人の外国人の受け入れや、約１２０万戸の空き家解消が可能となり、10兆円台の経済効果が

*1 民泊調査会社のメトロエンジンによると、17年5月時点の民泊掲載数は東京で1万２００件。

生まれると試算[*2]していた。民泊専用マンションや、オーナーに代わって民泊業務を代行するサービスが登場。不動産会社の参入が相次いだ。

ブームの立役者であるエアビー自身は、同社サイトを通じた宿泊が、年間約2220億円の経済効果と、約2万1800人の雇用効果を生むと主張。「旅館業法が作られたのは、インターネットが存在すらしていなかった48年のこと。古い規制の型にはめ込もうとするのではなく、新しい時代に合わせた規制デザインの変革が必要だ」と呼びかけた。だが、その後に待っていた現実は予想以上に厳しかった。

新法によって激減した国内民泊

18年6月に施行された住宅宿泊事業法（民泊新法）によって、住宅の所有者または賃借人が民泊事業を営む場合に、都道府県または保健所設置自治体（政令市、中核市、特別区など）への届出が必要となった。また、インターネットサイトを通して民泊のマッチングサービスを提供するエアビーなどの会社には住宅宿泊仲介業者として観光庁への登録が必要とされた。ホスト不在型の民泊を行う場合には、国土交通大臣の登録を受けた住宅宿泊管理業者に管理を委託することとされた［図1］。

民泊新法の制定に当たって、訪日旅行者を増やしたい側と、既存のホテル・旅館との綱引きが行われた結果、賃貸に提供できる期間の上限は年間180日に指定された。

*2 新経済連盟が発表した「シェアリングエコノミーに関する提案書」において試算。

規制強化による民泊ビジネスの収益性低下や手続きの煩雑さなどによって、新たに住宅宿泊事業者として民泊ビジネスを継続しようとする個人ホストは急減した。内閣府によると18年10月末時点で、全国における住宅宿泊事業者の届出件数は約1万1000件。国家戦略特区制度を活用した特区民泊は約5000件と合計1万6000件であり、住宅宿泊事業法施行前に把握されていた民泊物件数、5万6000件の約3割の水準にとどまっている。

新法施行にあたり、180日規制以上に民泊オーナーを窮地に追い込んだのは、自治体による「上乗せ規制」の存在だ。例えば、民泊に供される住宅の周辺数百m以内に管理者の常駐を求めたり、営業できる区域や日数を法律よりも制限するといった具合だ。東京では目黒区など多くの自治体が住居専用地域での月曜から金曜までの民泊禁止を制定している。事実上の全面禁止に限りなく近い規制である。こうした上

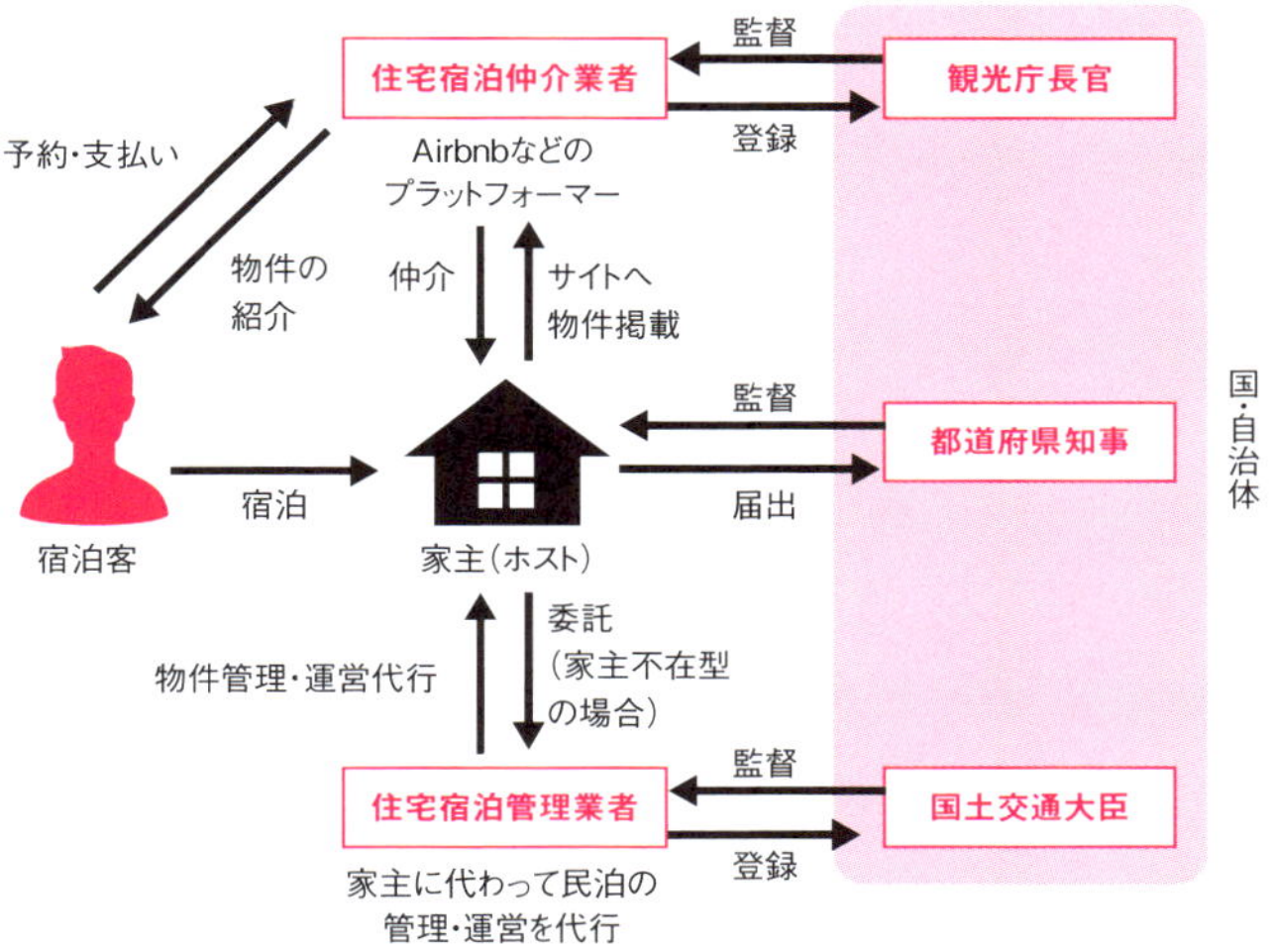

【住宅宿泊事業法の主なポイント】
・住居専用地域でも営業可
・年間の営業日数は180日以下
・家主（ホスト）は届出だけでよい
・家主不在型は管理業者への委託が必要
・仲介業者、管理業者は登録が必要

〔図1〕住宅宿泊事業法（民泊新法）の仕組み

乗せ規制の導入自治体は全体の3分の1に達し、政府内からも新法の趣旨に反した過剰な規制という声が聞こえるほどだ〔図2〕。

民泊を規制する法律には、民泊新法のほかにも、簡易宿所として登録する際の旅館業法や、大田区、大阪府などの民泊特区と呼ばれる自治体での条例がある。このうち簡易宿所を営むには、運営する施設の床面積や部屋数、設備などの基準を満たし、都道府県知事などの許可が必要となる。一般の住宅でこれらをクリアするのは容易ではなく、現実にはこれまでの民泊のほとんどが違法だったとみられている。

実際、民泊施設には問題物件が多かったのが実情だ。通常、不特定多数の人を有料で繰り返し宿泊させる行為は旅館業に該当し、都道府県知事などの許可が必要だが、そうした条件を満たしていないものがある。厚生労働省が17年3月に発表した民泊の実態調査では、合法性を確認できた民泊施設は全体の2割弱しかなかった。

個人オーナーの参入は新法施行から半年で1万2260件に増加。特区民泊や簡易宿所での登録を含めると国内の合法民泊は3万件前後とみられるが、新法施行前のグレーゾーン民泊を含めた水準にはまだほど遠いのが実情だ。

とはいえ、一度盛り上がった市場が一朝一夕に消えることはない。個人オーナーの参入環境は相変わらず厳しいものの、すでに多くの不動産会社や鉄道会社、スタートアップなどが民泊ビジネスに参入している。こうした企業は事業展開しやすい地域を選んで一棟丸ごと滞在型の宿泊施設として運用する例も多い。最近旅館業法の適用要件が緩和されたのも追い風だ。

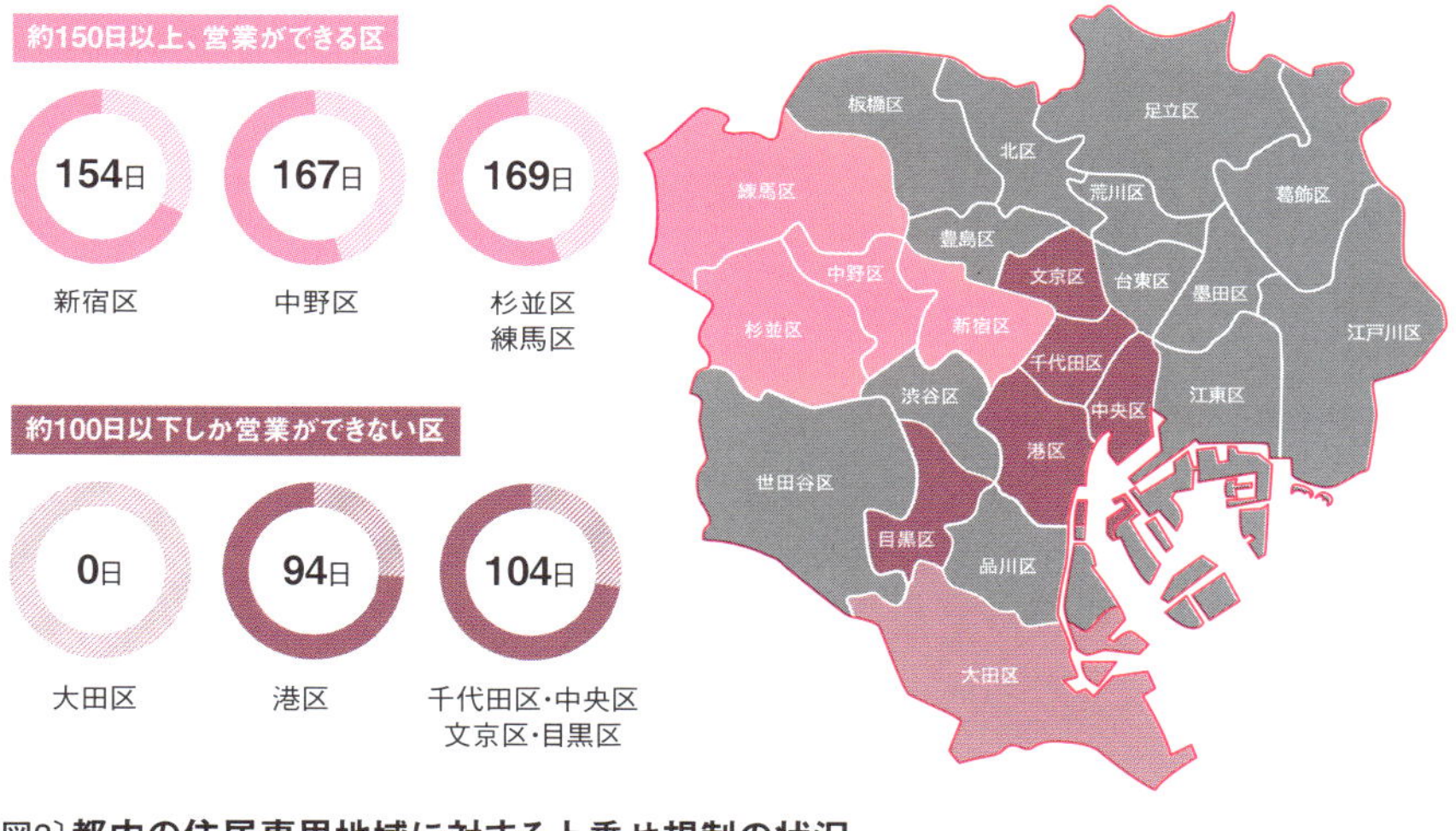

〔図2〕**都内の住居専用地域に対する上乗せ規制の状況**

円グラフの色のうすい部分は１年間の中で営業可能な日数を示す。灰色で示されたエリアは、上乗せ規制がないか未定。ただし、同じ区でも住居専用地域以外では、用途地域によって厳しい規制をかけている行政区がある

（資料：エアステア）

民泊ベンチャーの百戦錬磨もそうした企業の一つ。大阪市などで一棟マンションを民泊に転換して運用しており、京王電鉄グループなど大企業との協業も盛んに行っている。楽天と住宅ポータル大手のLIFULL《ライフル》は、合弁会社を通じて大阪で民泊営業を開始した〔図3〕。

先行する米国の苦悩

では、民泊の普及で先行した米国の状況から学ぶことはあるだろうか。

新たな民泊規制が徐々に浸透する日本に対して、依然として民泊ビジネスとの対決姿勢を先鋭化させているのがニューヨーク市だ。この街は191カ国500万室を提供する世界最大のシェアリングエコノミーのプラットフォーム、エアビーにとって世界で最大の市場であり、一時はその売り上げの4割を稼ぎ出した〔図4・図5〕。市内にはホテル総客室数11万室の約3割に相当

〔図3〕楽天LIFULL STAYが開業したRakuten STAY×ShaMaison 大阪出来島駅前

積水ハウスから運営を受託。特区民泊として2泊から宿泊できる。（写真：楽天LIFULL STAY）

する3万５０００室が登録されており、その8割以上が一室または一棟貸しを目的としたホスト不在型民泊[＊3]である。

ところがニューヨーク州では、集合住宅法によって30日未満で住宅を賃貸することが10年から禁止されている。また、宿泊施設などの事業用不動産の立地は厳しく制限され、住宅地域には不特定多数の人が出入りする建物の開発は認められていない。さらに住宅は事業用不動産と比較して課税標準額が低く抑えられており、宿泊施設よりも固定資産税の負担は圧倒的に小さく、加えて宿泊施設は観光振興を目的として客室売上高あたり５・８７５%のホテル税も課されている。

こうした建物の位置、利用方法、税負担の差異に加えて、防火、衛生、安全といったさまざまな規制を超越する存在として、民泊ビジネスが突如として登場したのである。

14年10月、ニューヨーク州司法長官事務所は民泊の社会問題化を受けて、民泊の問題点を指摘した報告書を公表した。報告書では、72%の民泊施設が違法状態にあり、13年のホテル税が１４００万ドル喪失したことを指摘した。さらに市内の全ホストの６%にあたる１４０６人が売上高の37%を占めており、民泊転用によって住宅不足に拍車がかかっていると警告した。

ニューヨーク市では、継続的な人口増加によって住宅の空室率は３%を下回る水準で推移しており、市民のうち約55%が所得の３分の１を家賃に費やしている状態にある。こうした状況に対して、マギル大学都市計画学部の教授らが民泊ビジネス

＊3　住宅内に家主（ホスト）がおらず、1戸単位でゲストに住宅を賃貸する民泊方式。

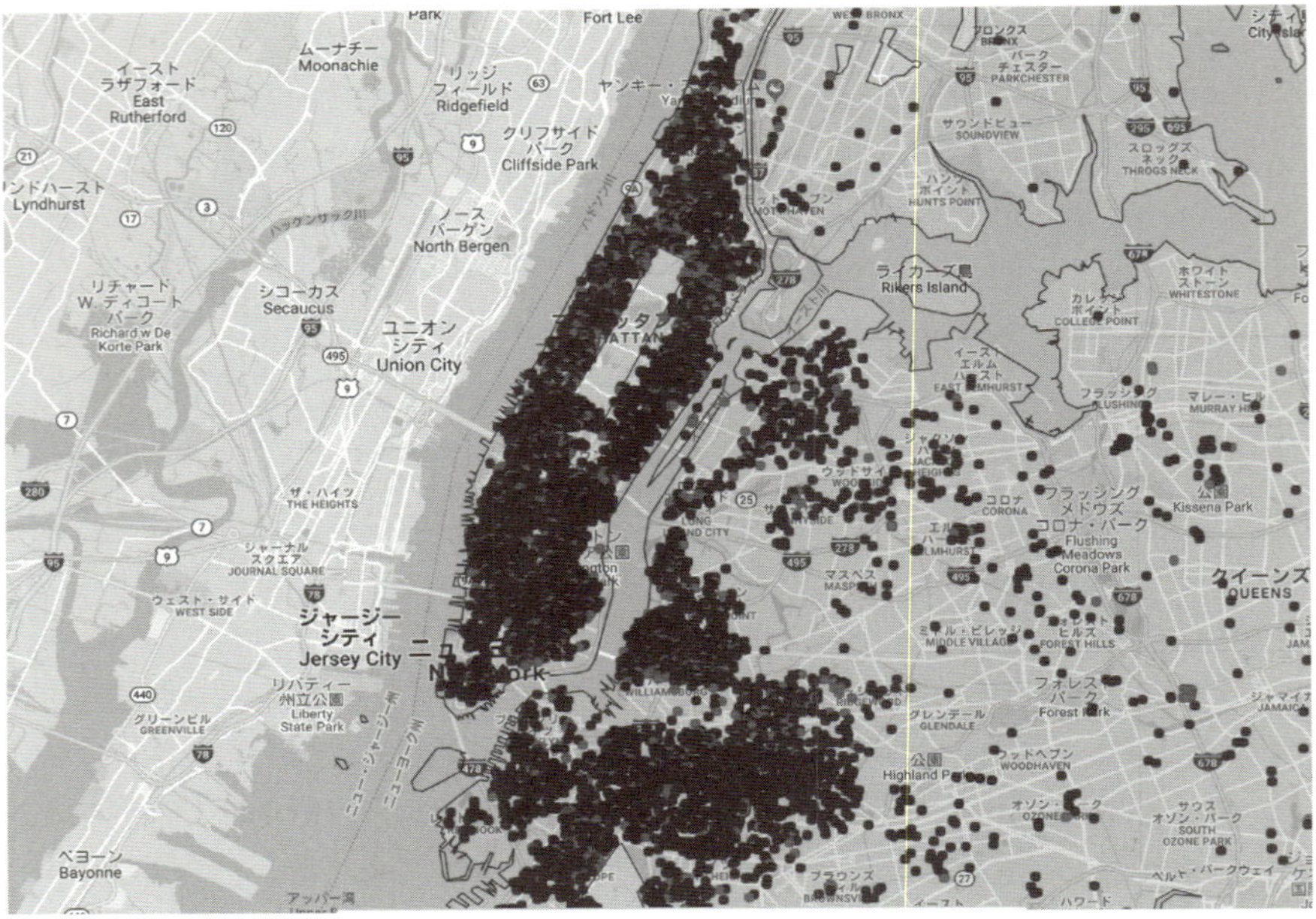

〔図4〕**Airbnbによって3万5000室が供給されているニューヨーク市**

（資料：AirDNA　地図：Google）

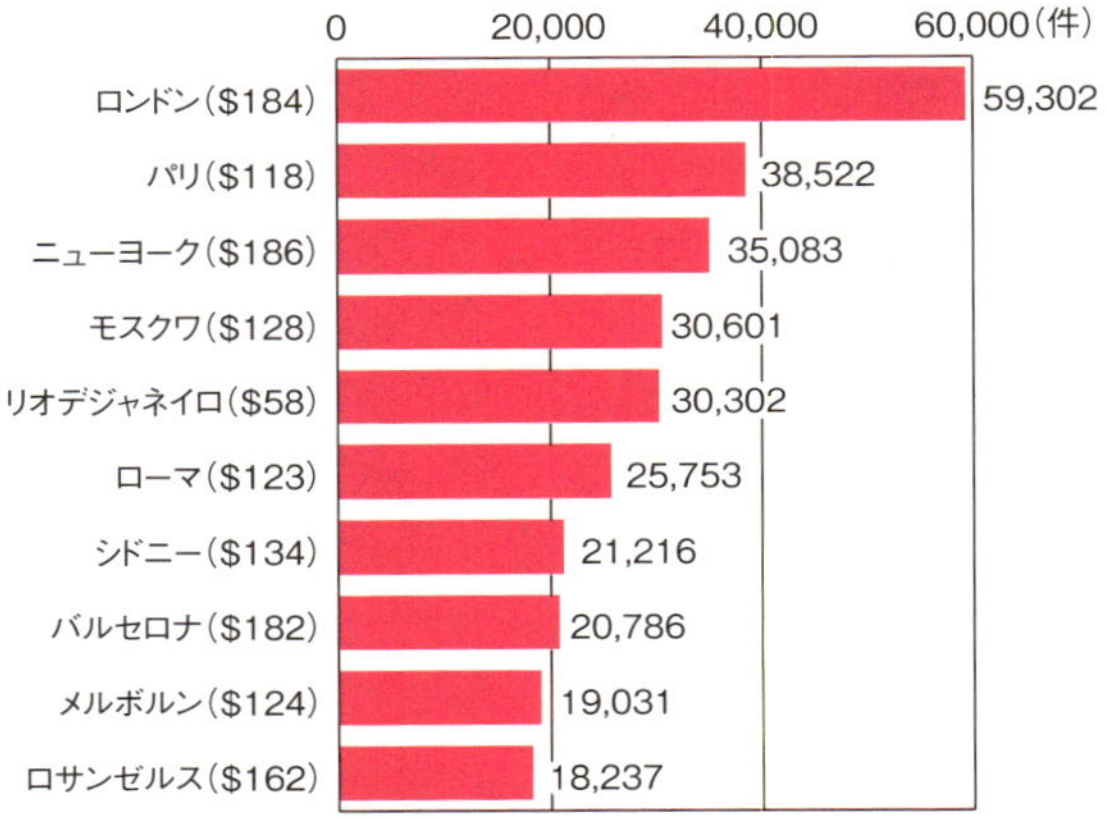

〔図5〕**Airbnbの都市別リスティング件数**

カッコ内は１泊の平均利用料金、2018年８月時点（資料：AirDNA）

による家賃の上昇を検証した。その結果、市内全体の民泊売上高のうち75％（4億9000万ドル）が違法リスティングによるものであり、最大1万3500戸が賃貸住宅市場から消失していると指摘した。さらに、14年から17年にかけて年率1・2％～1・4％の賃料上昇を引き起こしており、市全体では1室あたり380ドル、マンハッタンの一部地区では700ドル以上賃料を高めていると結論づけている〔図6〕。

こうした民泊ビジネスによって不満を高めているのは市民だけではない。ホテルの業界団体であるアメリカンホテル・ロッジング協会は、エアビーが16年に20億ドルの売上を国内で生み出しており、81％がホスト不在型の民泊であることを指摘し、ホテル業界の雇用を奪うものと強く批判した。またニューヨーク市ホテル協会は、15年に年間4億5000万ドルの売上高が失われていると抗議し、ホテル平均客室単価は観光客数が増加し続けているにもかかわらず15年以降は減少の一途をたどっていると非難した。

こうした民泊ビジネスの社会問題化に対して、ニューヨーク市では13年に違法民泊に対して1泊あたり2400ドルの罰金を請求できる法改正を実施し、さらに280万ドルの予算を確保したうえで検査官を12人から29人まで倍増させた。米国では、ホテル税が観光振興の貴重な財源となっている。しかし、エアビーのホストからホテル税を徴収するということは想定していなかったため、自治体も対策に乗り出さざるを得なくなったのである。

15年6月、ニューヨーク市建設局の検査官はタイムズスクエア至近にあるミッドタウンウエスト地区にある21戸の5階建て集合住宅の大部分が1泊平均200ドルで短期賃貸されていることを発見し、所有者に対して4万5000ドルの罰金を命じた。さらに市は、建物の用途区分を住宅ではなくホテルとして認定することを決めた。これにより、所有者は防災設備の追加や予備の避難経路の確保が必要となり、是正しない場合には1万6000ドルの罰金を追加で請求することを通知した。さらに課税区分が住宅から事業用不動産に変更されたため、固定資産税の差額分が追徴課税された〔図7〕。

監督体制の強化を受けて、エアビーは市内の違法状態にある1000戸以上を登録から削除したことを同年12月に公表し、市の方針に協力する姿勢をみせているが、依然として多くの違法民泊が掲載されている状態にある。

その後、規制強化によっても違法民泊は解消

エリア	サブエリア		3年間の賃料上昇幅	民泊寄与分
マンハッタン	ミッドタウン	チェルシー	$610～$720	1.42%
		クリントン	$690～$780	
		アッパーウエストサイド	$560～$580	
	ダウンタウン	イーストビレッジ	$610	1.17%
		ウエストビレッジ	$570	
		ロウワーイーストサイド	$510～$590	
	イーストサイド	セントラルハーレムノース	$460	1.31%
		セントラルハーレムサウス	$490	
		イーストミッドタウン	$640～$720	
ブルックリン	ノース セントラル	ベッドフォード	$370	1.42%
		イーストウィリアムズ	$470	
		パークスロープ	$310～$350	

〔図6〕**民泊によるニューヨーク賃貸住宅市場への影響**

金額は1室あたりの数字

（資料：“High Cost of Short-Term Rentals” McGill University）

しなかったため、18年7月には違法物件を掲載しているホストの氏名、住所、電話番号、電子メールアドレス、銀行口座を民泊仲介業者に開示させる条例を導入した。民泊仲介業者が情報開示を拒否した場合、業者は1件あたり1500ドルの罰金を請求され、ホストには2万5000ドルの罰金が請求される。この強化策に対して、エアビーとホームアウェイは同条例が憲法違反であることを理由にニューヨーク州南地区連邦検察庁に申し立てを行っており、民泊仲介業者と行政との対立が深刻化している。エアビーは近く上場をめざしていると報道されているが、一番の懸念である各都市の規制当局との緊張緩和が、投資家から最も強く求められている点だ。

高まる批判に対し、エアビーは委託調査を各地で実施し、新たな需要を地域経済にもたらすサービスであることをアピールしてきた。ニューヨークでは年間41万6000人が利用し

〔図7〕民泊転用により4万5000ドルの罰金を請求された住宅

て1億ドルが消費され、6億3200万ドルの経済効果と950人の新規雇用を生み出したことを明らかにした。さらに約8割の住戸が市内の約4割のホテルが立地するミッドタウン地区外にあり、利用者の消費額の57%がそれらの地区で使われていることを指摘した。

民泊に前向きな自治体も

エアビーへの圧力は高まっているとはいえ、すべての自治体においてその包囲網が狭まっているわけではない。

ニューヨークに隣接し、多額の助成金によってマンハッタンから金融機関のバックオフィス機能を移転させることに成功してきたジャージーシティは、15年にエアビーを合法化する法律を制定した。これまでホテルなどの宿泊施設は、ゾーニング条例によって立地が規制され、一般的な住宅地では認められてこなかった。しかし、ジャージーシティでは同種の民泊ビジネスが増えている現状を鑑みれば、すべての建物の用途を検査することは不可能と判断して法制化に踏み切った〔図8〕。

この法律では、一般住宅の一室またはすべてを30日間以下で短期賃貸する場合、売上の6%をホテル税として納めることを義務づけている。これによって市内のホテル総客室数の13%にあたる住戸が民泊用に供給されることで年間100万ドルの税収増加を見込んでいる。

エアビーの創業地であり、シェアリングエコノミーの発展を成長戦略に掲げるサンフランシスコでは、14年に通称「Airbnb Law」と呼ばれる短期滞在を認める法律を制定した。この法律では、ホストの登録を義務づけて損害保険の加入と14％のホテル税の納付を求めるものである。これにより、サンフランシスコはエアビーから年間190万ドルのホテル税が支払われると推計している。

またニューヨークやパリを上回る6万室がエアビーに登録されているロンドン市でも民泊合法化に向けた法改正が行われている。シェアリングエコノミーの育成を都市政策に掲げている同市では、73年に創設されたグレーターロンドンカウンシル法によって90日未満で住宅を賃貸することが禁じられていた。そのため、賃貸する場合には住宅から宿泊施設への用途変更が必要とされ、建物の新築や改築と同じく都市農村計画法に基づいた計画許可を取得し、周辺住民

〔図8〕**Airbnbを早期に合法化したジャージーシティ**（ニュージャージー州）

からの意見聴取や専門家による審査を受ける必要があった。

しかし、ロンドン市では15年に規制緩和を実施し、計画許可を受けずに年間90日を上限として住宅の短期賃貸を認めることとした。これまでロンドン市ウエストミンスター区では、6人の検査官を展開して現地を調査し、民泊している不動産所有者を見つけて警告を繰り返してきたが、違法行為をすべて取り締まることは不可能であり、結果として見逃されている住宅も多かった。

そこで一転して民泊を合法化し、住宅を短期賃貸する場合の注意喚起や周辺への悪影響が生じた場合の対応を充実させる方向にかじを切ったのである。

この動きに呼応するかたちで民間でも自主的なルールの制定に取り組み始めている。新たな産業育成に対して行政による規制のみに頼るのではなく、民間企業や業界団体の自主規制を含めた社会的なルールを確立しようと模索している。

民泊専用の物件開発に乗り出す

エアビーは新たな商品の開発を試みている。17年、フロリダ州のデベロッパーNewgard《ニューガード》 Development《デベロップメント》 Group《グループ》は エアビーと提携して民泊対応型賃貸住宅を開発するNiido《ニード》というベンチャー企業を設立した〔図9〕。ニードはフロリダ州のディズニーワールドに隣接するキシミー市にある324戸の賃貸住宅を大規模改修して民泊対応型賃貸住宅Niido Powered By Airbnbを開発した。賃借人は旅行などで自宅を留守にする間、180日間を上限にエアビーを通じて民泊を経営することが可能となる。部屋はキーレスドアやセキュリティー収納などが完備され、建物内にはエアビーゲスト対応コンシェルジェや清掃サービススタッフも常駐する。さらに賃借人とホストの交流を喚起するため、パーティーや料理教室なども定期的に開催する。

賃借人の売上高の25%はニード、3%はエアビーが得る仕組みであり18年8月に開業した。同社には、不動産大手Brookfield《ブルックフィールド》 Property《プロパティー》 Paterners《パートナーズ》も2億ドルを投資しており、19年までに全米で14棟の賃貸住宅の開発に着手する予定であり、すでにカントリーミュージックの聖地であるテネシー州ナッシュビルにある328戸の賃貸住宅を取得して大規模改修している。

16年9月には、エアビーはフレンドリービルディングスプログラムを開始した。これは賃貸住宅の所有者が賃借人に民泊を認めた場合、賃借人の民泊収入の一部をシェアするサービスだ。

〔図9〕**民泊対応の賃貸住宅**

（資料：Niido）

民泊に抵抗感を示す所有者が多いなかで、彼らにも民泊が経済的にメリットであることを訴求していくプログラムである。さらに所有者は、専用のサービス画面から保有する住宅が民泊としてどれくらい稼働しているのかを確認でき、ペット利用の可否や利用期間の制限なども可能となっている。

こうした民泊物件を増加させる取り組みは、分譲住宅の分野でも見られる。17年にシアトルで創業したLoftium《ロフティウム》は、住宅購入希望者に対して最大5万ドルを頭金として付与する見返りに、民泊対応住宅を建設してもらったうえで、1年〜3年間をエアビーで貸し出して、ロフティウムと住宅購入者が収益分配するサービスを提供している。これにより住宅購入者は割安で物件を購入することが可能である。

18年7月時点でエアビーのフレンドリービルディングスプログラムを活用した物件は2万6000件に達しており、徐々に増加している。そして18年6月、住宅仲介大手センチュリー21がエアビーと業務提携してこのプログラムを大体的に活用する新サービスを公表した〔図10〕。センチュリー21が転貸をしたいホストからの要請を受けてオーナーと協議し、民泊の同意を取りつけたうえで必要な行政手続きを代行する。民泊の収益のうち70％はホスト、23％はオーナーの収入となり、残りの7％はセンチュリー21が手数料として受け取る仕組みだ。同社は、この仕組みをパリで実証実験としてスタートし、将来的にフランス全土に拡大することを検討している。特にパリは近年民泊に対する規制を強化しており、17年には都心4区で年間提供日数を120日に制限したのに加えて無許可物件に対する罰金を引き上げている。

そして日本でもエアビーは独自のプログラムの導入を開始した。18年6月に行われた記者会見では、日本市場強化に向けて33億円の投資を行うことを明らかにし、「安心安全なホームシェアの実現、利便性の高いホームシェアサービスの構築、より簡便な開業支援、ホスト育成プログラムの提供、新たな体験価値の創出、ローカルコミュニティーの活性化」の六つの活動を展開する産業横断型組織、エアビーアンドビー・パートナーズを設立した。メンバーは、飛行機やレストランなどのマイルやポイントを提供する企業、民泊申請代行や清掃などの事業者、そして不動産会社やユニークな住戸を提供する個人事業主「プロホスト」から構成され、すでに国内企業74社が参加を表明した。これによりマーケットの裾野拡大にチャレンジする狙いだ。

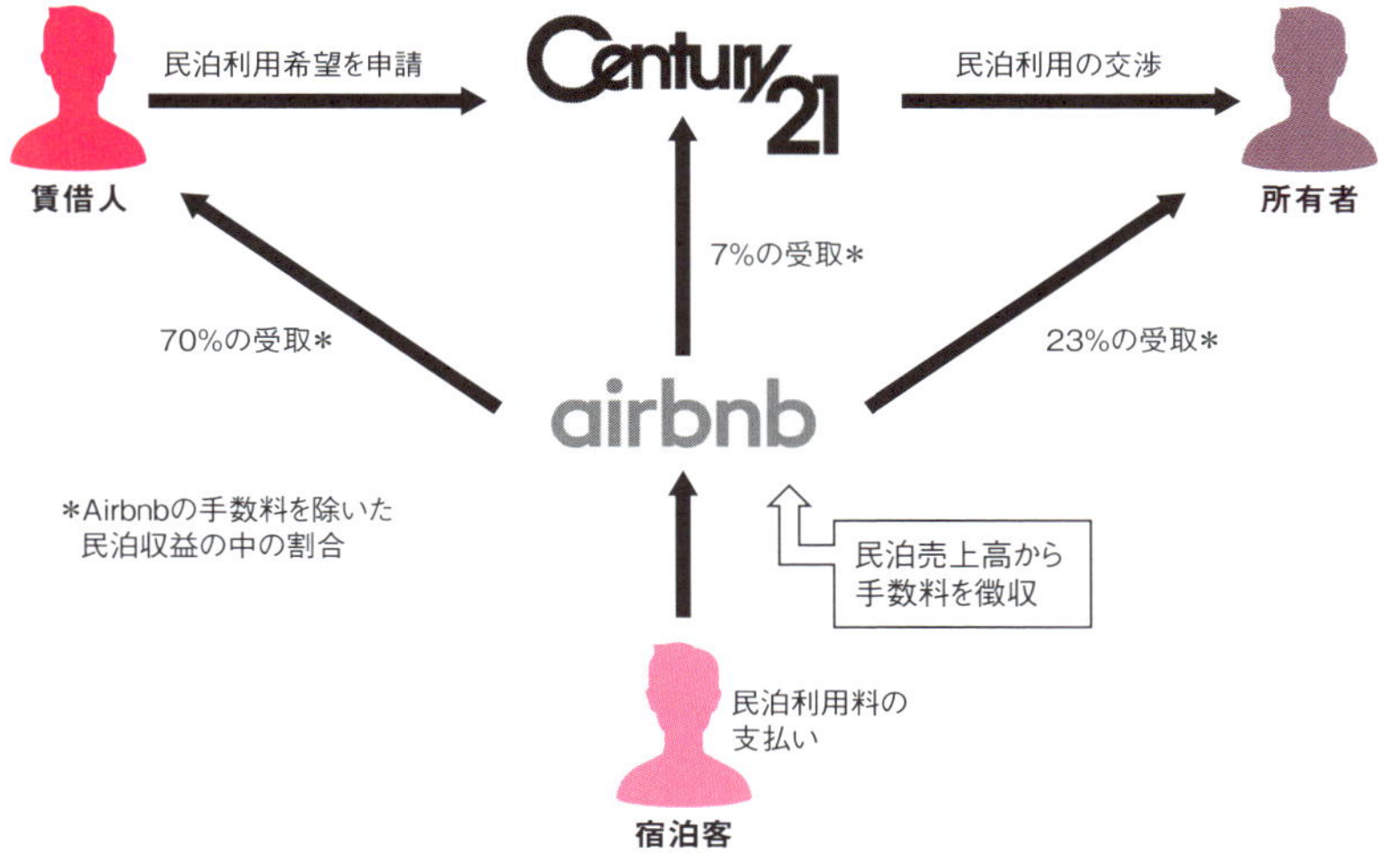

〔図10〕Century 21とAirbnbによるフレンドリービルディングスプログラム

解説

3方式が併存する民泊

住宅宿泊事業法（民泊新法）は民泊に使用する施設を住宅と位置づけ、旅館業法の適用外としている。住居専用地域での運用も可能だ。手続きは基本的にインターネットからの届け出だけで済む【図11】。

ただ、自治体によって条例で規制を厳しくしているところもある。規制内容は自治体により異なるが、住居専用地域や学校周辺などでの営業日数を制限する動きが目立つ。大田区では住居専用地域の民泊を禁止した。兵庫県、神戸市、尼崎市でも同様の動きが見られる。

また、民泊新法では年間営業日数が180日以下に制限されることから、不動産会社のなかには事業化に慎重な声も目立つ。新法による民泊事業は、不動産のプロによる収益事業よりも、個人による空き家や空室の有効活用などがメインになるだろう。

消えつつあるホテルと民泊の境界線

民泊事業を行うにはほかの方法もある。

一つは、地域を限定して規制緩和を実施する国家戦略特区制度（国家戦略特別区域法第13条）の活用だ。特区の指定を受けた自治体が区域計画を策定して認定を受け、民泊に関する条例を制定すれば、旅館業法の適用外で民泊事業に参入できる。現時点では、七つの自治体（大阪府、大阪市、八尾市、大田区、北九州市、新潟市、千葉市）で特区による民泊運営が可能だ。なかでも実績が多いのは大阪市だ。18年1月時点で、特区にある全民泊施設の約9割に相当する483件が同市の物件となっている。

ただ、特区自体が少ないことや、利用するには2泊3日以上の滞在が条件となるといった制約もあり、民泊施設全体に占める割合はそれほど高くない。大田区のケースでは「滞在日数は最低2泊3日以上」「床面積25㎡以上」「滞在者名簿の3年間の保存」「対面や映像による本人確認」などが義務づけられている。また住居専用地域での民泊は認められていない。

不動産会社などが、これまで民泊ビジネスを手がける場合は特区よりも旅館業法に基づ

	旅館業法（簡易宿所営業）	国家戦略特別区域法	住宅宿泊事業法（民泊新法）	
			家主居住型	家主不在型
行政手続き	許可	認定	届出	届出
営業日数の制限	なし	2泊3日以上の滞在が条件	年間180日以下	年間180日以下
管理運営者	事業者	事業者	家主	管理業者
フロント設置義務	なし（条例により義務あり）	なし	なし	なし
客室の床面積	1人あたり3.3m²以上（定員10人未満の場合）	25m²以上	1人あたり3.3m²以上	1人あたり3.3m²以上
住居専用地域での営業	不可	可*	可*	可*
契約形態	宿泊契約	賃貸借契約	宿泊契約	宿泊契約

＊自治体により上乗せ規制を実施していることがある

〔図11〕三つの法律に基づく民泊制度

いて旅館業の許可を取得する方法が目立つ。旅館業には旅館営業、ホテル営業、簡易宿所営業[*4]——などの種別がある。このうち相部屋を前提とした簡易宿所の枠組みでは、16年の規制緩和により客室面積の要件が緩和されたものの、部屋貸しがメインの民泊に適用しづらかった。またホテル・旅館では最低客室数や最低客室面積の設定、フロント設置義務などがあり、低コストな民泊の事業モデルとは相性が悪かった。

18年6月に施行された旅館業法では、現行の旅館営業とホテル営業を一本化するとともに、1室当たりの最低面積を緩和。また最低客室数やフロントの設置義務をなくした。例えばフロントを1カ所に置き、いくつかの民家を束ねて運営したり、フロント設備のないマンションを一棟丸ごと転用するといった方法でコストを抑えた経営がホテル・旅館営業でもできるようになった。

こうした規制緩和を受け、兵庫県篠山市では古民家再生を手がける一般社団法人ノオトが、地域にある7物件の古民家を、フロント1カ所で運営する分散型ホテルに転用した。今後は同様の形態の古民家ホテルを全国で展開していく方針だ。

なお、民泊新法の下で合法的に事業を行う「裏技」として、マンスリーマンションとの「二毛作」を進める事業者もある。普段は住宅として運用し、空室が発生した場合に民泊新法で認められた年間180日の範囲内で民泊利用客を受け入れる。家具が備えつけなので、切り替えには手間がかからない。

*4　相部屋を主体とする宿泊施設で、山小屋やゲストハウスなどが該当する。

6 ウィーワーク狂騒曲

話題を集めるコワーキングオフィス。なかでも急激な拡張で話題を集めるのがウィーワークだ。不動産市場のプレーヤーであると同時にテック企業でもあるユニークな存在は、既存の不動産会社に興味と警戒感が入り交じった複雑な感情を抱かせる。市場の質的変化を促す可能性もあり、ビルオーナーや仲介会社は対応を迫られそうだ。

2018年2月、東京・六本木のアークヒルズサウスタワーに米WeWork《ウィーワーク》の日本初となる拠点がオープンした。合計800席用意されたオフィスフロアは、共用デスクが月額6万8000円、専用デスク（固定席）は月額9万8000円と、周辺のライバルよりやや割高な価格設定。しかし海外で利用経験がある外資系企業や情報感度の高いスタートアップなどにより、9割以上の席が開業前に申し込みで埋まる人気をみせた。個人事業主やスタートアップのほか、新規事業の立ち上げや短期プロジェクトで使う大企業の入居[*1]も多い。

ウィーワークの外見を特徴づけているのが、それまでのシェアオフィスやサービスオフィスにはなかった、カジュアルでポップな雰囲気（図1）。広い共用ラウンジには色とりどりのソファやテーブルが置かれ、フロアをつなぐ内階段はインダストリアルなデザインに彩られる。一角のドリンクコーナーでは、海外クラフトビールのサーバーが冷えたグラスとともに備えられ、利用者や来客が何杯でも無料で楽し

＊1 国内の利用者は、約35％がソフトバンクグループやその投資先であり、約15％が内外のグローバル企業、残りは国内の個人事業主や中小企業が占めている。

＊2 デスクや会議室のレイアウトは、人感センサーやコミュニティマネージャーからの情報を基に独自のソフトウエアで解析し、新たなアイデアやコミュニケーションが誘発されるように常に見直している。

める。ラウンジの両サイドには会議室やデスクがガラス越しに配置され、外から中の様子が感じられるよう工夫*2されている。

夕方6時ともなれば、ラウンジの一角で交流会が始まり、にぎやかな生演奏が華を添える。テーマはスタートアップのピッチイベントから映画や音楽、ヨガ教室までさまざま。利用者同士の親睦を深め、ビジネスでの協働を促すこうしたイベントの存在は、ウィーワークが自らをサービスオフィスと呼ばず、コワーキング（協働）オフィスと呼ぶゆえんでもある。各施設に、会員企業間のマッチングやイベントの企画運営を行う「コミュニティマネージャー」が常駐しているのも同社の特徴だ。

進出1年目での存在感

国内大手の不動産仲介会社によると、同社の進出前、都内で空室を抱えるほぼすべてのA

〔図1〕国内第1号となったWeWorkアークヒルズサウス

（写真：WeWork）

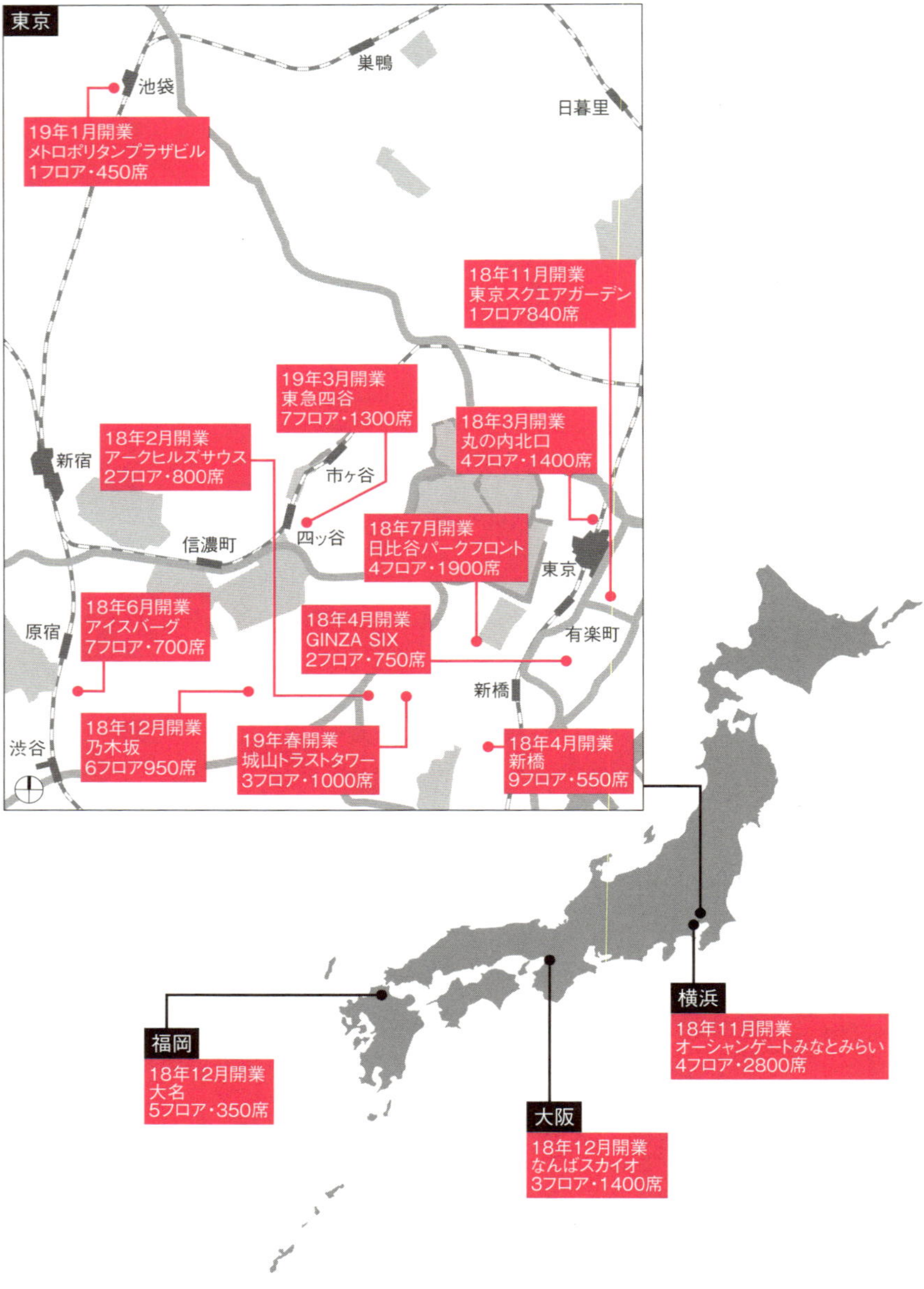

〔図2〕**WeWorkの国内拠点**（2019年1月時点）

クラスビルに対しウィーワークからの問い合わせがあったという。米本社の幹部が日本進出にあたり訪れたビルの数は１５０棟を超える。日本法人のゼネラルマネージャーには、ウーバー日本法人から代表の髙橋正巳《まさみ》をスカウト。人材を急ピッチでかき集めた。

以降の同社の拡大ぶりはすさまじい。18年４月以降にはＧＩＮＺＡ ＳＩＸ、丸の内北口ビル、空きビルとなっていた新橋のオフィスで立て続けに施設を開業。11月には横浜みなとみらいの新築ビルに４フロアを賃借し、日本上陸以降で最大となる２８００席規模の拠点を開設した。12月には、東京圏以外で初の拠点として大阪なんば、福岡の大名にも進出を果たした。19年２月までに累計で14拠点の開設が判明している〔図2〕。同年内に全国で30拠点以上をめざすもようだ。

ウィーワークの進出が、賃貸オフィス市場の需給環境に与えた影響は相当なものだ。大手不

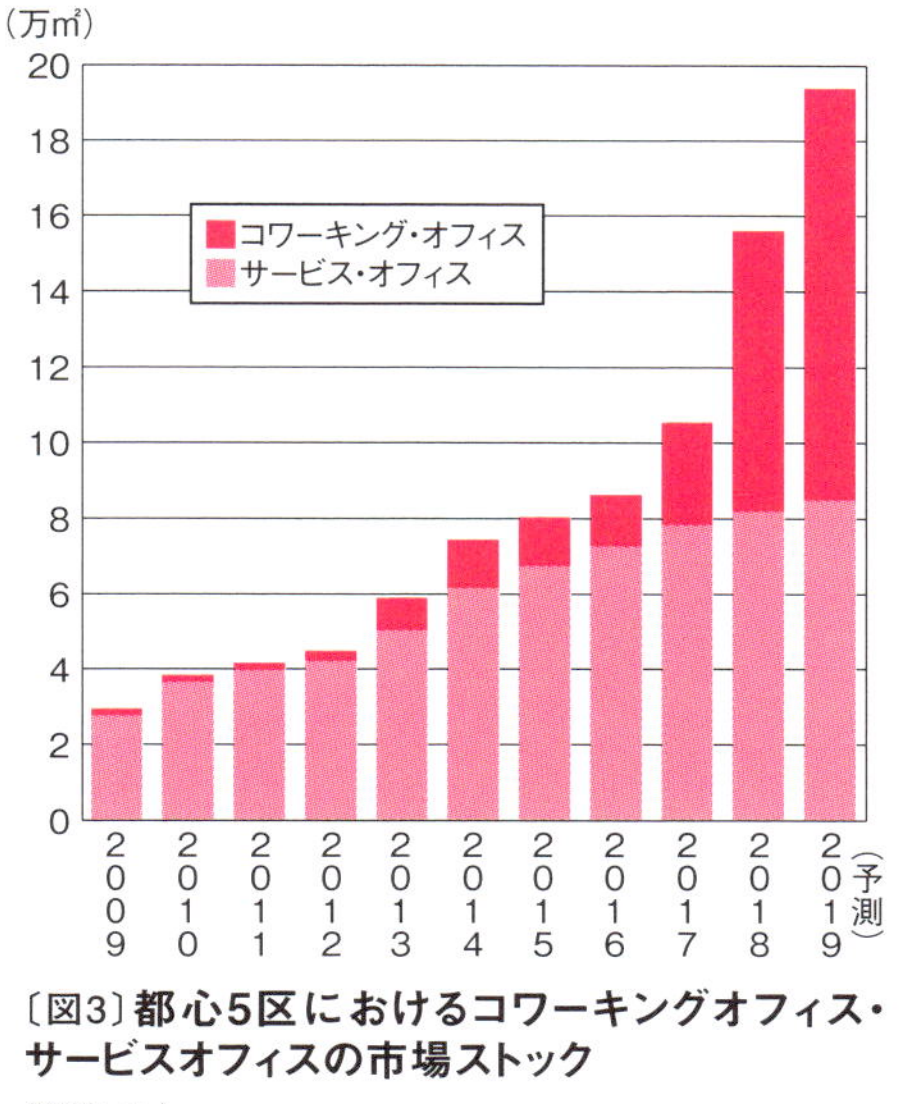

〔図3〕**都心5区におけるコワーキングオフィス・サービスオフィスの市場ストック**

（資料：JLL）

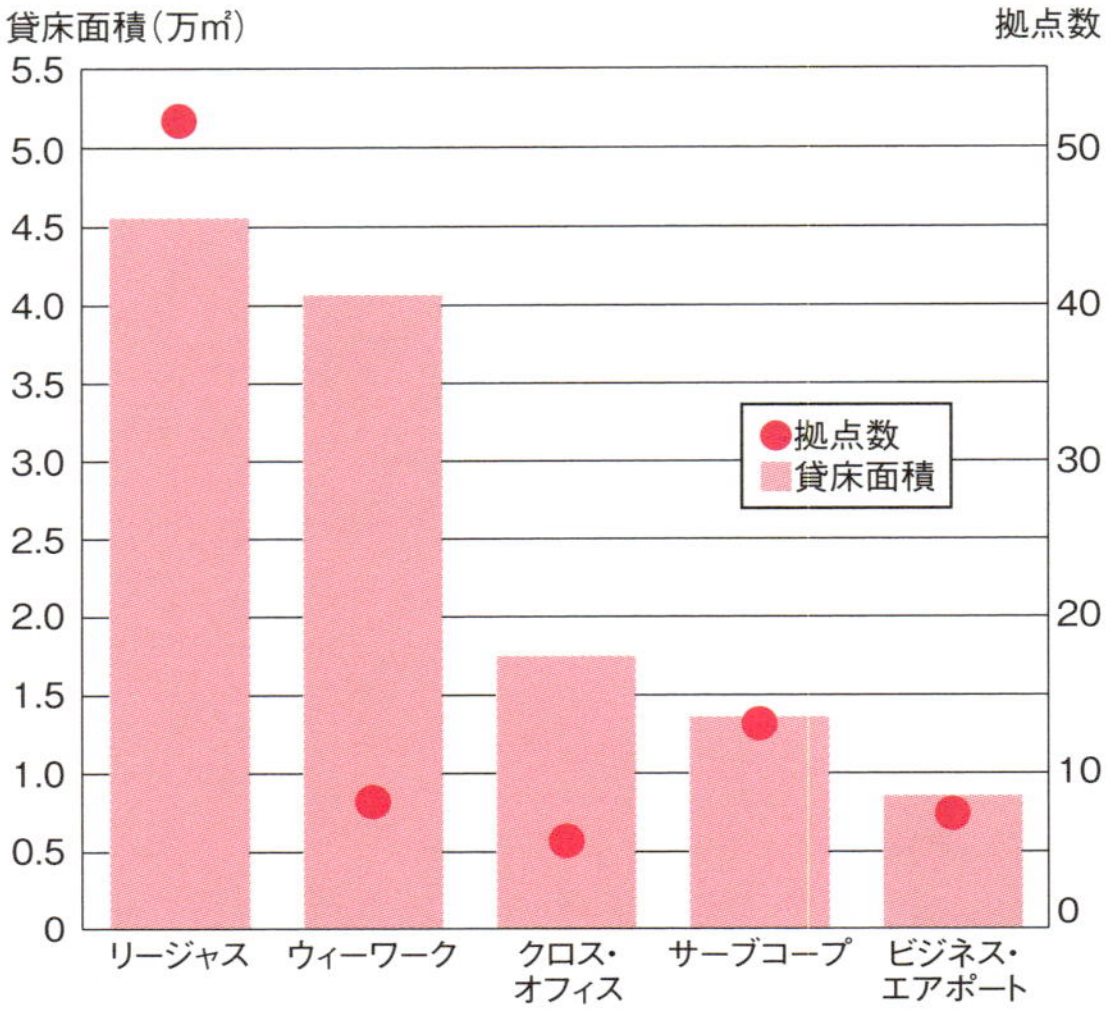

〔図4〕**都心5区コワーキングオフィス・サービスオフィスの主要事業者**

（資料：JLL）

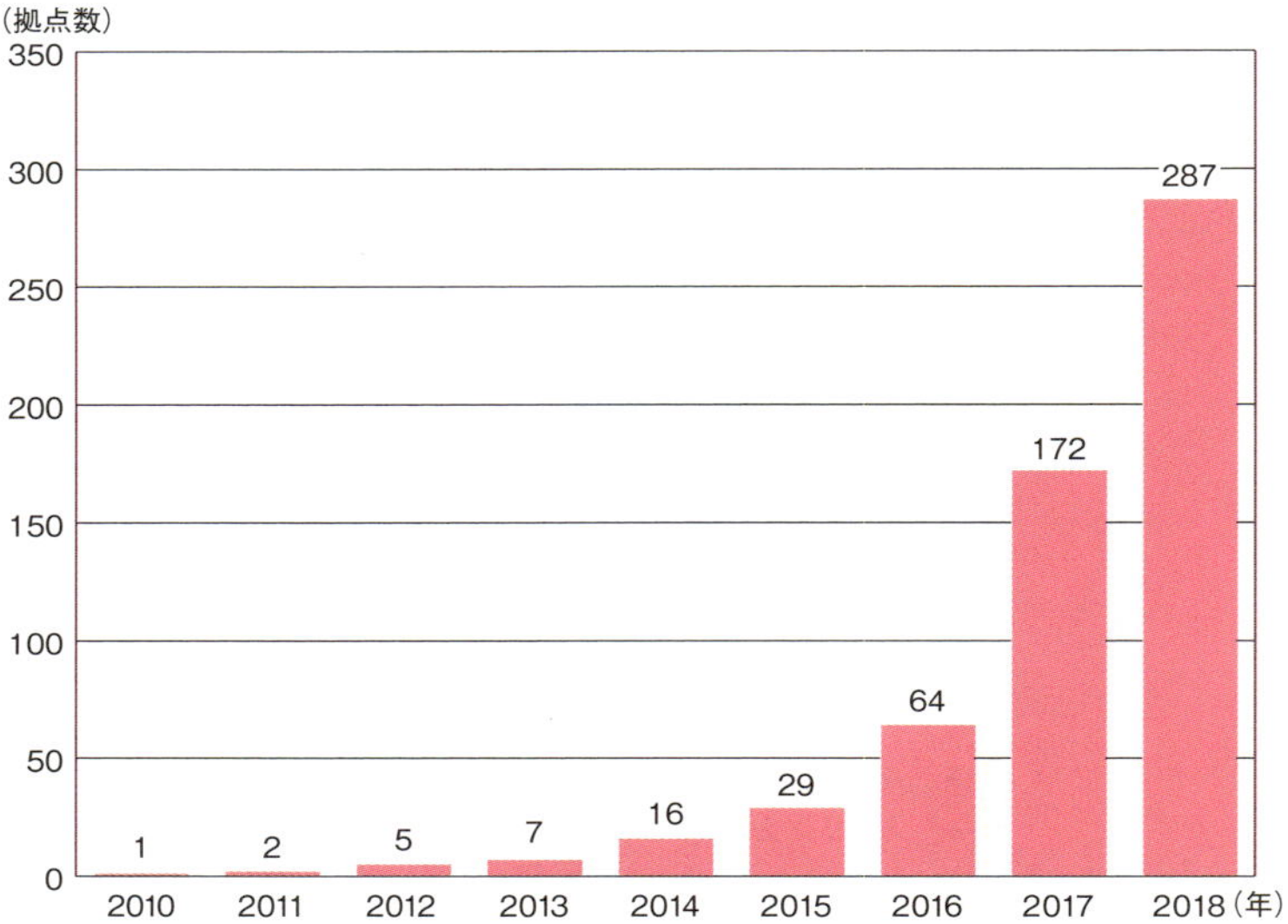

〔図5〕**世界で急増するウィーワークの拠点数**

ウィーワークの公式資料と報道を元に作成

動産仲介会社のJLLによれば、18年に都心5区でウィーワークが借り上げたオフィスビルの床面積は、8拠点の合計で約4万㎡。市場から新築オフィスビルの空室在庫が払底する要因の一つとなった。進出から1年未満で首位リージャスの規模にほぼ肩を並べ、床面積ベースの市場規模は一気に1・5倍に拡大した。〔図3・図4〕

世界でのウィーワークの拠点数はすでに300近くに達している〔図5〕。ビルの賃貸借契約を結んだうえで、自ら募集した会員に転貸している同社は、既存の不動産業界から見ると大得意の顧客でもある。60拠点が集積するニューヨーク市マンハッタンでは累計49万㎡の賃借契約を締結。大手金融機関のJPモルガン・チェースやゴールドマン・サックスを上回り、賃借面積ランキングで最大のテナントに躍り出た。29拠点22万㎡を擁するロンドンでも、近く民間で最大のテナントとなる見込みだ〔図6〕。

飽くなき成長への渇望

今やエアビーやウーバーと比肩するユニコーン企業、ウィーワーク。その誕生はどんな様子だったのだろうか。

同社の発祥は08年、ニューヨーク市ブルックリンにある古びたオフィスで創業した、Green Desk《グリーン デスク》というスタートアップに遡る。祖国イスラエルでの軍務を終え、異国の地でベビー服製造ベンチャーを軌道に乗せるのに苦労していたAdam《アダム》

※2018年9月時点　※2018年3月時点

マンハッタン			ロンドン		
1	**WeWork(開設予定含む)**	**49万㎡**	1	**WeWork(開設予定含む)**	**22万㎡**
2	JPMorgan Chase	48万㎡	2	IWG (Regus)	19万㎡
3	Citigroup	36万㎡	3	HSBC Holdings	16万㎡
4	Morgan Stanley	33万㎡	4	Deutsche Bank	16万㎡
5	Bank of America	32万㎡	5	JPMorgan Chase	16万㎡

〔図6〕マンハッタンとロンドンで最大テナントとなるウィーワーク

(資料:Cushman & Wakefield、CoStar)

Neumann《ニューマン》は、賃料を補填するために自分のオフィスの片隅を貸し出すアイデアを思いつき、口コミサイトのCraigslistで募集してみたところ、あっという間に相手が見つかった。

折しも、金融危機の影響によってフロア内に空室が増えていることに気づいた彼は、友人の建築士であるMiguel《ミゲル》 Mckelvey《マケルビー》とともにビルオーナーから1フロアを新たに借り、個人やグループに小分けにして1カ月単位で転貸するビジネスに乗り出す。改装中に大部分の区画で賃借人が決まり、竣工後間もなくしてすべての区画が埋まった。

手応えを感じた彼らは事業を拡大するため、会社をビルオーナーに売却。その資金を元手に10年に設立したのが今のウィーワークである。皮切りに、ＳＯＨＯ《ソーホー》地区の外れで老朽化していた建物（延べ床面積３００㎡）を借り上げ、若手テックワーカーが好むファッショナブルな空間に改装し、共用デスクを１人あたり月額２５０ドルで貸し出した。

彼らは、建物に入った瞬間に活気や刺激を感じられる空間をめざして、レンガや木材などの自然素材を多用し、コミュニケーションが活発となるようにソファやゲームなどを置いた共用スペースを確保した。また、利用者同士の交流を促進するために定期的なイベントを開催したり、ソフトウエアコーディングやデザインなどの専門的なスキルを習得するための研修を頻繁に開催していった。

それは、薄暗いコンパートメントにそれぞれが閉じこもり、冷たくキーボードの音だけが響き渡っていた、従来のサービスオフィスのイメージを覆すものだった。新たにコワーキングオフィスと名づけられたこの施設には、取り組みに関心を示した大手食品飲料会社ペプシコの社員が起業アドバイザーとして数人常駐。電子クーポン運営会社など数社のスタートアップが誕生した。

ウィーワークの評判が広まると、同社はさらに施設数を拡大することにした。12年1月にエンジェル投資家から685万ドルを調達したのを皮切りに、7月には1700万ドル、翌年の5月に4000万ドルと立て続けに資金調達を実施し、次々と中小規模の少し古いオフィスビルを賃借してコワーキングオフィスへと改修していった。その後、ソフトバンクの出資を得てからの快進撃はプロローグに触れた通りだ。ニューマンたちは創業からわずか8年半で、評価額470億ドル*3（約5兆2000億円）のユニコーン企業を築き上げた。

賃貸オフィスのビジネスモデルを脅かす

ウィーワーク創業の地ニューヨークの不動産業界では、同社をRegus《リージャス》などのサービスオフィスの亜種、あるいは多数ある新興企業の一つとして静観する見方が当初は一般的だった。当時は現在ほど法人顧客がおらず、古びたビルを改装して貸し出すというニッチなビジネスを柱にしていたことも手伝って、ビルオーナーからは歓迎こそすれ警戒の声はほとんど聞かれなかった。ところが同社は、有名ベンチャー

*3　19年1月、ソフトバンクによる追加出資に基づく。

キャピタルから次々と大型の出資を得ることで出店を加速し、わずか数年で旧来の不動産会社の顧客として無視できない地位を占めるようになった。

ウィーワークの存在感が高まる欧米の都市では、多くの不動産会社が漠然とした恐れを抱いている。その一つが、短期賃貸借契約の流行だ。

米国や英国では、オフィスビルの賃貸借期間は10年〜15年が一般的で[*4]、長い場合は20年にも上る。これに対して、ウィーワークは最短1カ月から契約可能。実際には多くの利用者が契約更新を重ねて1年以上入居するとはいえ、一般的な賃貸借よりははるかに短い。より多くの法人顧客がウィーワークに流れ、短期契約の魅力に気づけば、不動産会社の安定収入を支えてきた長期賃貸借契約に見直し圧力がかかることが予想される。

多くのテナント企業が、人数の増減にフレキシブルに対応できる短期賃貸の一手法として、ウィーワークの顧客となってきた。国際会計基準が、1年以上の賃貸借契約をリース取引としてバランスシートに計上するよう求めたことも、この動きを後押ししている。

二つ目には、オフィスワーカー1人あたりの床面積の減少が挙げられる。ウィーワークのようなコワーキングオフィスが普及することで、従業員一人ひとりが固定席を持たない働き方が主流になることを恐れているのだ。詳しくは本章の後半で詳説するが、古くはフリーアドレス、最近ではアクティビティ・ベースド・ワークプレイス（ABW）[*5]と呼ばれる考え方だ。

＊4　日本では普通借家契約で2年、定期借家契約で4年〜5年の場合が多い。まだ前者での契約も多いことから先進国のなかでは特異な市場となっている。

＊5　アクティビティ・ベースド・ワーキングとも呼ばれる。

ＡＢＷは、米国でヤフーやＩＢＭなどが相次いで在宅勤務を廃止し、オフィスへの出勤を義務づける方針転換を行ったことで、近年大きな注目を集めた。この理由には、チームワークやコミュニケーションの低下に加えて、期待したオフィスコストが削減できなかったからと言われている。こうした会社では、コミュニケーションやコラボレーションを活性化させるため、それぞれのワーカーが最も働きやすい空間を提供するという考え方であるＡＢＷに基づいて、フェイスツーフェイスのコミュニケーションを誘発させる工夫を凝らした空間の創出に取り組んでいる。モバイル活用が進む今、そのトレンドは進むことはあっても消え去ることはないだろう。

三つ目の脅威は、プロローグで挙げた不動産利用の「サービス化」である。不動産会社がテナントとの顧客接点から切り離されることで、単なるインフラ事業者の立場に追い込まれるという懸念だ。右記の二つと比べて業績への直接的なインパクトは少ないが、長期的にはより本質的な脅威となり得る。

既存の不動産業を侵食

ウィーワークは、本国においては既存の不動産会社と競合する事業にも手を広げ始めている。

17年5月に設立を公表したのが、エクイティ総額4億ドル（約450億円）の不動産ファンド、Wework Property Investorsだ。[6] 同社は創業から一貫して持たざる経営を志向してきたが、この方針を転換。投資家から資金を調達して不動産を購入し、コワーキングオフィスや同社のサービスアパートであるWeLiveに改装・運営していく。

第一弾となったのが、ニューヨーク5番街にある老舗百貨店、ロード&テイラーの旗艦店（延べ床面積約6万㎡）である。8億5000万ドルで外部投資家と共同購入したこの物件では、百貨店フロアを縮小し、空いた上層階をウィーワークの本社として改装する予定だ。

テナント仲介業にも進出している。18年7月に開始したWeWork Space Servicesは、10人～250人規模の中小企業を対象にしており、自社コワーキングオフィスに限定せず一般のオフィスビルも仲介していく予定だ。[7] ウィーワークは、同社に一度入居したスタートアップが、成長とともに退出していくのを食い止めるため、

〔図7〕WeWorkが地元デベロッパーと共同開発しているDock 72
（資料：Ekoo Media / Rudin Management）

代替床を準備してリレーションを維持していくことが直接の狙いだと説明する。日本でのサービス開始時期は未定だが、すでにスタートアップオフィスの需要の多くがウィーワークに吸収され、需要が激減している中小規模の賃貸オフィス仲介会社の現状に追い打ちをかける可能性がありそうだ。

同社はさらに18年から、Powered by We[*8]というサービスを立ち上げて、法人需要の取り込みを進めている。これは大企業を対象に、「ウィーワーク仕様」の自社オフィスを開発するコンサルティングサービスだ。オフィスの立地選定や内装設計をウィーワークが手伝うほか、各種設備を管理するためのソフトウエアを提供し、さらにワーカーのコミュニケーションを活性化するコミュニティマネージャーを派遣する。米国で本書執筆時点までに約30社の受注があったことを明らかにしており、日本にも専任担当者を置いて営業活動を開始している。開発事業としては、ニューヨーク・ブルックリンの海軍ふ頭で進行中のプロジェクト、Dock 72に参加。ビル（延べ床面積6万3000㎡）のうち約30％を借り受けることが決まっている（図7）。

法人需要にシフト

ウィーワークはその成長の過程で、設立当初からの顧客層であるスタートアップやフリーランスワーカーから、大企業の需要に軸足を移してきた。例えばマイクロソフトは、Office 365の販売チームのため、ニューヨークのマンハッタンやブルッ

*6 こうした不動産ファンドの立ち上げは、Airbnbもすでに検討している。

*7 成約企業には12カ月のウィーワークの無料会員権が付与される。

*8 顧客の自社ビルを同社が改装するタイプ、ほかのビルを一棟借りして改装するタイプ、新たにオフィスを共同開発するタイプなどがある。すべてのサービスにおいて、利用者はほかのウィーワークの拠点も活用できる。

クリンで、合計300人分のメンバーシップを購入している。ウィーワークの発表によると、すでに全会員の約40%が500人以上の従業員を有する企業の利用者で占められているという。

意外なことに、こうした企業のなかには、ウィーワークが運営するオフィスビルを一棟丸ごと借り上げてしまう例もある。

IBMは人工知能ワトソンの研究開発センターを置いているニューヨーク市内のオフィスを拡大するため、17年4月に、600人の従業員が利用できるウィーワーク施設の一棟借りを決定した。11月にはアマゾンが、ミッドタウン地区にある4万m²のウィーワークオフィスをすべて借り上げた。同社はすでにニューヨーク市やボストン市の拠点を有しており、さらにオフィスを拡大する計画があるにもかかわらずだ。

後述するように、さまざまなサービスが付随するウィーワークの利用料は、通常のオフィス賃貸借と単純比較すれば床単価ベースでは割高だ。大規模に利用する需要があるなら、テナントはビルオーナーと直接賃貸借契約を結んだほうが安くつく。それでも彼らがウィーワークを選ぶのは、前述のようにオフィス環境整備にまつわるさまざまな日常業務をアウトソースできることや、短期賃借の機動性、そして何より、ミレニアル世代へのアピールを狙ってのことだ。

国内雇用創出を重視するトランプ政権の意向も手伝って人材争奪戦が過熱するなか、テックワーカーが働きたいと思えるオフィスを確保するのは日増しに困難さを増しつつある。今もクールな響きを備えるウィーワークの拠点の一つに入居できることが、企業の若手人材確保にとって有効だという証である。

WeWorkの基本的なサービス内容

WeWork はビルオーナー（不動産会社）とオフィスの賃貸借契約を結び、月決めでユーザーに転貸する。法人顧客は内装・レイアウト作業や日常のオフィス運営から解放されるだけでなく、ビジネスマッチングなどのコミュニティサービスを受けられる

メンバーシップを中核とした付帯サービス

We Membership と呼ばれる会員サービスの下で様々なビジネスサービスを提供する。会員であれば他の WeWork の共用デスクが利用可能。日本に未導入の施設やサービスを含む。小売店の計画は現段階では未発表（報道のみ）

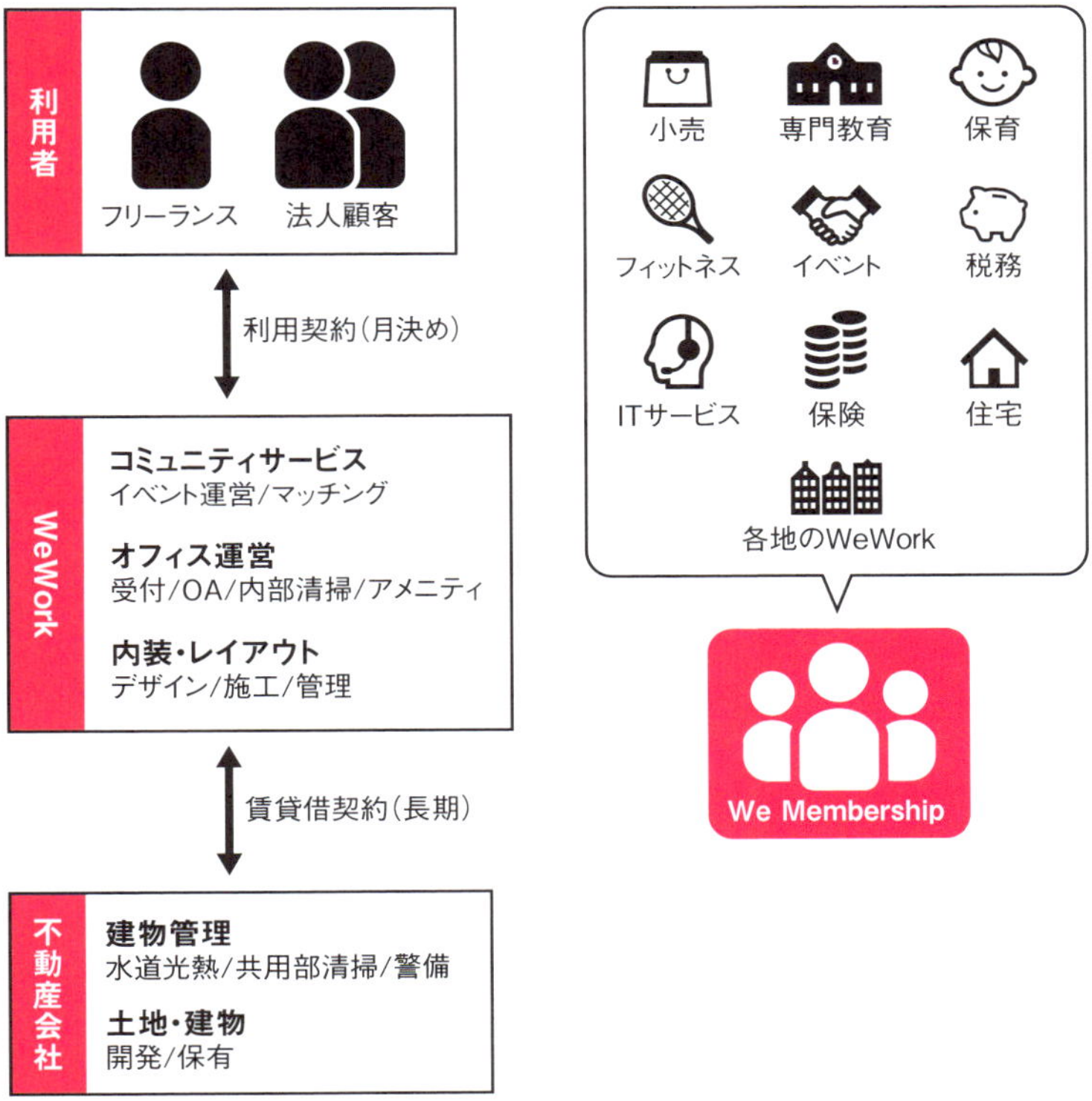

〔図8〕**WeWorkのビジネスモデル**

ウィーワークのどこがテックなのか?

ウィーワークは、オフィスを単なる働く空間として貸すのではなく、ビジネス活動に必要なあらゆる要素、ITサービス、研修・教育、福利厚生、社会保険などのプラットフォームとして提供することをめざしている〔図8〕。

特に初期の会員には、プロジェクト単位の請負で働くプログラマーや、デザイナー、ライターなどの個人事業主も多かった。彼らは、大企業並みに充実した医療保険への加入や税務サービスを受けることが困難だった。

そこで同社では、人事管理代行大手TriNet《トライネット》と提携することで、大企業と比較しても見劣りしない福利厚生を会員に提供しており、このサービスがコワーキングオフィスの利用者に高い人気を博した。ほかにも、ウィーワークの出資者の1社であるJPモルガン・チェースは決済サービスを低価格で提供。マイクロソフト

新たに提供されたサービス		主な買収企業	
welive	●2016年から開始したシェア賃貸住宅 ●2017年末までに30拠点で開業の予定だったが現時点で2拠点のみ	FLATIRON SCHOOL	●2012年にニューヨークで設立されたオンライン・オフラインのプログラミングスクール
RISE	●2017年から開始したフィットネスジム ●フィットネスアプリWeWork Wellnessを提供、WeWork会員以外も利用可能	meetup	●2002年に設立されたイベント予約サイト ●コミュニティーごとに人的交流を促進
wegrow	●STEMと呼ばれる教育メソッドに特化した幼稚園 ●ニューヨーク本社内に開校	naked HUB 裸心社	●2015年に上海で設立したコワーキングオフィス運営会社
wework labs	●初期のスタートアップを対象にしたインキュベーションプログラム ●米国+新興国8拠点で展開中	spacemob	●2016年にシンガポールで設立したコワーキングオフィス運営会社
Powered by we	●大企業向けにオフィスの選定・設計・内装工事・管理運営を受託	teem	●2012年に設立された会議予約システムや来訪者管理システムを提供する会社
WeWork Property Investors	●2017年に設立した不動産ファンド。4億ドルを集める ●Lord & Taylor旗艦店やDevonshire Squareを購入	MISSION U	●2016年にサンフランシスコで設立されたオンライン大学 ●学費は無料で学生が卒業後に給与の一定割合を支払う

〔図9〕新サービス提供や買収を加速するWeWork

やアマゾンなども早期に顧客を囲い込むために自らの製品やサービスを特別割引で提供している。

ウィーワークが世界に抱える会員は約30万人。増え続ける質の高いメンバーシップをフルに活用して、オンラインを含めたさまざまな顧客接点（タッチポイント）で稼ぐ――。ウィーワークについた高いバリュエーションの背景には、書籍を皮切りに次々と取り扱う商品やサービスを拡大したアマゾンなどのIT企業にならった、「プラットフォーマー」*9と呼ばれるビジネスモデルにあるとの指摘*10がある。

17年にソフトバンクから44億ドルの資金を得て以来、ウィーワークはこのプラットフォームを拡大するため矢継ぎ早にM&A（合併と買収）の手を打ってきた。6月には建設用通信システムを提供するFieldlens《フィールドレンズ》、8月にはマーケティングプラットフォームを提供するUnomy、そして10月にはプログラミングスクール大手のFlatiron《フラットアイアン》 School《スクール》を買収した。さらに11月には、世界で3500万人の会員を抱えるイベント予約サイト運営のMeetup《ミートアップ》を手に入れた〔図9〕。

同業であるコワーキングオフィス運営会社とのM&Aも加速しており、8月にはシンガポールのSpacemob《スペースモブ》を買収、11月には米国で女性限定コワーキングオフィスを展開するThe《ザ》 Wing《ウィング》に3200万ドルの投資を実行した。このトレンドは18年も続いており、4月には中国のNaked《ネイキッド》 HUB《ハブ》を4億ドルで買収した。

9月には、オフィスや会議室の利用実態を分析するソフトウエアを開発・提供するTeemを1億ドルで買収することを決定した。同社のサービスは2800社以上

*9　アマゾンやグーグルといった、第三者がビジネス基盤として利用できるシステムを独占的に提供する事業者を指す和製英語。利用者の多さを競争力の源泉に、高い市場占有率や収益性を誇る。

*10　「ウィーワークのビジネスモデルと不動産業への影響の考察」ニッセイ基礎研究所

で導入されており、顧客にはAirbnb、Slack、Lyft、Boxなどがある。ウィーワークはこの機能を大企業向けのオフィス改修サービスPowered By Weに搭載する予定だ。

一方、不動産業界内では、ウィーワークのどこがテクノロジー企業なのか、これまでのリージャスやサーブコープといったレンタルオフィス大手と何が違うのか、という懐疑的な声が聞かれる。確かに、日本の施設だけを見ていると、テクノロジーを活用した要素は感じられず、従来のシェアオフィスやレンタルオフィスと何ら変わらないのではないかと感じるのも無理はない。

創業当初、同社はソーシャルメディアから収集したビッグデータを分析し、トレンドに敏感なインフルエンサーが集まるエリアを特定するといったように、ITをそれなりに活用して戦略的な優位を手に入れてきた経緯がある。当時は老朽化した中小ビルを一棟借りして、レンガや木材などを用いたヒップな内装にリノベーションする手法が主体で、デザイナーやプログラマーといったフリーランサーから人気を博していた。会員を増やし、ソフトウエアや金融といった付加サービスからも収入を得ることで、新たなプラットフォーマーともてはやされるようになったのである。

ウィーワークが会員のネットワークを拡大するためには、彼らが利用する物理的な空間を用意する必要がある。数年前から、ウィーワークでは、規模拡大のために大規模新築ビルを賃借して、個人事業主のみならず法人需要にも注力するよう戦略を転換してきた。この過程で日本上陸を果たしたため、東京でも大規模ビル内の拠点が多く、これまでのレンタルオフィス大手とあまり変わらない存在に見えてしまうのである。

近年の不動産開発への参加、不動産ファンドの設立、不動産仲介への参入などを見ていると、現在のウィーワークの姿は、不動産テックからスタートした総合デベロッパーと表現するのが適切なのかもしれない。

成長の痛み

こうした急成長の影で同社の先行きに疑問の声も出始めている。

14年に発表されたシェア住宅であるWeLiveは18年までに69カ所で3万4000人に提供することをめざした。しかし、19年1月時点までに開設されたWeLiveは、ニューヨーク、ワシントンDCの2カ所にとどまっており、想定を大きく下回っている。また、17年に開始したフィットネスクラブのRISEや、企業家精神や創造性を育む小学校WeGrowなどに対しては、一部の投資家から本業との関係を疑問視する声が上がる。

さらに物議を醸しているのが赤字額の拡大だ。18年4月に実施された5億ドルの資金調達で投資家向けに公表された財務諸表によれば、売上高は4億4000万ドル（16年）から8億9000万ドル（17年）と103％の伸びを示した。一方、最終損益もマイナス4億3000万ドル（16年）からマイナス8億8000万ドル（17年）と売上高の伸びと同じくらい赤字額が拡大している。このまま赤字額が膨らんでいくと、これまでに調達した数十億ドルが枯渇するのも時間の問題とみられており、早期の黒字化をめざすか、さらなる資金調達をするかの選択に迫られる可能性がある。

不動産仲介大手Savills《サヴィルズ》が7月に公表した報告書では、世界最大級のオフィス市場であるマンハッタンにはすでに133カ所61万㎡のコワーキングオフィスが存在しており、今後数年以内に飽和状態になるだろうとみている。

また、不動産大手Boston《ボストン》 Properties《プロパティーズ》上級副社長は、18年6月に開催された不動産テックセミナーにおいて、「ウィーワークはこれまで不動産オーナーや仲介などが割に合わないとして無視してきた小規模なテナントの需要を取りまとめたアグリゲータだ。しかし、中小テナントも成長するにつれて、自らのカルチャーやアイデンティティーをオフィス空間に表現したくなる。その時こそコワーキングオフィスの限界を意味するだろう」と今後の成長に懐疑的な見方を示した。*11

ウィーワークを取り巻くライバルたち

ライバルたちも着々と力をつけている。サービスオフィス世界最大手リージャスは15年にオランダのコワーキングオフィス運営会社Spaces《スペーシーズ》を買収して世界中に同様の施設を開設し、新興のWeWorkを迎え撃つ（図10）。

*11 ただし、同社もコワーキングオフィスに対する法人需要の高まりを受けて、18年にボストン市にある旗艦ビル内でコワーキングオフィスの開発に乗り出している。

*12 コワーキングオフィス需要の高まりを受けて、ウィーワークに代表される完全賃貸型の事業モデルのほかに、IndustriousやConvene、Serendipity Labsなどが登場している。

不動産オーナーとプロフィットシェア型のコワーキングオフィスを運営するのはIndustrious《インダストリアス》。同社はHines《ハインズ》、CBRE《シービーアールイー》 Global《グローバル》 Investors《インベスターズ》、Landlord《ランドロード》 Property《プロパティ》など大手不動産会社のAクラスビルを次々と賃借しており、Fortune 500リスト掲載の大企業を中心に法人会員を集めて急成長している。

米国では、フランチャイズ型のコワーキングオフィスも近年急速に伸びている。全米125カ所に拠点を持つSerendipity《セレンディピティ》 Labs《ラブス》は、法人または個人に対して、オフィスの選定、賃借、内装設計、ブランディング、マーケティング、ITプラットフォームの提供を行っている会社。このビジネスモデルに近いのが、ビルオーナーからの依頼でイベントスペースやコワーキングオフィスへの改装を請け負うマネジメントコントラクト型のConvene《コンヴィーン》である。[*12]

思わぬ方角から強敵も現れた。世界最大の不動産仲介会社であるCBREだ。19年にコワー

順位	企業名	拠点数	床面積
1	Regus	782	161.3万㎡
2	WeWork	227	124.7万㎡
3	Premier Business Centers	83	14.5万㎡
4	Knotel	64	11.5万㎡
5	Industrious	55	11.7万㎡
6	Spaces	53	19.7万㎡
6	Boxer Property	53	10.9万㎡
8	Breather	52	2.2万㎡
9	Office Evolution	43	6.9万㎡
10	Intelligent Office	41	7.9万㎡

〔図10〕**米国におけるコワーキングオフィス運営会社の拠点数ランキング**
（資料：Yardi Matrix（2018）「Shared Spaces: Disrupting the Traditional Office」）

キングオフィス運営会社Hana《ハナ》を設立し、コワーキングオフィスの需要を獲得したい考え。先行するウィーワークや同類のKnotel《ノーテル》と大きく異なるのが、不動産所有者からオフィスを賃借するのではなく、プロパティマネジメント契約を締結してコワーキングオフィスへの改装と運営を代行する点だ。改装費用や利用料収入は不動産所有者と折半する。CBREの中核ビジネスであるオフィスの賃貸仲介が、コワーキングオフィス市場の拡大によって不透明感を増していることがその背景にある。

国内プレーヤーは既存テナント向けが中心

国内でも、ベンチャー企業の増加や大企業のオープンイノベーション化を追い風として大きなブームが到来している。こうした新たな働き方の需要増加を受けて、国内勢も相次いでコワーキングオフィスの開設を急いでいる〔図11・図12〕。

コワーキングオフィスやサービスオフィスそのものは、国内でも中小事業者を中心に以前からあったが、一部の個人事業者やスタートアップ企業が利用するにとどまり、大企業にはあまり使われてこなかった。しかも、スタートアップ企業が成功して企業規模が大きくなると、通常の賃貸オフィスなどに移ってしまうため、オフィス市場全体に影響を与えるほどコワーキングオフィス市場が大きくなることもなかった。

提供企業（サービス名）	拠点数	事業内容
三井不動産（ワークスタイリング）	33	法人会員制コワーキングオフィスを国内33カ所に展開。プロジェクトルームや宿泊施設も併設
サーブコープ ジャパン（Servcorp）	25	サービスオフィスに併設する形で国内25カ所に会員制コワーキングオフィスを展開中
ファビット（ファビット）	20	会員制コワーキングオフィス・サービスオフィスを国内20カ所に展開。ティーケーピーと提携
東京急行電鉄（ニューワーク）	18	会員制シェアオフィスを東京と神奈川の18カ所に展開（提携店を含めると100カ所以上）
WeWork Japan（WeWork）	11	2018年に東京・横浜・大阪・福岡などに11カ所を開設、2019年には30カ所以上を開設予定
東急不動産（ビジネスエアポート）	7	会員制シェアオフィス・サービスオフィスを東京に7カ所を展開
NTT都市開発（リフォーク）	3	会員制コワーキングオフィスを大手町・秋葉原・南青山に開設、保育所も併設
日本土地建物（センク）	3	会員制コワーキングオフィス・サービスオフィスを京橋・青山・霞が関に開設
東京建物（プラスアワーズ）	2	会員制コワーキングオフィス・サービスオフィスを東京・八重洲と新宿に開設
日本リージャス（スペーシズ）	2	サービスオフィス大手。コワーキングオフィスを東京・大手町と名古屋に開設

〔図11〕**国内の主なコワーキング・シェアオフィスの一覧**

このほか、ザイマックスの「ZXY Share（旧称、ちょくちょく）」や東日本旅客鉄道の個室型ブース「ステーションワーク」などが展開。拠点数は2018年12月末時点

特徴	レンタルオフィス	シェアオフィス	コワーキングオフィス
利用方法	特定の利用者が個室を一定期間占有	複数の利用者が共用デスクを利用（占用デスクの場合もあり）	複数の利用者が共用デスクを利用
ネットワーキング	—	不定期にイベントを開催する施設もある	定期的なイベント開催や専属スタッフによるコミュニティー形成
契約形態	利用料または賃貸借契約	利用料または賃貸借契約	利用料契約

〔図12〕**コワーキング・シェア・レンタルオフィスの定義**

各オフィスを組み合わせて提供する企業も多い

これに対し、昨今話題を集めているコワーキングオフィスは、コンシェルジュの配置やIT利用によってセキュリティーを確保し、利用者の入退出管理情報を所属企業に提供して出退勤管理ニーズに応えるなど、大企業が利用する際に必要な機能を備える。これに、従業員へのノートパソコン貸与、営業職や子育てしている従業員のリモートワークの制度化などの動きが相まって、大企業のコワーキングオフィス利用が進み始めた。

すでに一部ではコワーキングオフィス利用をリモートワークの一形態として制度化。今後はより多くの企業で普及が進む可能性が高い。

このうち最も積極的に展開しているのが三井不動産だ。同社は、「ワークスタイリング」というブランド名で17年に首都圏に10カ所を開設し、18年末までに全国33拠点を展開している。10分から利用できるシェアオフィスである「シェア」を基本として、利用期間と座席が自由に選べるプロジェクトルームを提供する「フレックス」、宿泊も可能で共同バスルームを備えた「ステイ」の3種類を提供している。利用は法人会員に限定されており、フリーランサーなどが利用できるウィーワークとは対照的だ。主要施設には「ビジネススタイリスト」と呼ぶスタッフが会員間のコミュニティーを促進するために常駐しており、パーソンマッチングやイベントの企画運営を行っている。

一方、起業を考えるフリーランサーや大学生などを対象にインキュベーションやアクセラレーションプログラムを積極的に提供するコワーキングオフィスを展開するのが「ファビット」だ。同施設は、不動産賃貸仲介のアパマンショップをフランチャイズ運営するAPAMAN《アパマン》の子会社が開設しており、東京、大阪、広島、福岡を中心に全国20カ所を運営している。17年10月には、貸会議室大手ティーケーピーと提携し、コワーキングオフィスを併設した貸会議室を広島に開設しており、今後3年間で全国10カ所に同様の施設を展開する予定だ。

大手デベロッパーのコワーキングオフィス事業は、各社の保有オフィスビルの入居者に向けたテナントサービスといった性格が強く、ウィーワークやリージャスといった海外系とは狙うユーザー層が異なる。その典型例が野村不動産だ。同社が西新宿野村ビルに設置したコワーキングオフィスは、ビルに入居するテナント企業のみ利用可能。三菱地所やNTT都市開発なども自社ビルへの拠点展開を進めている。

コワーキングが揺さぶる本社オフィスの未来

企業によるコワーキングオフィス利用の普及に伴い、不動産関係者の大きな関心事となりつつあるのが「既存のオフィス賃貸市場が縮小するのでは」という懸念だ。

コワーキングオフィスは〝シェアリングエコノミー〟の一種といえる。一般的に、シェアリングエコノミーが普及すると対象物の利用効率が高まり、その結果必要量が減って既存市場が縮小することが多い。例えば、個人が所有する車は週に1回程度しか使われなくても、カーシェアでは毎日利用されるため、長期的には必要な車の台数が減って自動車販売が減少する。オフィス賃貸市場の縮小懸念も、これと同じアナロジーである。

しかし、少なくとも足元では市場に大きなマイナスの影響を与えることはなさそうだ。

本社や事業所のオフィススペース削減というマイナスの影響は当面は大きくない。コワーキングオフィスを利用する企業が、結果として稼働率の下がった本社オフィスの固定席を廃止するなどして、将来その面積を縮小させる可能性はあるが、実際に手をつけるのは利用状況を見極めてからになるからだ。長期的に本社オフィスを縮小する動きが出てくるとしても、その影響は関係者が懸念するほど大きくならないとみられている。この背景には、コワーキングオフィスにおける席の利用効率が高くないことがある。

実際のコワーキングオフィスでは利用者が席を探して右往左往しないよう、席は余裕をもって準備している。席の平均稼働率は高くても5

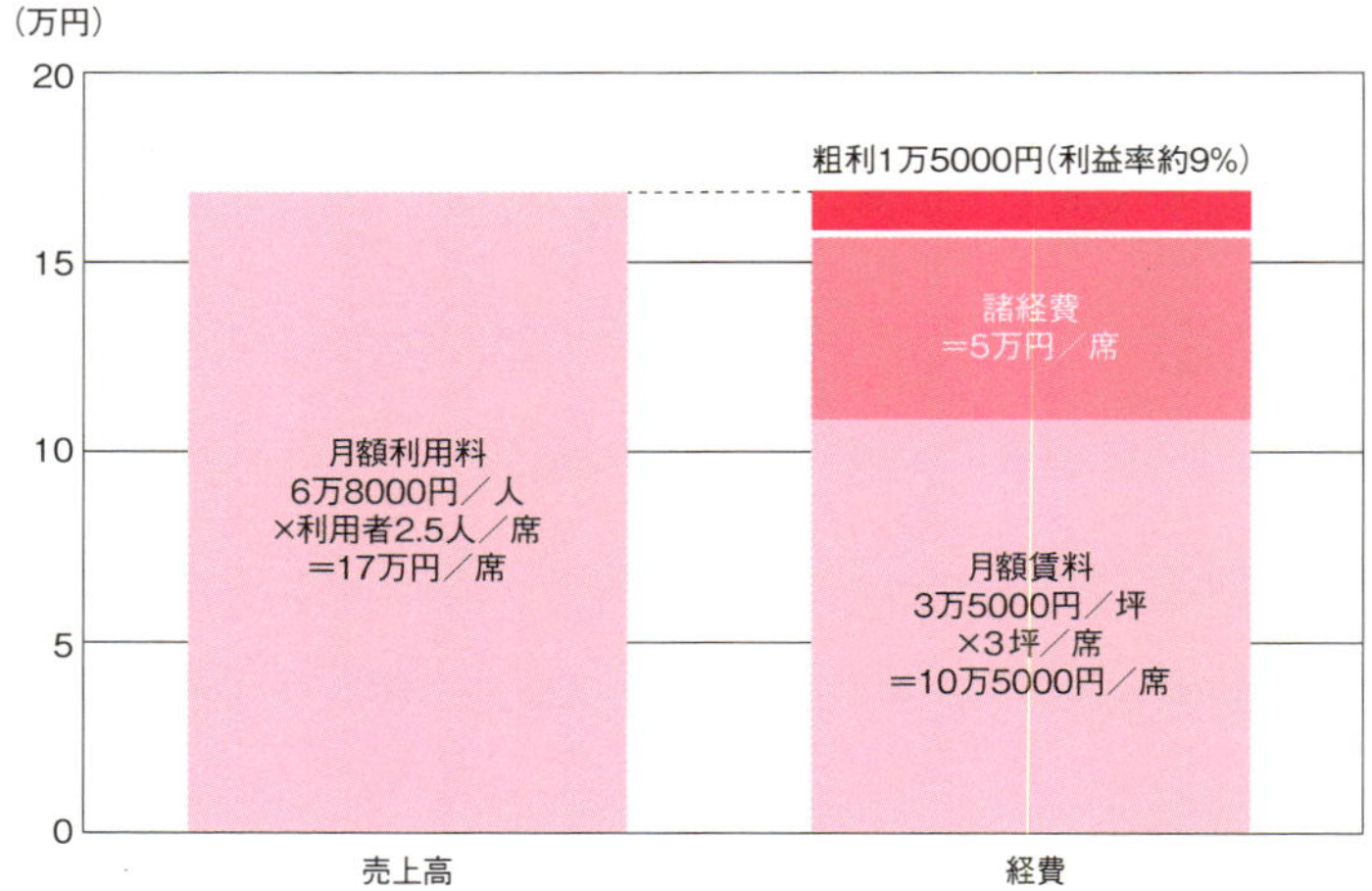

〔図13〕**コワーキングオフィスの収支構造の例**(共用デスク)

割程度で、ピーク時でも7割〜8割程度しか埋まらない。稼働率は一般的なオフィスよりむしろ低い場合が多いという。

1席あたりの面積もコワーキングオフィスのほうが広い。現在、一般的なオフィスの1人あたり面積は4坪程度で、コワーキングオフィスは広いところで3坪程度。ただし、前者は会議室や収納ラックを含めた面積なのに対し、後者は純粋な席だけ。これを勘案すると、コワーキングオフィスの方が広くなるケースが多い。

単純に考えると、先に述べたカーシェアの例のように賃貸オフィスの需要が縮小しそうだが、そのような声は意外に多くないのが現状だ。

ビルオーナーの間では、コワーキングオフィス事業は景気後退への耐久力が小さいのではという声もある。エンドユーザーが簡単に解約できるので収入面では景気に左右されやすい一方、支出に占める割合の高いオフィス賃料は比較的硬直的だ〔図13〕。このため、景気悪化で利用者が減ると、すぐに赤字になりやすい。

解説

ライバルになるか、間借り型オフィス

11年、シリコンバレー北部のパロアルトでLiquidSpace《リキッドスペース》が設立された。この会社は、指数関数的に成長するスタートアップのエコシステムにオフィス空間を適応させるために設立された。同社が提供するサービスは、時間・日・月単位で入居者と物件をマッチングさせるものであり、ビルオーナーが無料で空きスペースを登録してテナントを見つける仕組みとなっている。したがって、同社は空室リスクを保有しておらず、まさにオフィス版エアビーといえる。

物件を借りたいテナントは、賃借したい地域と時期を入力し、リストアップされた物件の中から占有タイプ（デスクのみ、共用デスク、個室）、期間、設備、収容人数、費用などの観点から希望物件を選択して申し込みをする。ビルオーナーが申し込み内容を確認した後、テナントは同社が作成した標準契約書に必要事項を入力して送付するだけで契約手続きは完了する。ビルオーナーは、契約が締結された場合に1回だけ月額賃料の10％を手数料としてリキッドスペースに支払う必要があり、これが同社の収入源となっている。

これによってビルオーナーは、契約書作成に要する弁護士費用や、仲介業者に支払う手数料[＊13]を節約することが可能となった。このサービスを活用しているのはビルオーナーだけではない。12年、同社は世界4000以上のホテルを運営する

＊13　総賃料の4％〜6％程度。米国では入居者の仲介手数料もビルオーナーが負担するのが一般的

マリオット・インターナショナルと提携し、試験的にサンフランシスコとワシントンDCにある40カ所のホテル内会議室を時間または日単位で貸し出し始めた。

当時、同社のホテル内会議室の稼働率は50%を下回っており、予約方法も電話や電子メールによる申し込み後にスタッフが内容を確認して、折り返し連絡するといった非常に手間を要する業務であった。しかし、このサービスの導入によって全てのホテルで会議室や宴会場の稼働率が高まり、翌年には全米のマリオット系列のホテルに展開するに至った。現在、インターコンチネンタルホテルズグループや、ヒルトン・ホテルズ&リゾーツなどのほかのホテルチェーンもホテル内の会議室や宴会場をリキッドスペースに登録しており、なかにはロビーやテラスなど、通常貸し出していない空間も登録するホテルが存在する。

リキッドスペースと同様に、テナント入居前のオフィスビルなど、空きスペースを一時的にオフィス空間や会議室としてシェアするマーケットプレイス型のサービスは世界で流行を見せている。米国ではBreather《ブリーザー》などのプレーヤーが伸張。日本ではスペースマーケットやSpacee《スペイシー》などがこうした即席の会議室を取り扱っている。ウィーワークが本来得意としてきた小規模な企業の需要を、こうした新興のプレーヤーが虎視眈々と狙っている。

7 クラウドファンディング百花繚乱

不動産投資の新たな形としてクラウドファンディングが市民権を得つつある。プラットフォームを運営する事業者の数はすでに15を超え、ケネディクスなど大手も参入を決めた。ネットならではの機動性と小口投資の手軽さを備え、ＲＥＩＴに次ぐ個人向けの不動産投資商品として大きく育つ可能性を秘める。国も相次ぐ法改正で普及を後押しし始めた。

個人投資家からの新たな資金調達の手段として注目を集めるクラウドファンディング。*1 Kickstarter《キックスターター》や Indiegogo《インディーゴーゴー》などの米国勢に続き、国内でも Makuake《マクアケ》や CAMPFIRE《キャンプファイヤー》などのサービスが人気を集めている。16年度に国内の募集サイトを通じて調達された資金（市場規模）は約748億円と、前年度比で倍増した。17年度も1700億円を超え、18年度は2000億円を突破する見込みだ（図1）。斬新な電子ガジェットの開発や有名女優の写真集出版など、派手な話題でメディアに登場する機会も多い。

しかし、一般の話題を集めているのは、投資した開発資金の引き替えに完成した商品を受け取る「購入型」と呼ばれるタイプのクラウドファンディングで、調達金額ベースでみると全体の1割に満たない。この購入型のクラウドファンディングは資金調達というよりも、先行予約販売という側面が強く見られる仕組みになりつつある。実際のところ、市場のけん引役を担っているのは後述する「貸付型」、なか

*1 英語で群衆を意味するcrowdと資金調達（funding）の合成語。株式市場を介さず、ネットを通じて一般から小口資金を調達するスキームの総称。

*2 非上場の不動産投資信託。機関投資家向けに組成される。

でもとりわけ大きな割合を占めるのが不動産を対象にしたクラウドファンディングである。投資情報サイト、クラウドポートのデータを基に推計した17年度の市場規模は629億円。事業投資や太陽光発電投資を上回り、金額ベースで全体の39％を占めたとみられる。

REITと現物投資のいいとこ取り

金額の大きさ、流動性の低さから、本来は最も個人の手に届きにくい投資対象である不動産。その流通手段として、クラウドファンディングは優れた特徴を兼ね備えている。多くの点でＲＥＩＴ（不動産投資信託）と似た小口投資商品であり、現物不動産投資ほどまとまった資金も専門知識も必要ない。一方で株式相場の影響を受けにくく、安定運用しやすいため個人の資産形成に向いている。〝大衆版の私募ＲＥＩＴ〟[*2]ともいえる存在だ。スマートフォン上での募集

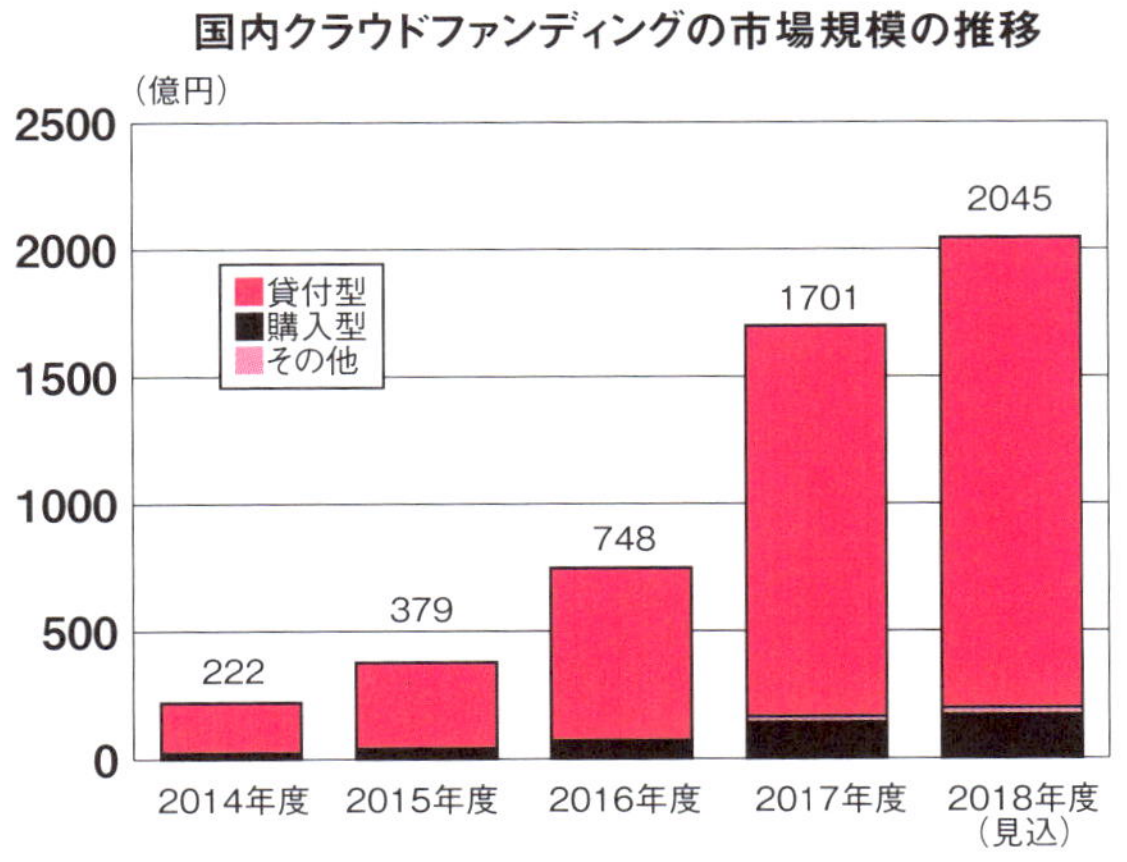

〔図1〕クラウドファンディングの国内市場規模

（資料：矢野経済研究所）

に力を入れる事業者も多く、会員登録から投資の申し込みまでほとんどの手続きがネット上で済む〔図2〕。

米国ではすでに１００を優に超える不動産クラウドファンディング会社が活動。日本でも15社を超える事業者が生まれ、開発型や地方・海外物件、あるいは地域貢献を目的とした保育施設など、これまでＲＥＩＴがあまり手がけてこなかった個性的な投資案件が続々と誕生している。今のところはスタートアップ企業が主役だが、最近では大手不動産プレーヤーの中からも、本格参入を検討する動きが出ている。

一番乗りを図るのは、不動産ファンド運用大手のケネディクスだ。同社は17年8月、野村総合研究所（ＮＲＩ）とともに、新会社、ビットリアルティの設立を発表。19年初めをめどに、不動産の投資型クラウドファンディングのサービスを開始する予定だ。潤沢な物件供給パイプラインを抱えるケネディクスと、金融ＩＴシス

現物不動産（アパート）投資	不動産クラウドファンディング	上場REIT
× 大口資金が必要	○ 小口投資が可能 ⇦	○ 小口投資が可能
× 管理スキルが必要	○ 専門家による運用 ⇦	○ 専門家による運用
× 取引に時間を要する	○ 迅速に取引可能 ⇦	○ 迅速に取引可能
× 高い取引コスト	○ 低い取引コスト ⇦	○ 低い取引コスト
○ 安定運用 ⇨	○ 安定運用	× 高いボラティリティ
× 換金性が低い ⇨	△ 換金性が低い*	○ 換金が容易

＊現状では途中解約や持分売却を認めている事業者が少ない

〔図2〕REIT投資の魅力に安定性が加わり個人投資家に人気

テム大手のＮＲＩによるビッグネーム同士の合弁は、これまで古民家改修やアパート投資など小規模プロジェクトが中心だった不動産クラウドファンディングのイメージを一変させる可能性がある。そして今後、ケネディクス以外の不動産会社の参加を募り、業界プラットフォームの確立をめざすとしている。

政府も、フィンテック産業育成の一環として、相次ぐ法改正により民間の動きを後押ししてきた。インターネット上の資金募集を解禁した改正金融商品取引法[*3]の施行から約2年半。同様の規定を盛り込んだ不動産特定共同事業法[*4]（改正不特法）が17年12月に施行されている。

国内では貸付型が主流

クラウドファンディングとは、インターネットを通して資金の出し手（資金提供者）と受け手（資金需要者）を仲介するサービスである。本書の冒頭に挙げた購入型のほかに三つのパターンとして、事業収益を対価として資金を提供する投資型、資金を貸し付けて利子を得る貸付型、そして対価なしに受け手の活動を支援する寄付型がある。不動産クラウドファンディングではこのうち貸付型が主流を占めている（図3）。

貸付によるクラウドファンディングはソーシャルレンディングとも呼ばれ、不動産に貸付を行う事業者に対して匿名組合出資という形態で投資家から資金を集めている。そのため、プラットフォームを運営する会社は、匿名組合出資の募集を取り

＊3　金融機関や証券会社、資産運用会社の行為を幅広く規制。不動産業に関しては、ファンドの資金募集や特別目的会社（ＳＰＣ）の運用、不動産信託受益権の売買や媒介・代理などに際して免許取得が必要。

＊4　不特法の名で呼ばれる。不動産を裏づけ資産として一般投資家から資金を集める小口投資商品のスキームに使われる。

扱うために第二種金融商品取引業と貸金業の登録が義務づけられている。

貸付による手法でいち早く不動産クラウドファンディングを立ち上げたのがロードスターキャピタルである。ゴールドマン・サックス出身者らが12年3月に設立した不動産投資会社で、14年9月から国内で初めて不動産に特化したクラウドファンディングであるOwnersBook《オーナーズブック》というサービスを開始した。不動産担保付きのシニアローンやメザニンローン*5に投資し、そのリターンを還元するというビジネスモデルであり、最小投資額1万円からで個人投資家を中心に集めており、年間予想利回りは5％前後だ（図4）。17年9月に東証マザーズ市場に上場している。18年6月末時点で、東京23区内のマンションや商業ビルを対象に58億円以上を集めており、338億円の投資を行っている。

一方、投資型では、17年12月の不動産特定共同事業法の改正によって資本金要件の緩和や書面などの電磁的記録による交付規定が整備され、利用するプレーヤーが増えている。なかでもいち早く登録を完了してサービスを開始したのがGA《ジーエー》 technologies《テクノロジーズ》だ。同社は18年8月から小規模不動産特定共同事業による手法を用いた不動産クラウドファンディング「Renosy《リノシー》 クラウドファンディング」を開始した。投資対象は東京都心のワンルームマンションが中心であり、最小投資額1万円から投資口を募集。いずれも募集口数の10倍超の応募を受け付ける人気ぶりだ。年間予想利回りは平均で8％と貸付による手法よりも高い水準にある。

なお、貸付型のクラウドファンディングでは、市中の貸金業者に対する金融庁の

*5　通常のローン（シニアローン）に上乗せする形で、返済順位が劣後して提供される利回りの高いローン。mezzanineは中二階の意。

	サービス名(事業者)	開始時期	累計応募額	利回り	概要
総合型	maneo(maneoマーケット)	2008年10月	1541億9819万円	6.94%	最大手プラットフォーム事業者
	SBIソーシャルレンディング(同名)	2011年3月	338億9306万円	—	SBIグループの100%子会社
	クラウドバンク(日本クラウド証券)	2013年12月	429億1585万円	6.44%	証券業免許を持つ
	SAMURAI(SAMURAI証券)	2017年12月	7億3570万円	7.52%	証券会社が運用 民泊投資など
不動産・貸付型	OwnersBook(ロードスターキャピタル)	2014年9月	82億8530万円	4.82%	同分野の先駆け 投資型も開始
	J.LENDING(ジャルコ)	2015年11月	8億2600万円	4.62%	パチンコホールに投資
	TATERU Funding(TATERU)	2016年4月	41億9749万円	4.63%	開発素地からのアパート投資
	LENDEX(同名)	2017年7月	12億2612万円	8.91%	東急リバブルの査定を利用
	Pocket Funding(ソーシャルバンクZAIZEN)	2017年8月	4億6912万円	7.14%	沖縄の不動産に特化
不動産・投資型	クラウドリアルティ(同名)	2016年12月	6億1265万円	7.04%	不動産エクイティ持分に投資
	ハロー!RENOVATION(エンジョイワークス)	2018年5月	2235万円	5.00%	初の小規模不特法事業者
	Renosy(GA technologies)	2018年7月	11億2031万円	8.00%	ワンルームマンション投資
	CREAL(ブリッジ・シー・キャピタル)	2018年11月	8億9541万円	4.25%	ホテル開発、賃貸住宅など
	FANTAS Funding(Fantas technology)	2018年11月	5448万円	9.00%	空き家再生や中古マンション
	ビットリアルティ(同名)	2019年1月	—	—	都心Aクラス物件に投資

〔図3〕**主な不動産クラウドファンディングサービス**

(投資情報サイト「クラウドポート」のデータおよび各社公式サイトに基づき作成。いずれも2018年12月時点。

「総合型」は不動産のほか事業性資金など複数の対象に投資する事業者)

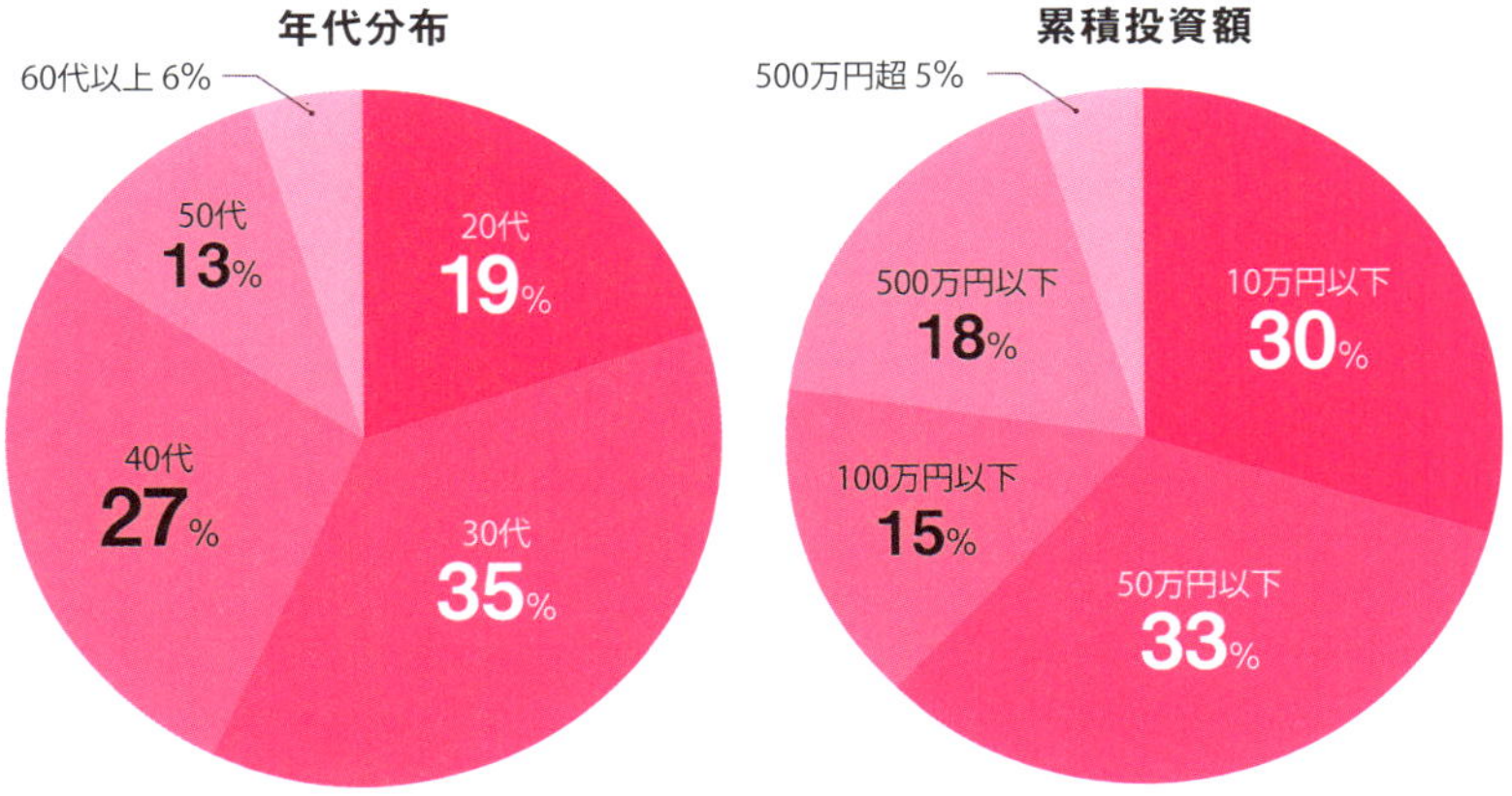

〔図4〕**オーナーズブックの投資家属性**

(資料:ロードスターキャピタルの資料を基に作成)

監督方針がそのまま適用されてきた経緯があり、借り手保護の名目の下、投資対象の匿名化と複数化が当局から要請されてきた。投資家は物件の詳細を知ることができないのが一般的だ。そのため、各社の資金募集活動も利回り勝負になってしまっている側面が否めない。

一方、投資型のクラウドファンディングではこのような制約はなく、投資対象物件の詳細を知ることが可能だ。ただし、小規模不動産特定共同事業の場合は、登録要件が緩和されているものの、投資家から受けることができる出資の合計額が1億円以下、投資家1人あたりの出資額が100万円以下などの制限が存在している。

超大型物件に投資するファンドライズ

米国では、企業が証券取引委員会の登録なしに有価証券を発行して資金調達する場合、資金提供者は適格機関投資家などに限定されていた。

しかし、12年4月に制定されたJOBS法(Jumpstart Our Business Startups Act)によって、個人投資家もインターネットを通して小口の資金を投資できるクラウドファンディングが解禁された。英ケンブリッジ大学の調査によると、米国にはすでに125以上の不動産系クラウドファンディングのサイトが開設されている。

米国で最も早く不動産系クラウドファンディングを立ち上げたのが、ワシントンDCで不動産会社を経営する父の下で育った2人の兄弟が設立したFundrise《ファンドライズ》である。

彼らは、衰退しているワシントンDCのHストリート北東地区を再生させるため、家族や友人から集めた資金で約50年間放置されてきた2階建てのレンガ造の店舗を11年に購入した。この店舗をミレニアル世代が好むデザインに改修して魅力的なテナントを誘致するため、この事業に賛同する投資家を集めることを開始した。

しかし、当時は個人から資金調達するには証券取引委員会への登録が必要だったため、彼らは弁護士とともに約1年間を費やして資金調達に必要な許認可を取得した。この新たな取り組みは地区内外で注目を集めるようになり、興味を持った住民などが次々と100ドル～1万ドル単位で出資し、約2年間で175人の投資家から32万5000ドルを集めることに成功した。そして、この資金に銀行融資を加えて改修工事を実施し、15年4月にレストラン、カフェ、アパレルショップなどが入居する商業施設

〔図5〕**コミュニティー再生を理念に掲げるMAKETTO**
(URL:http://maketto1351.com/)

MAKETTOとして開業するに至った〔図5〕。ファンドライズは、この改修事業で年間利回り8・4%をめざしており、投資金額の約0・5%を管理手数料として徴収している。

第1号物件の資金調達が完了した後、ファンドライズは新たな案件を探すため、全米の不動産会社との提携を開始し、5000万ドルから1億ドル程度の資金を必要とする中小規模の不動産開発の資金調達を次々と手掛けていった。そして設立から3年間でファンドライズは約5億3000万ドルの資金調達に携わるまでに拡大し、平均13・0%の配当利回りを達成した。この水準は米国の主要株価指標であるS&P500やNASDAQ Composite、米国REITの投資口指標であるNAREIT Compositeを大きく上回る水準である〔図6・図7〕。

同社の投資エリアは、拠点を置くワシントンDCのみならず、ニューヨーク、シアトル、ロサンゼルスまで拡大し、対象アセットも賃貸住宅、分譲住宅、オフィス、店舗とさまざまな案件を取り扱っている。また投資形態も出資のみならず、メザニンローンやシニアローンも取り扱っており、幅広い資金調達ニーズに対応することが可能である。投資期間は約7割が1年~3年であり、大部分は5年以下と不動産開発や改修の初期段階をターゲットしている。

クラウドファンディングのブームを見越して、いち早く提携の動きに出た大手デベロッパーがいる。ニューヨークを拠点に国内外で延べ床面積900万㎡以上の不動産を所有しているSilverstein《シルバースタイン》 Properties《プロパティーズ》である。

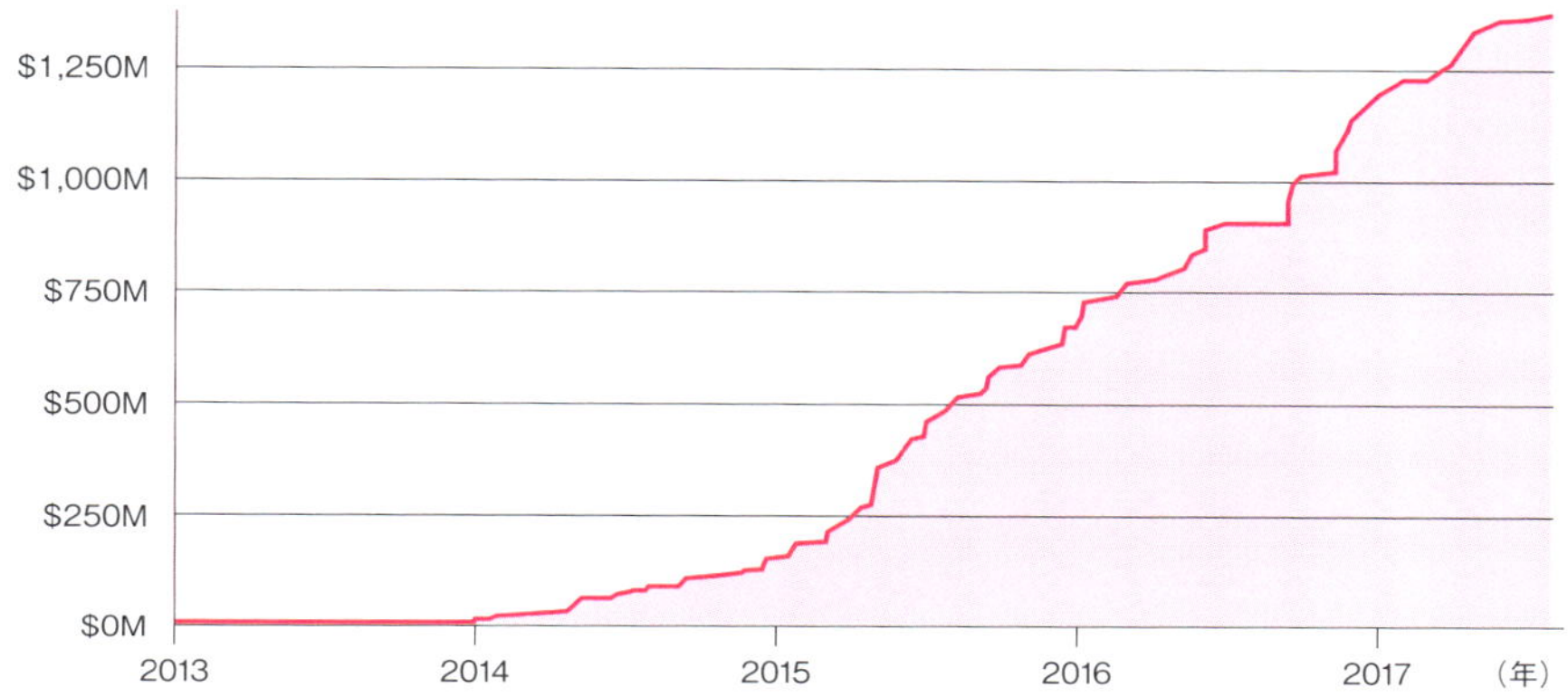

〔図6〕**Fundriseの投資実績**(金額ベース)

累計で約14億ドルの投資募集を成功させてきた(資料:Fundrise)

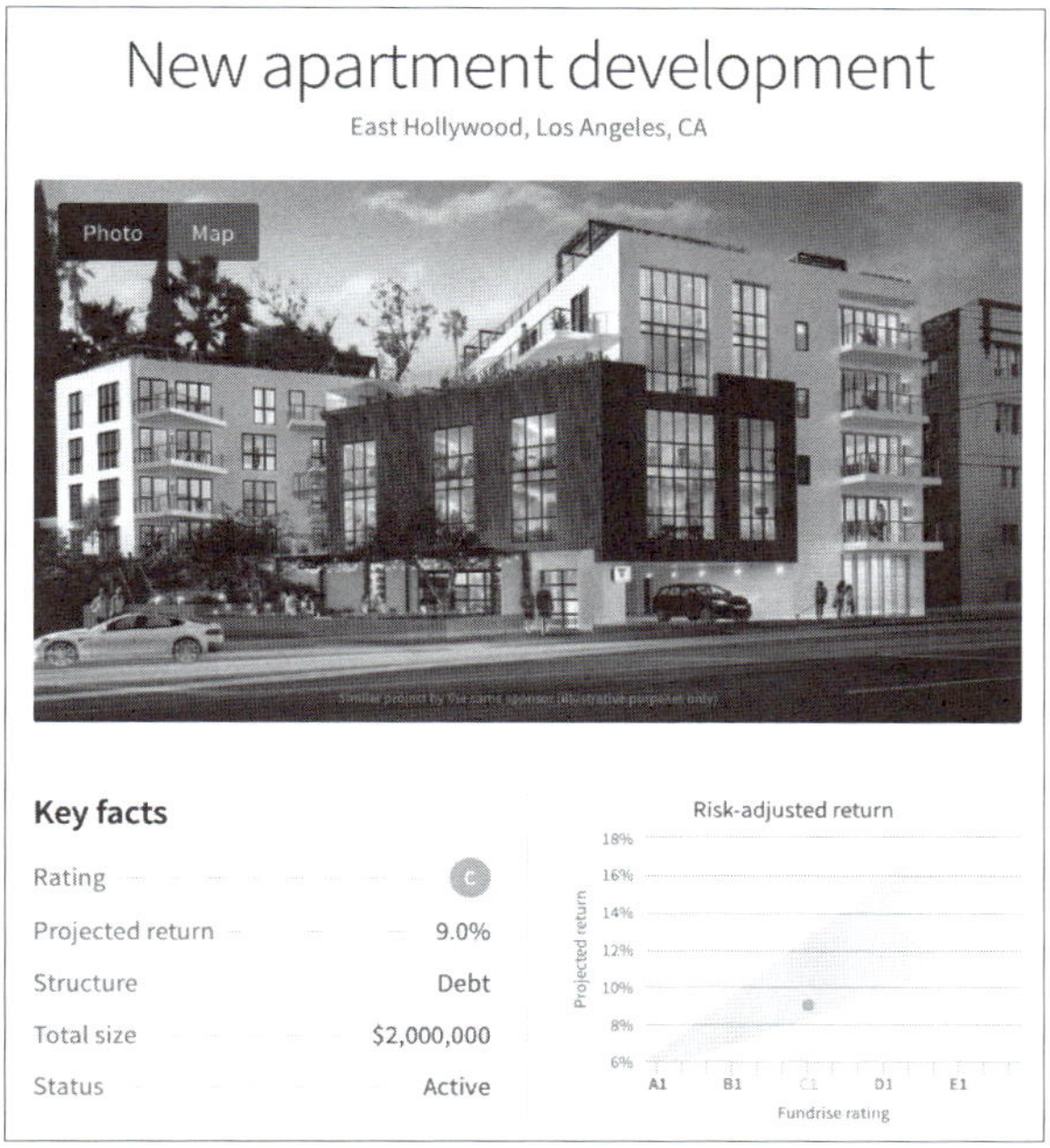

〔図7〕**Fundriseの資金募集ページ**

想定利回りやリスクなどの詳細な情報が確認可能(資料:Fundrise)

〔図8〕**3ワールドトレードセンター**

建設資金の一部をFundriseのクラウドファンディングで調達した。右奥は槇文彦が設計した4WTC。手前はエリアのシンボルである地下鉄駅
（建設中の2016年10月撮影）

同社は、クラウドファンディングを将来の重要な資金調達手法として位置づけて、14年5月にファンドライズに対して3100万ドルを出資。翌年1月には、01年の同時多発テロで崩壊したワールドトレードセンターの再建プロジェクトとして、18年の竣工をめざして開発中のタワー3（3ワールドトレードセンター）の資金の一部をファンドライズで募集した。ビルの総事業費25億ドルのうち、200万ドルのシニアデットを最小投資単位5000ドル、グロスIRR*6 5・0％（年間手数料0・15％）、投資期間5年の投資商品に仕立てた〔図8〕。

さらに15年12月には、ファンドライズは1000ドルから投資できる非上場型モーゲージREIT*7を設立し、5000万ドルの投資口を募集することを公表した。個人投資家にも機関投資家と同様に非上場型REITへの投資を可能にし、低い管理手数料や、投資口価格変動リスクの最小化といったメリットを提供するものだ。また、通常のクラウドファンディングがそれぞれのプロジェクトに対して投資家を毎回募るのに対し、後者はファンドライズがチョイスした複数のプロジェクトに対して投資するため、リスク分散が期待でき、個人投資家の裾野をさらに広げることが予想される。

トランプの娘婿が超富裕層向け不動産クラウド

ニューヨーク・クイーンズ区。マンハッタンまで30分の通勤圏に位置するアスト

*6 投資期間中の賃貸事業のキャッシュフローに基づく利回り（内部収益率）。手数料や税金を差し引く前の数字を示す。

*7 不動産担保ローンを資産とする不動産投資信託。

リアの街は、大手不動産ポータルサイトStreetEasy《ストリートイージー》によるNYC Hottest Neighborhoods 2017にも選ばれた、人気急上昇中のエリアだ。この地区で17年6月に６０００万ドルで売買された、１４３戸の賃貸住宅の〝買い主〟が、いま現地で話題を集めている。その名はCadre《カドル》。トランプ大統領の娘イヴァンカの夫であり、ロシア疑惑でもメディアの注目を集めた、Jared《ジャレッド》 Kushner《クシュナー》らが立ち上げたスタートアップ企業である。

英語で「幹部」を意味する名を与えられたカドルは、真の富裕層のみをターゲットにしたクラウドファンディング・プラットフォーム。トランプ大統領の上級顧問就任に伴い辞任するまで、自らの不動産会社Kushner《クシュナー》 Companies《カンパニーズ》をＣＥＯ（最高経営責任者）として率いてきたクシュナーが、ブラックストーンの不動産部門で累計30億ドルの投資に携わったRyan《ライアン》 Williams《ウィリアムズ》とともに14年に設立した。

目を引くのは創業者だけではない。同社は創業資金として、電子決済サービスPayPal《ペイパル》の創業者で有力なエンジェル投資家として知られるPeter《ピーター》 Thiel《ティール》、中国最大の電子商取引企業、Alibaba《アリババ》の創業者であるJack《ジャック》 Ma《マー》のほか、ニューヨーク不動産大手ＳＬ《エスエル》 Green《グリーン》 Realty《リアルティ》などから68万ドルを集めることに成功。17年6月には、有名スタートアップ・アクセラレーターのAndreessen《アンドリーセン》 Horowitz《ホロヴィッツ》から６５００万ドルのシリーズＣ資金[*8]を調達し、企業評価額は8億ドルを超えた。現在ＩＰＯ（新規株式公開）を視野に業容を拡大中だ。

米国では今や乱立気味の不動産クラウドファンディング・プラットフォームだが、

＊8　スタートアップ企業の資金調達ステージの一つ。起業間もない段階のシリーズＡなどと異なり、上場を控えた企業の大型調達などをこう呼ぶことが多い。

その多くは多数の小口投資を集めることに注力している。こうしたなかで、富裕層に的を絞ったカドルの戦略はユニークだ。投資口は、クラウドファンディングでは異例の大口となる50万ドルから数百万ドル（５０００万円～数億円）と高額だ。これまでに１００人以上の投資家が複数の物件に投資した。運営面でほかのクラウドファンディングと異なるのが、資金の出し手と需要者を単純にマッチングさせるのではなく、自らアクイジションやアセットマネジメントを行っている点にある。そのため、同社にはアクイジション担当としてブラックストーン・グループ、不動産投資大手スターウッド・キャピタル、大手金融機関ＪＰモルガン・チェースなどの出身者をそろえた。また、技術担当にはグーグル、フェイスブック、モバイル決済大手スクエアなどの出身者が次々と参加。投資委員会のヘッドには米ＲＥＩＴ大手Vornado《ボルネード》の元ＣＥＯ（最高経営責任者）を迎えている。まさに不動産とＩＴのプロフェッショナルの融合だ。

彼らは、豊富な経験を持つメンバーがこれまでに培ってきた人的ネットワークを駆使してオフマーケット[9]の優良物件を次々と取得しており、綿密なデューデリジェンスの下で購入価格を決定し、投資家を募集している。投資対象は５０００万ドルから2億５０００万ドルの賃貸住宅やオフィスなど。5年から7年の投資期間を目標としている。さらに購入した物件には同社もセイムボート出資[10]しており、まさにデジタル版不動産投資ファンドといえる。

写真に挙げたアストリアの１４３戸の賃貸住宅の場合、６０００万ドルで購入し、

＊9　市場外。一般の仲介ネットワークやリスティングサイトに掲載されない。希少な物件のこと。

＊10　運用会社がその利害を投資家と一致させるインセンティブとして、自らのファンドに少額出資すること。同じ舟に乗る（＝運命を共にする）の意から

20人の投資家から全投資口を数週間で集めることに成功した。同物件は、マンハッタンやブルックリンの賃料上昇の波が近年押し寄せてきているエリアであり、まさに玄人好みの絶妙な投資であるといえる〔図9〕。

同社では、将来的に投資家が自由に投資口をサイト上で売買し、自らポートフォリオの組み替えを可能とすることをめざしており、物件取得を加速させている。そして18年10月、ついに同社がめざしていたサービスの提供が開始された。それはカドルを通して投資した顧客間で自ら保有する投資口を自由に売買できるセカンダリー市場だ。試行期間では、すでに40以上の取引が成立しており、投資口を購入してから1年後に売却が可能となる仕組み。不動産は歴史的に株式や債券よりも高い利回りを達成してきたが、流動性が唯一の欠点であった。このセカンダリー市場は顧客の希望に応じて売買することでこの問題を解消する。

〔図9〕Cadreが取得したクイーンズ区アストリアの賃貸住宅

こうしたオンリーワンの不動産クラウドファンディングとして確固たる地域を築いたベンチャー企業をソフトバンクが見逃すはずはない。18年5月、ソフトバンクビジョンファンドが1億ドルを投資することが報道[*11]された。

*11 ウォールストリートジャーナルなど各紙によると、同社の創業メンバーの1人であるJared Cushnerが中東政策のアドバイザーであることから、同ファンドの資金源であるサウジアラビア政府との利益相反の可能性があるとして投資を取りやめざるを得なくなったという。

解説

不動産クラウドは第2世代へ

これまで、国内の不動産クラウドファンディングのほとんどは「貸付型」、つまり、個人投資家の資金をプールして、不動産担保ローン（多くの場合、高金利のメザニンローン）の形で企業に資金を供給するスタイルが一般的だった。あらかじめ予定利回りが決まっており、それを上回る利益は運営事業者が獲得する。その特徴からソーシャルレンディングなどとも呼ぶこともある〔図10〕。

貸金業法に基づく貸付型のクラウドファンディングについては、金融庁が貸付先の匿名化を行政指導しており、物件名などの詳細を明かして資金募集できないという課題があった。さらに17年3月、これまでのブームに水を差すような事件が起きている。同月、事業者の一つである「みんなのクレジット」が金融庁から行政処分を受けた。東京都からの処分も重なり、半年間の募集活動停止に追い込まれた。各ファンド間で資金の分別管理が不十分だったことに加え、過大担保の設定や利息制限法違反が見つかったのが理由だ。

事件は、これまでの貸付型のスキーム上、資金管理の透明性維持に限界があるという現実も浮き彫りにした。その後も、ラッキーバンク、トラストレンディング、最大手のmaneo《マネオ》など、行政処分を受けるサービスが相次いだ。

これに対して、クラウドリアルティが扱うのは投資型と呼ばれるサービス。京町家の例では年率8％相当の利回りを想定しており、3年後の売却時に超過収益が出た場合はその8割を還元する。一般的な不動産投資（エクイティ投資）と同様、アップサイドが見込めるというわけだ。貸付型でオーナーズブックを展開するロードスターキャピタルも、投資型でのサービスを貸付型と並行して展開している。

このことは、各事業者がSPCを活用した、

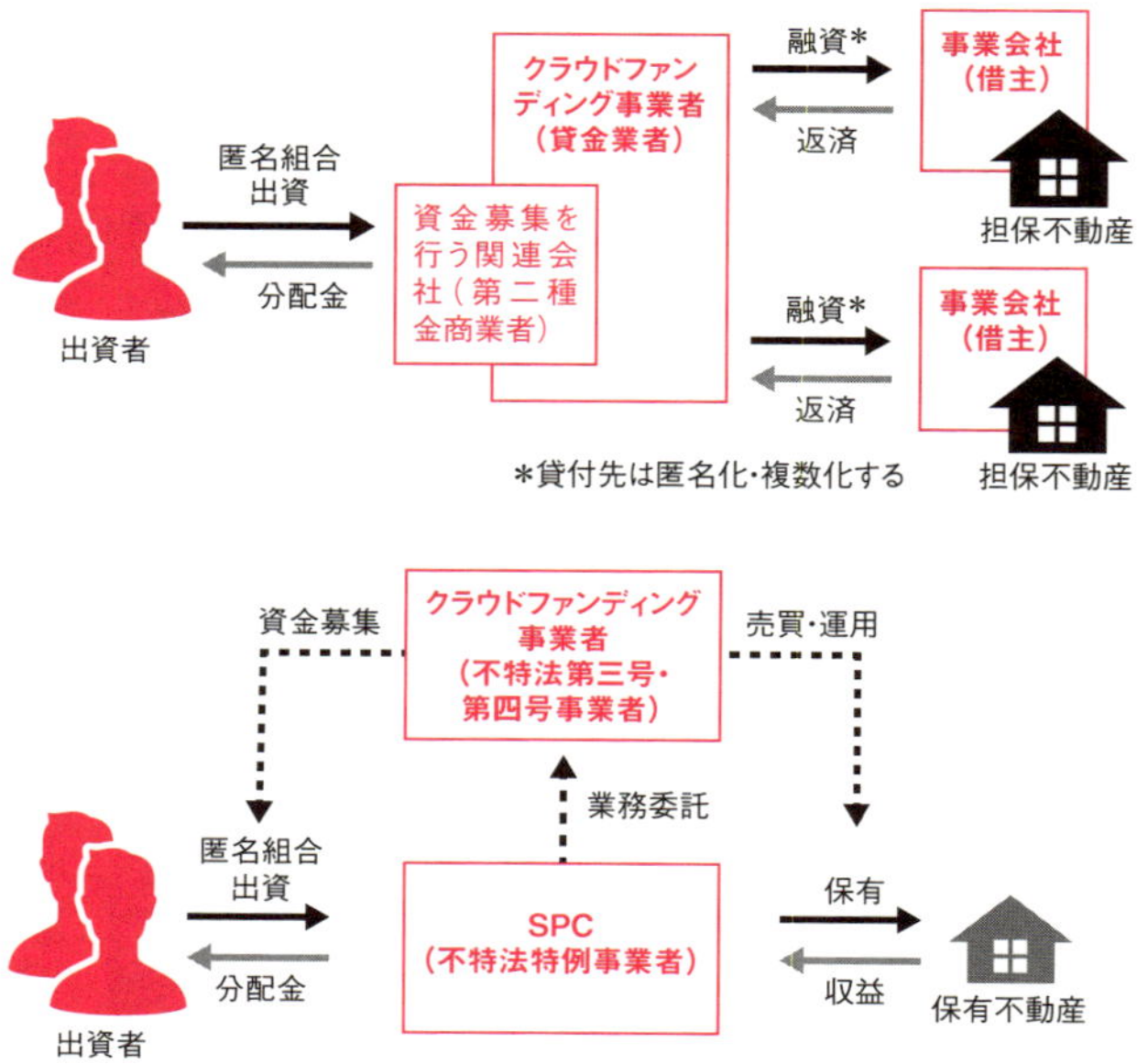

〔図10〕**クラウドファンディングの仕組み**

上は貸付型の例、下は不特法SPCを使った投資型の例。上記は一例であり、実際にはさまざまなバリエーションがある

より安全な投資スキームへの移行を進めるきっかけになりそうだ。改正不特法のほかにも、信託受益権化[*12]やコンプライアンス対応コストが吸収できるプレーヤーでは、金商法の下でGK-TKスキーム[*13]を活用する例も出ている。

＊12　不動産証券化の手法の一つ。機関投資家やファンドが大型の不動産を取引するときに、売り主が実物不動産を信託銀行などに信託し、その受益権を買い主に売却する方法が幅広く用いられる。倒産隔離や節税などのメリットがある。

＊13　合同会社（GK）と匿名組合（TK）を組み合わせ、倒産隔離などを実現する不動産証券化手法。

8

データ・ウォーズの行方

世界で最も早く発展した米国の不動産テック分野では、新旧のテック企業のつばぜり合いが頻繁に起こっている。なかでも、最もダイナミックな動きを見せているのが不動産データベースの分野だ。オフィスビルや商業施設といった事業用不動産ビジネスにおいて欠かせない、データの覇権を巡る争いに焦点を当てる。

Data is the new gold（データは金なり）――。

ビッグデータ、機械学習、ＡＩといったテクノロジーが不動産ビジネスの世界に持ち込まれてからよく耳にするようになった格言だ。売買であれ賃貸であれ、比較対象となる取引事例を集めることが昔から不動産ビジネスの基本だったが、機械学習などのテクノロジー活用が進んだ今、そのデータの価値はますます高まっている。一群の不動産テック企業は、近年の米国で飛躍的に進んだ市場透明性の向上に大きな役割を果たしてきた。

注目集めるクラウドソーシングモデル

ニューヨーク発のスタートアップ、CompStak《コンプスタック》は情報透明性が低いビル賃貸の世界に革命を起こしつつあるビッグデータカンパニーだ。２０１１年創業の同社はオフィスビルを中心に全米の63万棟、200万件の賃貸成約事例を集めることに成功した。最高経営責任者（CEO）のMichael《マイケル》 Mandel《マンデル》は「情報を隠して、テナントから1セントでも高く賃料を搾り取ろうとするやり方はもう通じない。オーナーはフェアな態度で、空室を早く埋めることに努力したほうが賢明だ」と語る〔図1〕。

　同社は事業用不動産のブローカー、リサーチャー、鑑定士などが賃貸成約事例（リースコンプ）を匿名で投稿できるウェブサイトを運営する。彼らがそれぞれのパソコンの中に抱え込み、時に電話やファクスといったアナログな手段で同業者と交換してきた成約情報を同社のデータベースで共有させることで、情報流通の量と速度を飛躍的に高めた。

　会員制のデータベースにはテナント名や賃料、フリーレント期間といった項目が含まれ、ニューヨーク市内の成約事例なら99%をカバーしているという。このサービスでは、ユーザー

〔図1〕CompStakの創業者、Michael Mandel

が見聞きした賃貸成約事例を投稿すればするほど、同じ数だけほかの事例を閲覧できる仕組みになっている。

ビルオーナーや投資家による閲覧は有料で、エンパイアステートビルを保有するREITやカナダ政府投資委員会（CPPIB）、金融機関大手Wells《ウェルズ》 Fargo《ファーゴ》や投資ファンド大手Carlyle《カーライル》 Group《グループ》などの大手顧客を抱える。

同社は賃貸管理用ソフトのVTSを通じて彼らの顧客に市場データを提供しているほか、18年10月には、格付大手ムーディーズの子会社と提携。企業の格付情報と不動産データを活用して、不動産ファイナンスやリスクマネジメントに関する新たなサービスを発表するとみられている。

スタートアップを徹底攻撃する旧世代テック

このコンプスタックには強力な先行者がいる。1998年に上場した不動産テック企業の先駆け、CoStar《コースター》 Group《グループ》だ。

コースターは、オフィス、店舗、倉庫などの事業用不動産のデータサービスを87年に開始した不動産テックの元祖といえる企業である。このユニークなサービスは、不動産会社や金融機関などで急速に普及し、不動産業界のブルームバーグ端末と称されるほどの必須ツールとなった〔図2〕。

同社は98年にナスダック上場を果たし、売上高は18億ドル、時価総額140億

＊1　全米全都市のデータを利用する場合は5万ドル。

ドルを誇る規模に成長した。これまでに事業系リスティングサイトのLoopNet《ループネット》、住宅分野ではApartments.com《アパートメンツドットコム》などを買収し業容を拡大。16年にはドイツの不動産メディアを買収するなど飽くなき拡大意欲を見せる。

一方で、事業用不動産のデータがコースターによってほぼ独占されており、サービス料金[*1]が高止まりしていたことにユーザーの間で不満が溜まっていた。2011年に創業したコンプスタックはここに着目し、不動産情報をシェアするユーザー投稿型のデータベースサービスを開始した。ただし、料金はコースターの半額以下だ。

不動産データの巨人コースターは、1000人以上の調査員を雇い全米各地のブローカーに電話や面会をして、アナログ的に得た契約情報（賃料、面積、賃借期間など）を基にデータベースを構築している。現地調査や写真撮影を行う車も自前で、上場で得た資金を膨大な投資に充てて

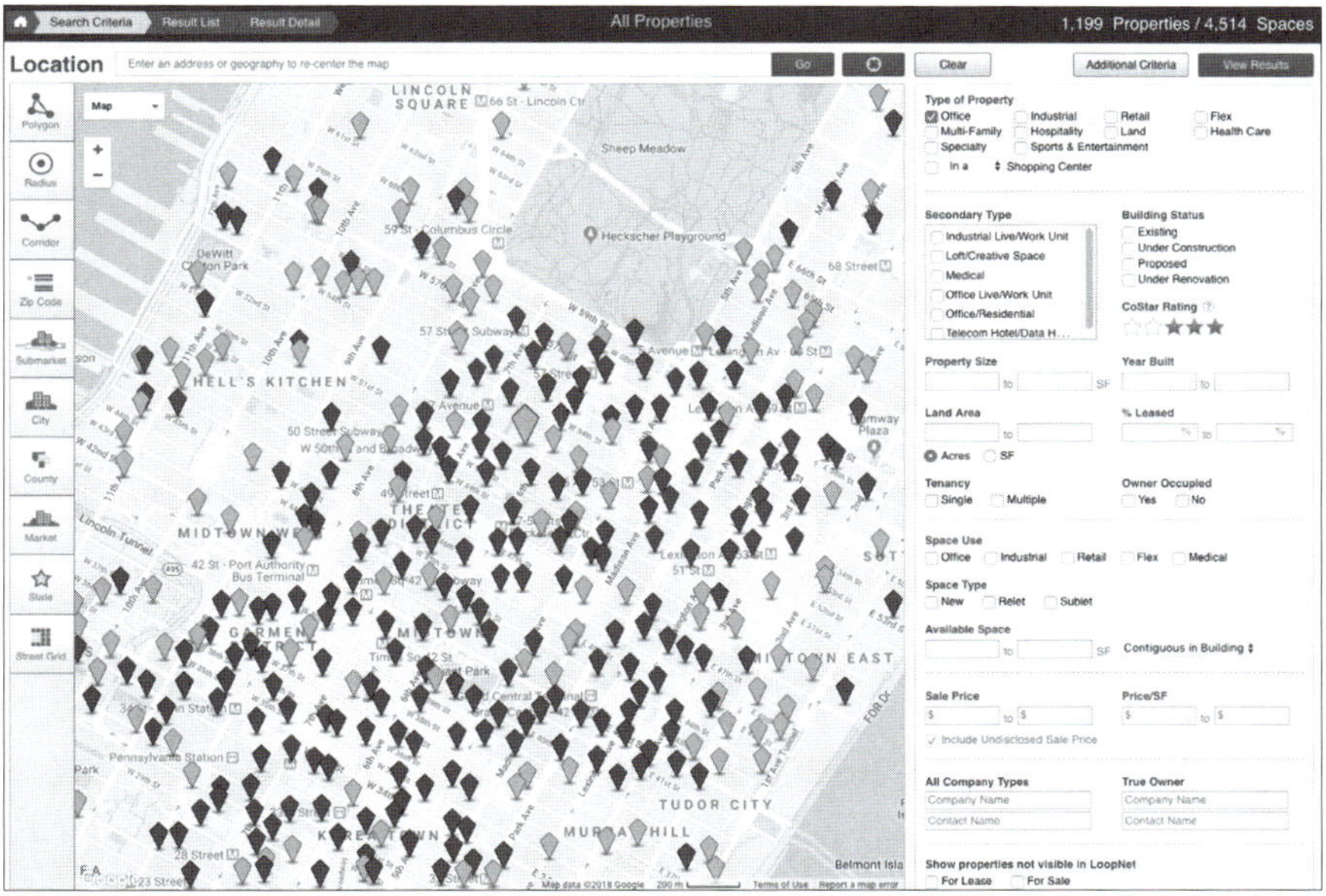

〔図2〕**CoStar会員専用の操作画面**

（資料：CoStar）

きた。それだけに、自らの地位を脅かす新興プレーヤーは徹底的に叩く姿勢を見せている。ライバルに仕掛けた訴訟はこれまで30以上。ついには、著作権が侵害されたとして、コンプスタックに対して利用者の名前や住所の開示を裁判所に要求した。

コースターの主張とは、同社サービスから得たデータを無断でコンプスタックに投稿する不届き者がいるという主張だ。この権利侵害の証拠として提出されたのが、コースターが提供する賃料や賃貸床面積などのデータの中に埋め込まれたフラグだった。例えば、実際の賃料が1平方フィートあたり100ドルだった場合、同社は100・1ドルなどと入力し、自社が作成したデータであることを記録している。

この訴状に対して、独占的で公平な競争を阻害しているとコンプスタックは反論したが、最終的に裁判所は同社に対して利用者の情報開示を要求し、さらに賠償金を支払うこととなった。

コースターは、同様の訴訟を他企業に対しても実施しており、15年には物件画像の無断使用でRealMassive《リアルマッシブ》を訴えて和解金100万ドルを奪取。16年にはコースター批判の急先鋒に立っていたXceligent《エクセリジェント》を、データと物件画像の無断使用で訴えて翌年に解散まで追い詰めた。

これまで2000万ドル以上の費用をかけて裁判を展開しており、18年4月にはデータの無断転用した可能性のある3万人のユーザーに訴訟を準備していることを宣言した。

＊2 他業界では、ホテル専門調査会社STRの例がある。同社は全世界にある6万軒のホテル800万室の稼働率や平均客室単価を収集してマーケットレポートを毎月公表しており、ホテルオペレーターや旅行会社はそれを基準に柔軟な価格設定を実現している。

異業種からの挑戦

盤石にも見える独占企業コースター。しかし、時に意外なプレーヤーから、果敢な挑戦を受けることもある。例えば、第2章でブラックストーンの投資先として取り上げたVTSだ。同社はビルオーナーに対して不動産のマーケット情報を提供するサービス、VTS MarketViewの提供を予定している〔図3〕。

これまで不動産投資のモニタリングは、透明性が低く、速報性に欠け、決して正確ではない仲介会社が作成したレポートに大きく依存してきた。しかし、リアルタイムに正確なマーケットデータが手に入ると、より正確に賃料設定やテナントとの条件交渉が可能となることが見込まれる。*2

同社が提供するデータはすべて匿名化されており、個別のオフィスビルやテナントの情報は開示しないことを想定している。MarketView

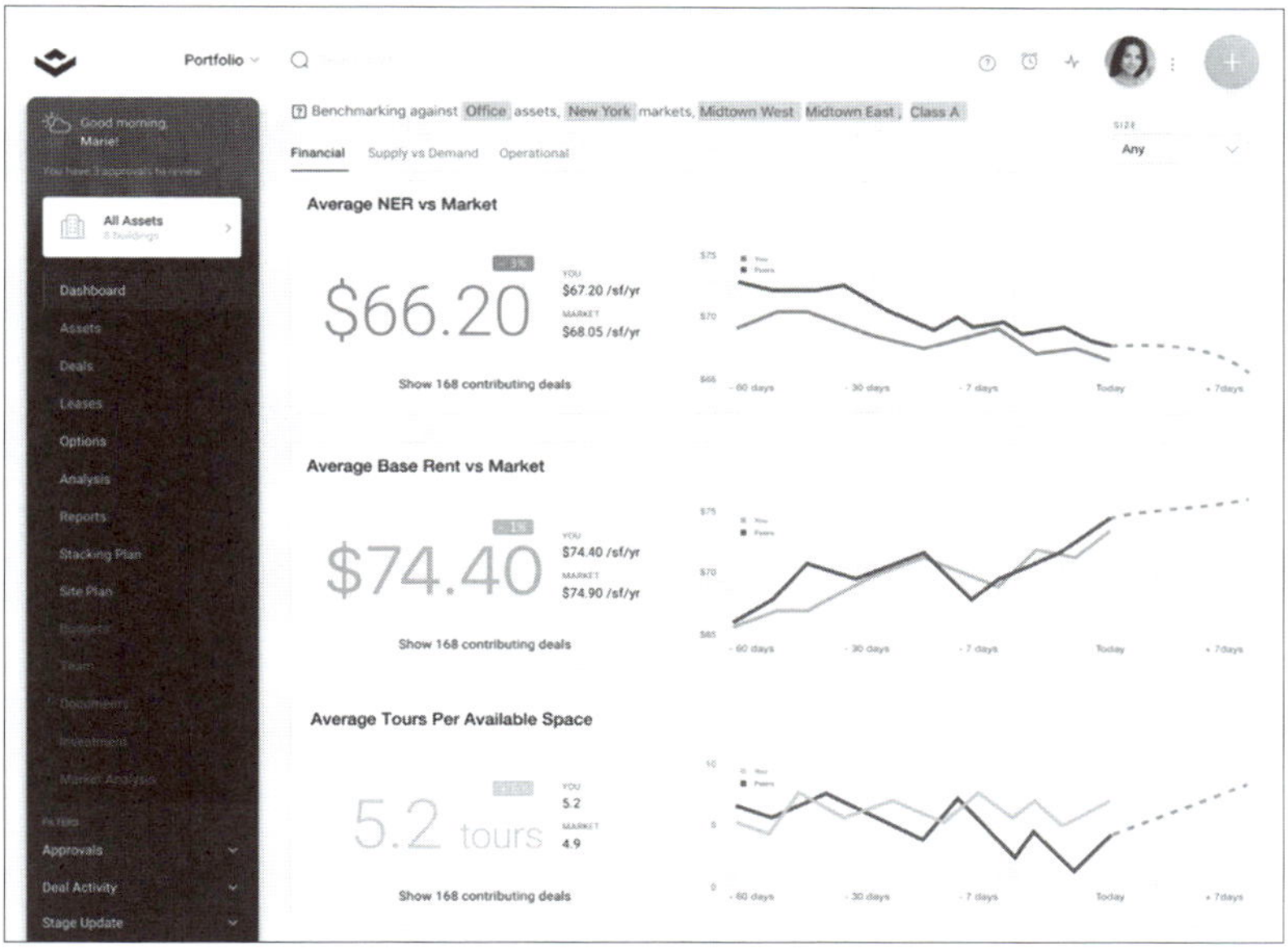

〔図3〕開発中のVTS MarketViewの画面イメージ

（資料：VTS）

を利用できるのは、すでにVTSのユーザーとしてシステムに登録しているデータを、分析用に提供することに同意したユーザーだけ。これがデータの量を確保するためのインセンティブだ。

コースターは個別のオフィスビルの空きフロアやテナント情報を収集するために用いられる。一方、VTSはポートフォリオのパフォーマンスを評価するために使われるベンチマーキングツールとしてMarketViewを開発しており、両者は補完関係にあると説明している。

同社のリーシングマネジメントシステムを使って各地のビルオーナーが管理するオフィスビルなどの床面積はすでに8億m²に達している。この膨大なデータを、新たな商品開発*3に生かしていく考えだ。

コワーキング会社のデータビジネス

別のアプローチでデータビジネスに参入しようと画策しているのが、ニューヨーク市に76カ所の法人向けのコワーキングオフィスを運営するKnotel《ノーテル》だ。同社は、18年3月にブロックチェーンを活用したオフィスのリスティング（テナント募集）プラットフォームの開発を公表した。この一環として7月には、オフィス賃貸のマーケットプレイスを運営する42Floorsを買収し、エンジニアと同社がこれまでに取引した膨大なデータを手に入れた。

＊3　18年11月には、ビル賃貸のオンラインマーケットプレイスも発表した。

ノーテルの共同創業者は、現在マーケットで手に入る不動産データは一部の企業（つまりはコースター）によって提供された断片的なものに過ぎず、テナントもエージェントも、取引情報を共有するインセンティブがないためにデータの信憑性も担保できていないと指摘する。

同社が19年内のサービス開始をめざして開発しているリスティングプラットフォームBaya Property Serviceでは、物件属性、賃借や売買履歴、テナントデータ、建物や室内の写真、新規募集状況などの共有をめざしており、情報提供者には仮想通貨を付与することを想定している。データが集まれば集まるほど仮想通貨の価値も上昇する仕組みをインセンティブとして取り入れる。ノーテルは、コンプスタックと提携することも18年11月に公表し、オフィスビルの鑑定評価額を自動推計するシステムの開発に着手した。

インタビュー

ビルオーナーに変革の時――Nick《ニック》 Romito《ロミート》氏

VTS 共同創業者CEO（最高経営責任者）

不動産テックをめぐる環境はここ1年間で急激に変化した。最も大きな違いは、大企業のなかでデジタル化への取り組みを進める人の顔ぶれが様変わりしたことだ。以前の旗振り役は、現場の仕事を手がけるアセットマネージャーやリーシング担当者だったが、今はCEOやCOO（最高執行責任者）を含むCXO（経営陣）全体が「ビジネス全体をデジタル化しない限り、後れを取る」と真剣に認識しはじめた。

規模の面でも違う。以前、我々のもとを訪ねて来るビルオーナーはせいぜい2棟〜3棟での導入を検討していた。しかし、今やすべての顧客が、最初から自社のポートフォリオ全体にVTSを展開することを前提に商談にやってくる。彼らは単なるツールの導入にとどまらず、それを使った業務プロセス変革を視野に入れている。資産の運用効率を上げつつ、従業員のクオリティ・オブ・ライフを向上し、離職率を減らすことまで視野に入れている。非常に大きなシフトだ。

この動きをリードしてきたのはビルオーナーだが、彼らにテナントを紹介するブロー

VTS創業者のRomito氏は、不動産業界の変化の遅さを指摘する

カーも必要に迫られる形で、VTSを続々と採用している。米国内の6拠点に加え、ロンドンにもオフィスを開設した。

ビルオーナーには顧客が見えていなかった

事業用不動産ビジネスは「リレーションシップビジネス」といわれる。人間関係が重要という意味だ。ただし、ビルオーナーがこれまで、本当にテナントを〝お客様〟として捉えていたかは疑問だ。

VTSが登場する以前にも、賃貸管理用のソフトウエアは存在していた。ただし、それらは入居済みテナントの入金管理などを手がけるものが一般的で、現場の情報を吸い上げる仕組みは貧弱だった。テナントとの接点といえば、社内のリーシング担当者が外注先経由で3カ月に1回連絡を取るくらいが一般的。まして、オーナー企業のCEOが、顧客の満足度合いを知る術はほとんどなかった。

VTSは賃料、契約期間、フリーレント、更改時期をはじめ、賃貸に関わるすべてのプロセスを可視化する。何か問題があれば、それを報告するアラート機能も備える。たとえば見込み客が契約に至るまでのコンバージョンレートが20%から8%に急落したら、何かが間違っているはず。テナント営業やリテンション対策にとって、こうした可視化機能はとても重要だ。

（17年10月のインタビューを基に構成）

9 見果てぬIoT住宅の夢

スマートスピーカーの登場をきっかけに、住宅業界がざわついている。急速な勢いでリビングルームでの顧客接点を確保し、自らの世界を構築しようとする巨大テック企業の攻勢に対して、これまで地道にITとの融合に取り組んできた日本の住宅・電機メーカーの勝機はあるのか。求められるのは大胆な発想の転換だ。

ITを活用して住宅や暮らしを革新する――。住宅業界だけでなく、IT業界や電機業界などでもこんな狙いを掲げたIoT住宅*1（もしくはスマートホーム）の取り組みに注力し始めている。スマートスピーカーを通して家電や住宅設備を制御したり、センサーを用いて居住者や災害直後の住宅の安全性を確認したりする試みはその代表例といえる。商品としての新たな付加価値を加えたり、ネット経由のサービスをビジネスに結びつけようという考えが、住宅にさまざまなテクノロジーを導入する動機づけとなっているのだ。

一方、家電や住宅設備などを自動的に制御して暮らしを便利にしようという構想は、1980年代以降、「ホームオートメーション」「スマートハウス」などと名前を変えながら、繰り返し登場してはいつしか忘れられてきた。現在のIoT住宅をめぐる動きは、本当にこれからの暮らしを大きく変えるのだろうか。

*1 Internet of Things（モノのインターネット）の意。

ついにGAFAがそろい踏み

利用者が音声で操作することにより、音楽やニュースを流したり、ショッピングや交通機関の予約などのネットサービスを使ったりすることができるスマートスピーカー。その市場を切り開いた製品がAmazon《アマゾン》 Echo《エコー》だ。日本での通常販売[*2]が始まったのは18年3月だが、米国での発売は14年11月に遡る。16年にはGoogle《グーグル》 Home《ホーム》が追随。改良を重ねながら現在までに2大勢力を築いた（図1）。

これらは内蔵した高性能マイクでユーザーの声を聞き取り、符号化してサーバー上のＡＩ（人工知能）エージェントに指示するデバイス。アマゾンの場合はこのエージェントをアレクサと呼んでいる。18年6月には、アップルが待望のHomePod《ホームポッド》で追随。同年10月には、グーグルがタッチパネル画面つきのスマートスピーカーであるHome《ホーム》 Hub《ハブ》を発表した。さらに、同月初参入となるフェイスブックも同様の製品Portal《ポータル》を公開し、ＧＡＦＡと呼ばれる巨大ＩＴ企業のそろい踏みが実現した。[*3]

声を出す気恥ずかしさが先に立つのか、日本ではスマートスピーカーの普及は道半ば。しかし米国では17年の出荷台数２７２５万６０００台と、前年比で4倍弱に急増した。18年末時点では41％の消費者世帯がすでにスマートスピーカーを所有しているとの調査結果[*4]もある。

これらのデバイスを使えば、ネット検索はもちろん、アプリをインストールすることで家庭内のさまざまな機器を操作できる。日本でも、ソニー、シャープ、東芝

＊2　Echoが日本で発売されたのは17年11月だが、招待制による制限販売だった。

＊3　3商品とも19年1月時点で日本未発売。

＊4　RBC Capital Marketsによる。

〔図1〕多彩なシーンに対応するAmazon Echo

アマゾンは多様なアレクサ対応デバイスを用意している。上段はスマートスピーカーのEchoと連動して動く電子レンジと壁掛け時計。それぞれ設定を声で指示したり、タイマーをセットできる。左下はカメラ内蔵型のEchoデバイスで、両手がふさがった状態でも声を使ってシャッターを切れる。右下は画面つきのEcho Show。

（写真：Amazon.com）

といった家電メーカーのほか、大阪ガス、中部電力といったインフラ企業もそれぞれの家庭内機器に接続できるアプリを発表。アマゾンの場合、日本におけるスマートホーム分野のアプリは18年末までに約１４０本を数えている。

米国では、最大手住宅デベロッパーのLennar《レナー》がアマゾンと組み、エコーの設置を前提にした新築住宅を販売開始。スマートロック、インターホン、照明などのアレクサ対応デバイスを組み入れたＩｏＴ住宅を18年春から販売し始めた。日本でも、今回のブームを機に、半ば忘れられかけた夢だった、住宅とＩＴの融合が再び脚光を浴びている。

日経ホームビルダー誌[*5]が18年半ばまでに、国内の実証実験などに参加したプレーヤーなどをピックアップしたところ、すでに多種多様な業種がＩｏＴ住宅市場で活動していることがわかった〔図2〕。スマートスピーカーを活用したプロジェクトとしては、大和ハウス工業がダイワコネクトを17年11月に立ち上げて、実証実験を開始している。

パナソニックが見せた本気

今回のＩｏＴ住宅ブームにおいて、外部の血を取り入れ、組織風土から変える勢いで真っ向から取り組んでいるのが、電機・住宅・住設にまたがる一大メーカーであるパナソニックだ。

＊5　日経ＢＰ社が発行する家づくりの実務情報誌

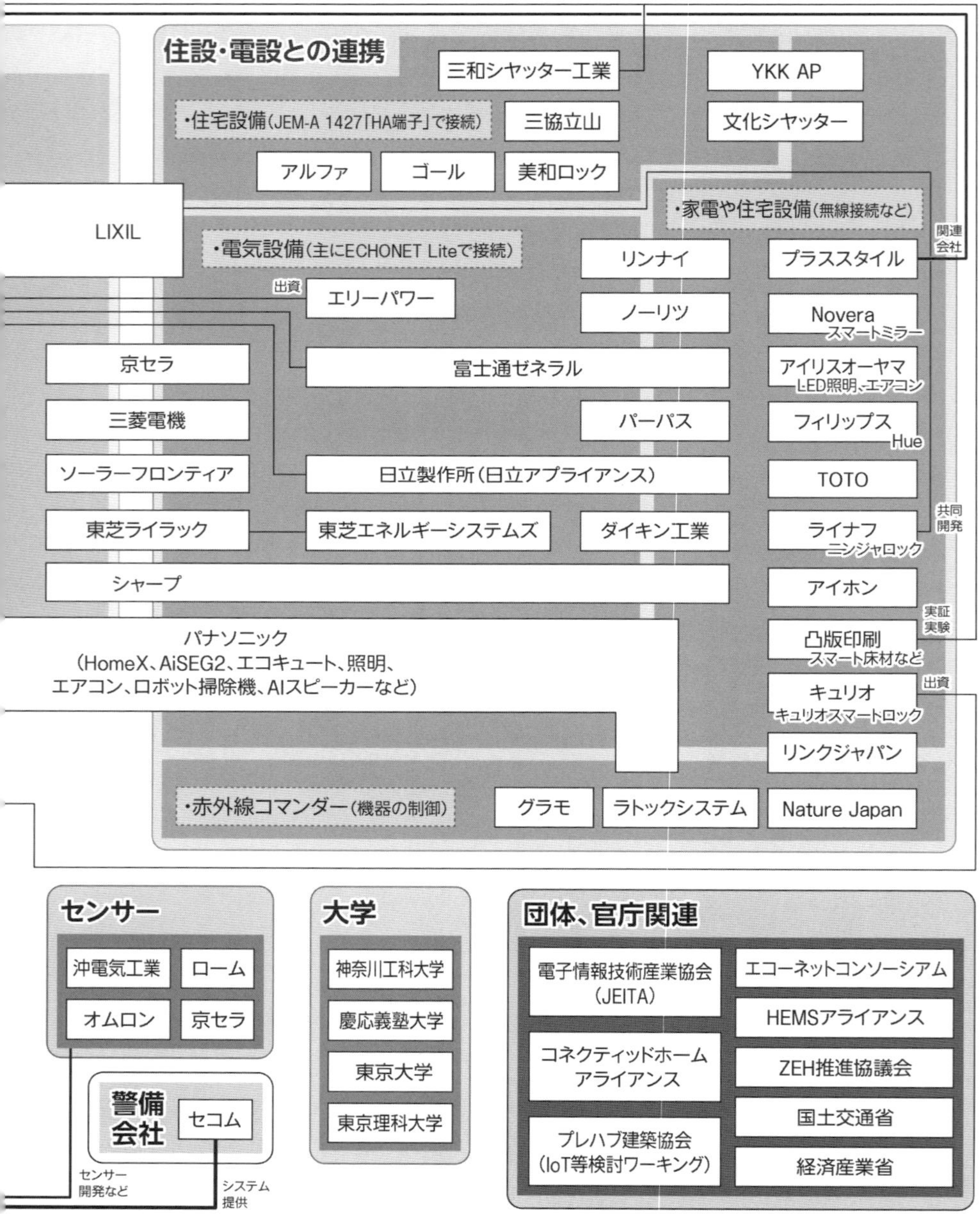

〔図2〕**IoT住宅業界マップ**

18年1月～19年2月に発表されたIoT住宅に関連する実証実験やサービスのニュースリリースなどを中心に作成。企業のIoT住宅に対する主な位置づけをベースに分類した(資料:日経ホームビルダー)

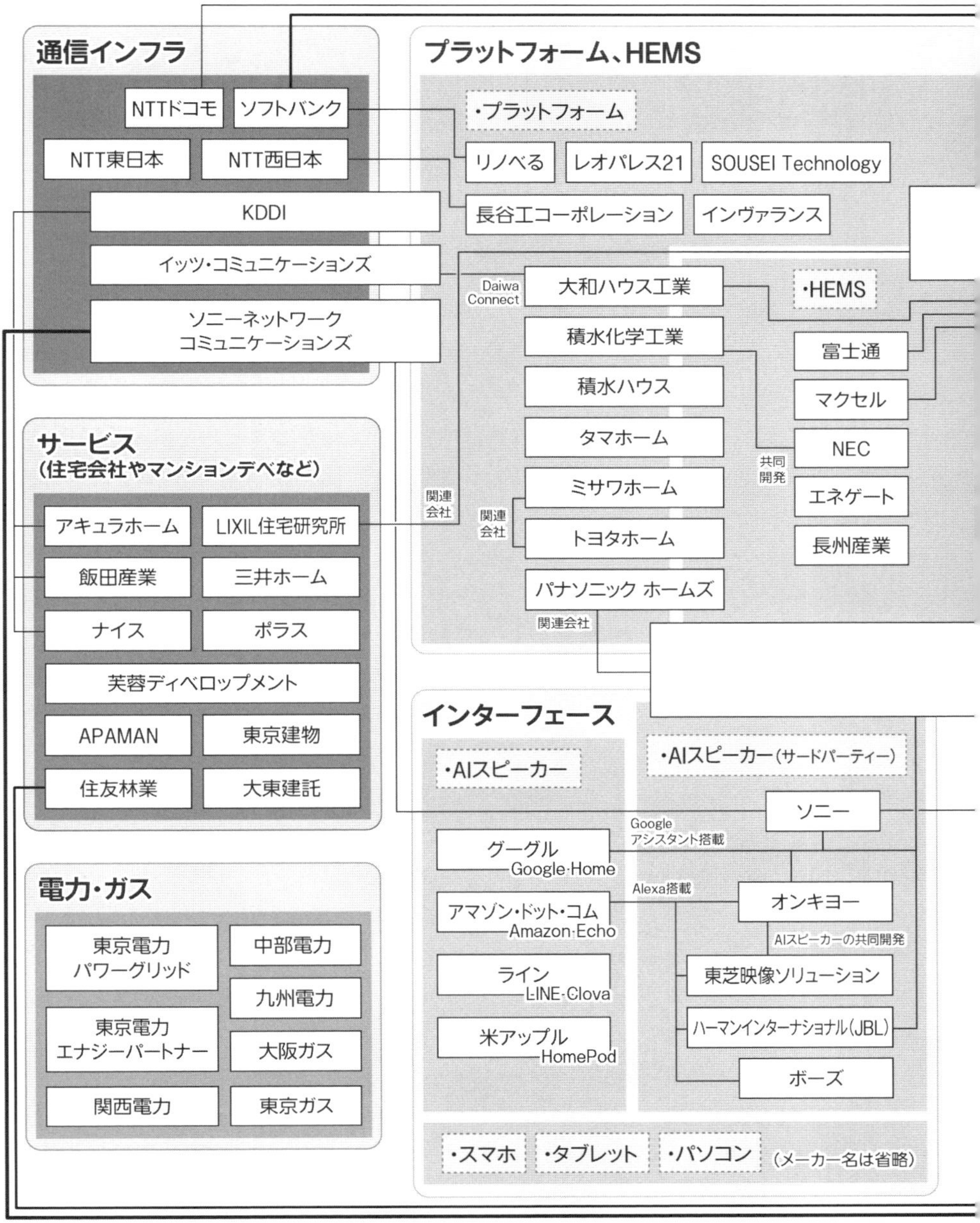
通信インフラ
NTTドコモ
ソフトバンク
NTT東日本
NTT西日本
KDDI
イッツ・コミュニケーションズ
ソニーネットワーク
コミュニケーションズ
プラットフォーム、HEMS
・プラットフォーム
リノべる
レオパレス21
SOUSEI Technology
長谷工コーポレーション
インヴァランス
Daiwa
Connect
大和ハウス工業
積水化学工業
積水ハウス
タマホーム
ミサワホーム
トヨタホーム
パナソニック ホームズ
関連会社
・HEMS
富士通
マクセル
NEC
エネゲート
長州産業
共同
開発
関連
会社
サービス
(住宅会社やマンションデベなど)
アキュラホーム
LIXIL住宅研究所
飯田産業
三井ホーム
ナイス
ポラス
芙蓉ディベロップメント
APAMAN
東京建物
住友林業
大東建託
電力・ガス
東京電力
パワーグリッド
中部電力
九州電力
東京電力
エナジーパートナー
大阪ガス
関西電力
東京ガス
インターフェース
・AIスピーカー
・AIスピーカー(サードパーティー)
ソニー
Google
アシスタント搭載
グーグル
Google Home
Alexa搭載
アマゾン・ドット・コム
Amazon Echo
オンキヨー
AIスピーカーの共同開発
ライン
LINE Clova
東芝映像ソリューション
ハーマンインターナショナル(JBL)
米アップル
HomePod
ボーズ
・スマホ
・タブレット
・パソコン
(メーカー名は省略)

17年4月、事業部ごとの縦割りだった研究開発組織を再編して、ビジネスイノベーション本部を設置。後日、独SAPのシリコンバレーオフィスで要職を務めた馬場渉《わたる》を本部長に抜てきして、アップル本社のあるカリフォルニア州クパチーノ市に本拠となるオフィスを構えた。各部門からエース級の人材を派遣して、これまでの商品構成やビジネスモデルの枠にとらわれない、技術のグランドデザインを描くのが狙いだ。その最初のミッションに位置づけられるのが、HomeX《ホームエックス》と呼ぶ、IoT住宅である。オフィスの近くに実験住宅を購入し、ユーザーエクスペリエンスを確かめながら製品化に向けたコンセプトを煮詰めてきた。

18年11月には、パナソニックホームズから、ホームエックスを標準搭載した戸建て住宅、カサートアーバンを発売した。

パナソニックは言うまでもなく、住設部材市場で圧倒的なシェアを誇るメーカーの一つだ。例えば照明用スイッチでは、国内で8割ものシェアを握る。ただし、その使い勝手は百年一日、ほぼ変わらぬままだった。

現代の一般的な住宅では、照明器具のスイッチや空調のスイッチ、電動シャッターのスイッチ、給湯器の操作機器、インターホンの操作機器など、多種多様な操作機器が壁に取りつけられている。パナソニックはこれらの機器を整理して、機能やルールを統一。ホームエックスの機能に集約して、どの部屋からでも同じように住宅内の設備や家電機器を操作できるようにした。

ホームエックスディスプレーは、玄関やリビング、キッチン、寝室、洗面室など、複数の場所に設置して使用する。壁に取りつけていた従来の照明器具のスイッチの代わりとして、壁に設置するイメージだ。単に部屋の照明をオンオフするだけではない。家中の機能を集約している。

例えばキッチンではディスプレーにレシピを表示。居住者がそのレシピを選択すると、情報がキッチンにある電子レンジに転送される。あとは、調理する食材を用意して電子レンジに入れてボタンを押せば、ディスプレーで選択したレシピ通りの調理ができるといった具合だ。

協業でプラットフォーム化狙う

馬場本部長は、18年11月の発表会において、未来型住宅を本格的に展開する狙いを次のように説明している。「今後住宅業界では、携帯電話や自動車のように、想像もつかないようなハイテク化が一気に起こるだろう。パナソニックは、世界で見ても、住宅、住宅設備、電気設備資材、家電機器と住空間のすべてを提供できる唯一の企業といえる。それだけに、ホームエックスを通して、これらを垂直統合したものをつくり、世の中に示すことが必要だ」。カサート アーバンは、その具体例の一つ。同社は今後、ホームエックスをライセンス販売などの形で他社にも提供し、住宅業界のハイテク化を促す考えだ〔図3〕。

現時点では、パナソニックは対応する家電機器や住宅設備のメーカー名、製品名を明らかにしていない。だが、馬場は「ホームエックスと連携するためのAPIは200以上ある。Wi-Fi経由でスマートフォンなどから連携できる家電機器であれば、すぐにホームエックスに対応可能だ」と説明する。同社によると、企業30社とすでに協業しており、今後も増やす予定だ。

日本のプレーヤーの生きる道は

スマートスピーカー市場は日本だと本書出版時点でまだ1年に満たないが、米国ではすでに成長への臨界点を超えた地点にある。

日本の各社が進まない標準化作業に四苦八苦しているうちに、彼らITの巨人たちはAIエージェントに、リビングルームに違和感なく溶け込む姿をまとわせ、わずか30ドルほどのギフト向き商品にパッケージしてみせた。それをIoT住宅の一形態と捉えれば、かつて日本の

〔図3〕ホームエックスの開発を指揮するパナソニックの馬場渉本部長
(写真:日経ホームビルダー)

ホームビルダーや家電メーカーが繰り返しトライしてきた普及への壁を、アマゾンやグーグルはいとも軽々と超えてしまったことになる。

シリコンバレー在住で日米のスマートホームの動向に詳しい本間 毅《たけし》*7は、検索やショッピングという広範なニーズをコアにして、巨大な住宅市場に切り込んだアマゾン、グーグルの手腕を高く評価する。

一方で、日本企業のこれまでの取り組みには辛辣だ。「日本企業はモジュール開発が得意だが、それぞれを結合してサービスを組み立てる力が弱くなりがち。それは歴史的にソフトウエア開発に十分な投資を行って来なかったことも原因だ。特にターゲットを見定めて人材や資金を一点集中投下してくる、ＧＡＦＡのようなプレーヤーには物量で勝てない」と指摘する。

各社がスマートスピーカーの開発に血道を上げるのは、将来ネット接続の形態が多様化し、これらのデバイスへの接触時間が長くなることを見越しているからだ。本間は現在のスマートスピーカーをめぐる戦いを、パソコン、スマホに続く「インターフェースの覇権争い」とみている。一日の限られた時間のなかでユーザーとの接触機会を少しでも高めることが、オンライン広告やネットショッピングなど、彼らのあらゆるビジネスに優位をもたらす。となれば、これまでスマートホームの文脈のなかで考えられてきたような、各種リモコン機能を取り込んで端末の利便性を高めることの意味も出てくる。

家電機器の多くにインターネット通信用のソフトウエア接続基盤が搭載され、ほ

*7 住宅デベロッパーであるHOMMA,Incの創業者として、米国でコネクテッドホームと呼ばれるＩｏＴ住宅の開発に携わるこの分野の第一人者の一人。

とんどの信号配線が無線化された今では、昔ほど技術標準化の必要もなくなった。接続先の機器の違いは、スマートフォンやスマートスピーカーに個別のアプリをインストールすることで大抵の場合吸収することが可能だ。このため、各社は独自規格の技術を早いスピードで市場に展開することが可能になった。家電や設備にもエコーとグーグルホームの両方に対応するものが増えている。

巨大テック企業同士の勝負の行方はまだ定かではないが、今の勢いが続けば、いずれは彼らの中の勝者がリビングルームの中でハブとなるデバイスを握ることになりそうだ。一方、大和ハウス工業やミサワホームといった住宅メーカー、パナソニックのような電機・住設メーカーは、環境・エネルギー技術も含めてこれまで営々とスマートホーム関連の技術開発に取り組んできた。その蓄積も生かしながら、発電や空調、防犯など、より多様な要素をＩｏＴ住宅に取り込もうとしている。

海外テック企業が上位に立ち、住宅・住設業界を「周辺機器メーカー」として従えるのか。それとも国内のプレーヤーがそうした立場に甘んじることなくあくまで非ＧＡＦＡとして独自の道を模索するのか。事業ドメインの大きく異なる二つのグループの間で、次世代のプラットフォームをめぐる綱引きが始まっている。

解説

IoT住宅市場の離陸に必要な条件とは

（安井功／日経ホームビルダー）

IoT住宅を成功させるためのカギは、サービスとコンテンツにある。プラットフォームを構築できても、その上で活躍するキラーサービスやコンテンツが誕生しなければ市場は活性化しない。これらを生み出すには、二つの条件がある。一つは、「三方よしのビジネスモデル」の構築。もう一つは、住空間の定義の一新だ。

固定概念の枠を取り払え

三方よしのビジネスモデルとは、筆者が取材を通じてまとめた考え方だ。黎明期において住宅向けIoTサービスが成功するためには、利用者の利便性、提供者の利益、そして、社会貢献の3点が並立していることが重要となる〔図4〕。

利用者の利便性や提供者の利益は当然のこととして、もう一つの社会貢献がなぜそれほどまでに重要なのか。それは、サービスやコンテンツの必然性に換言できる。例えば、昨今話題となっている宅配事業者の再配達問題。このような社会問題を解決するサービスやコンテンツであれば、社会的に受け入れられる確率が上がり、利用者も興味を持ちやすい。

もう一つの条件である「住空間の定義の一新」の例としては、テレワークによる自宅の職場化が挙げられる。これまでプライベートな空間として位置づけられていた住宅が、ＩｏＴの力で職場という役目も担えるようになる。遠隔医療などと組み合わせれば、住宅は病院にもなる。従来の住空間という固定概念を取り払ったサービスやコンテンツを生み出さなければ、世界は広がらない。

このような考え方を取り入れた構想は、すでに住宅業界の外で提案されている。17年の東京モーターショーでホンダがコンセプトモデルとして展示した「家モビ」はその端的な例といえる。ホンダのものづくりは常に人を中心に据えている。その一環として提案した家モビは、部屋の一部が車となって移動できる未来像を描いていた〔図5〕。

今後さらに多種多様な企業が住宅業界に参入し、ＩｏＴ住宅では色々なサービスが誕生

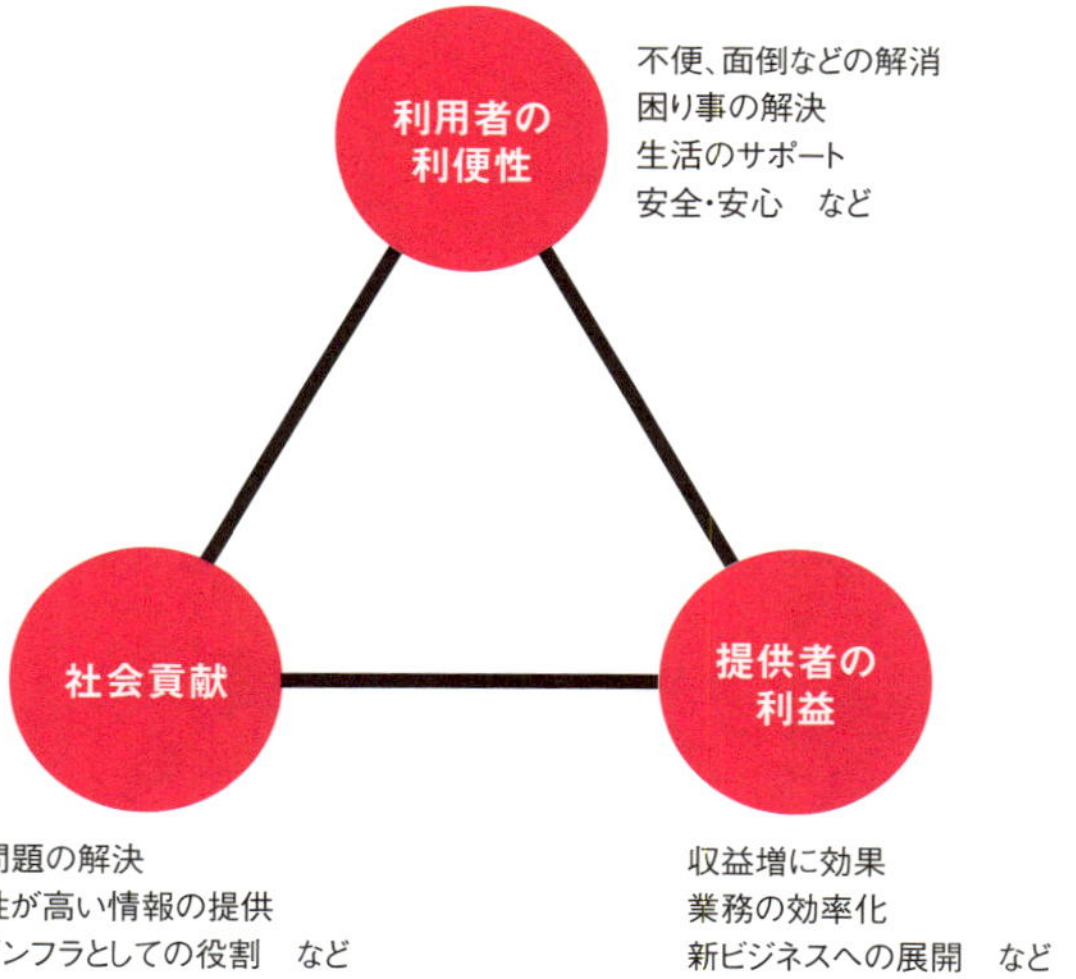

〔図4〕三方よしのビジネスモデル

黎明期における住宅向けIoTサービスは、利用者の利便性、提供者の利益、そして、社会貢献の３要素が満たされていることが重要（資料：日経ホームビルダー）

するだろう。過去に花開かなかった未来住宅の二の舞とならないように、垣根を越えて企業が連携し、スマホのように利用できるIoT住宅の実現を願っている。

〔図5〕**ホンダが東京モーターショーで展示した「家モビ」**

建物の隅部にある1部屋が電気自動車になっていて、切り離せる。左下の写真中央部の部屋が電気自動車にあたる。電気自動車を兼ねる室内を見ると、運転席部分に大型のディスプレーとハンドル、運転用の椅子が設置してあった。（写真：日経ホームビルダー）

10

ブロックチェーンが変える取引の未来

フィンテックの中核的な技術として世界で関心が盛り上がるブロックチェーン。金融業界と共通の課題を抱える不動産業界でも、認証・登記・決済などさまざまな場面での活用が期待されている。海外ではクラウドファンディングやリゾート利用権などの形でトークンが流通。日本でも物件情報共有や賃貸管理といった分野で具体的なプロジェクトが複数立ち上がっている。

「10年後、20年後もこの面倒をユーザーに強いることはあり得ない話だ。苦労を背負ってでも自分の代で解決したい」。国内初のブロックチェーンを使った賃貸管理システムの開発に乗り出した、積水ハウスＩＴ業務部の上田和巳部長は意気込む。同社は17年4月、仮想通貨交換業者bitFlyer《ビットフライヤー》と共同で、管理物件の募集、内見、申し込み、契約管理までをブロックチェーンで一括管理するプラットフォームの開発を発表した。まずは東京・神奈川での早期稼働をめざす。「シャーメゾン」ブランドで展開している全国約60万戸の賃貸住宅の管理に活用する狙いだが、将来は、他の不動産会社やガス、水道、電気などのインフラ事業者も含めた、業界横断的プラットフォームの確立を狙っている。

現在は入居予定者がウェブでの物件検索、内見、契約といった場面で数多くの書類に記入する必要があるが、記入する情報の多くは住所や氏名、口座情報など重複している。ユーザーの入力の手間を極力減らしながら、積水ハウス本体や全国

４０００の代理店も含め、個人情報をブロックチェーン上で安全に共有できる仕組みをめざしている。

一般に、１割程度の顧客が店舗を訪れる前にウェブの情報などで入居物件を決めているという。ＩＴによる重要事項説明の解禁などもあって非対面での契約の頻度は高まっている。同社でも、スマートコントラクトと呼ぶブロックチェーンの仕組みを使って、将来的に店舗に行かなくてもスマートフォンのアプリ上で賃貸契約手続きが済むことを想定している。

実用化に向けた取り組み続々

不動産業界でブロックチェーンの活用を計画しているのは積水ハウスだけではない。主な取り組みを下の図１に紹介した。

リスティングサイト最大手のLIFULL《ライフル》は、地図情報サービスのゼンリンやＮＴＴデータな

企業名など	応用分野	概要	発表時期
積水ハウス	賃貸	bitFlyerと共同で賃貸契約の情報管理システムを構築。各段階の本人認証や書類作成を簡素化	2017年4月
シノケン	民泊	ベンチャーのChaintopeに出資。民泊での解錠などに利用。光熱費などの支払いに独自の仮想通貨も	2017年7月
エスクロー・エージェント・ジャパン	売買	非対面決済サービスのなかで買付、契約、登記などを記録。司法書士など外部の専門家とデータ連携	2018年5月
LIFULL	物件情報	ゼンリン、NTTデータなどとコンソーシアムを設立。物件情報を共通IDでひもづけて履歴管理	2018年6月
ツクルバ	店舗など	商業空間のマーケットプレイス開発でGunosy子会社やシンガポールのProperty Accessと協業	2018年8月
GA technologies	賃貸	スマートコントラクトを活用し賃貸契約を非対面で実施。電気、ガスの申し込みなどにも利用	2018年9月

〔図1〕主なブロックチェーンの活用事例

ど9社で、ブロックチェーンを使った不動産情報コンソーシアム「ADRE」を立ち上げた。重複や誤りといった物件情報サイトでの問題の解消に加えて、空室（募集）情報をゼンリンの持つテナント情報などと重ね合わせていくことで、エラーの少ない、多彩な情報の蓄積をめざす。将来は、通販の取引記録と空室情報をつきあわせることで、空き家の住所を使ったなりすましなどの犯罪行為を防ぐ用途も想定している。

登記、測量といった不動産取引実務の受託サービスを展開するエスクロー・エージェント・ジャパン（EAJ）は、不動産関連アプリを開発するZWEISPACE《ツヴァイスペース》JAPAN《ジャパン》と共同でブロックチェーンを使った業務システムの開発に着手。不動産取引の決済に参加する仲介会社、銀行、司法書士などが非対面でも安全に情報を共有できる仕組みを構築し、時間や費用を軽減することを目的としている。

不動産売買では申請から法務局での登記完了までに1週間程度の時間を要しており、その間は第三者に対する対抗要件がない不安定な状態が続いている。EAJは、この間の権利移転と資金決済をブロックチェーンで記録することにより、タイムスタンプ（取引時刻記録）のついた改ざん不可能な記録が残り、いつでも参照可能になる。司法書士による属人的な取引保全の負荷を軽減し、なりすましや二重取引の防止を図りたい考えだ。

国際分散投資を後押し

一般にはビットコインなどの仮想通貨としての用途が知られるブロックチェーン技術だが、不動産分野においては登記、契約（スマートコントラクト）、決済の用途がメインとなる。

ブロックチェーンには特定の企業や組織に依存しない分散ネットワークであることや、リアルタイム性、P2P通信であるため決済処理機関が不要といった特徴があるが、不動産取引において最も重要なのはその不可逆性と改ざんに対する抵抗力だ。システムを適切に構築すれば情報の改ざんがほぼ不可能であり、場所や時間の制約を取り払い、賃貸・売買取引を飛躍的に自由にすると期待されているのだ〔図2〕。

多数の関係者が介在する取引を、1カ所に集まることなく安全に処理したり、国境を越えた非対面での取引、クラウドファンディングなどへの応用が考えられている。

①リアルタイム性	ほぼリアルタイムの決済を可能にし、取引にまつわるリスクや煩雑さを低減する。また入金の取消や取引のキャンセルを制限することもできる。
②第三者が不要	P2P技術に基づいているため、決済処理機関などの第三者を必要とせずに低コストで二者間の直接取引を可能とする。
③分散型台帳	ブロックチェーンによって構築された分散型台帳は取引履歴を記録し、さらに取引が発生した証拠を保持する。
④不可逆性	タイムスタンプとともにすべての取引が記録されるため、二重支払い、詐欺、乱用、取引の改ざんなどのリスクを低減させる。
⑤改ざんに対する抵抗力	ネットワークでコミュニティーが提供する計算パワーにより記録の正確性が常に検証され、外部の者が過去の取引記録を修正することを困難にする。

〔図2〕**ブロックチェーンの五つの利点**

（資料：Deloitte「Blockchain in commercial real estate - The future is here!」2017年）

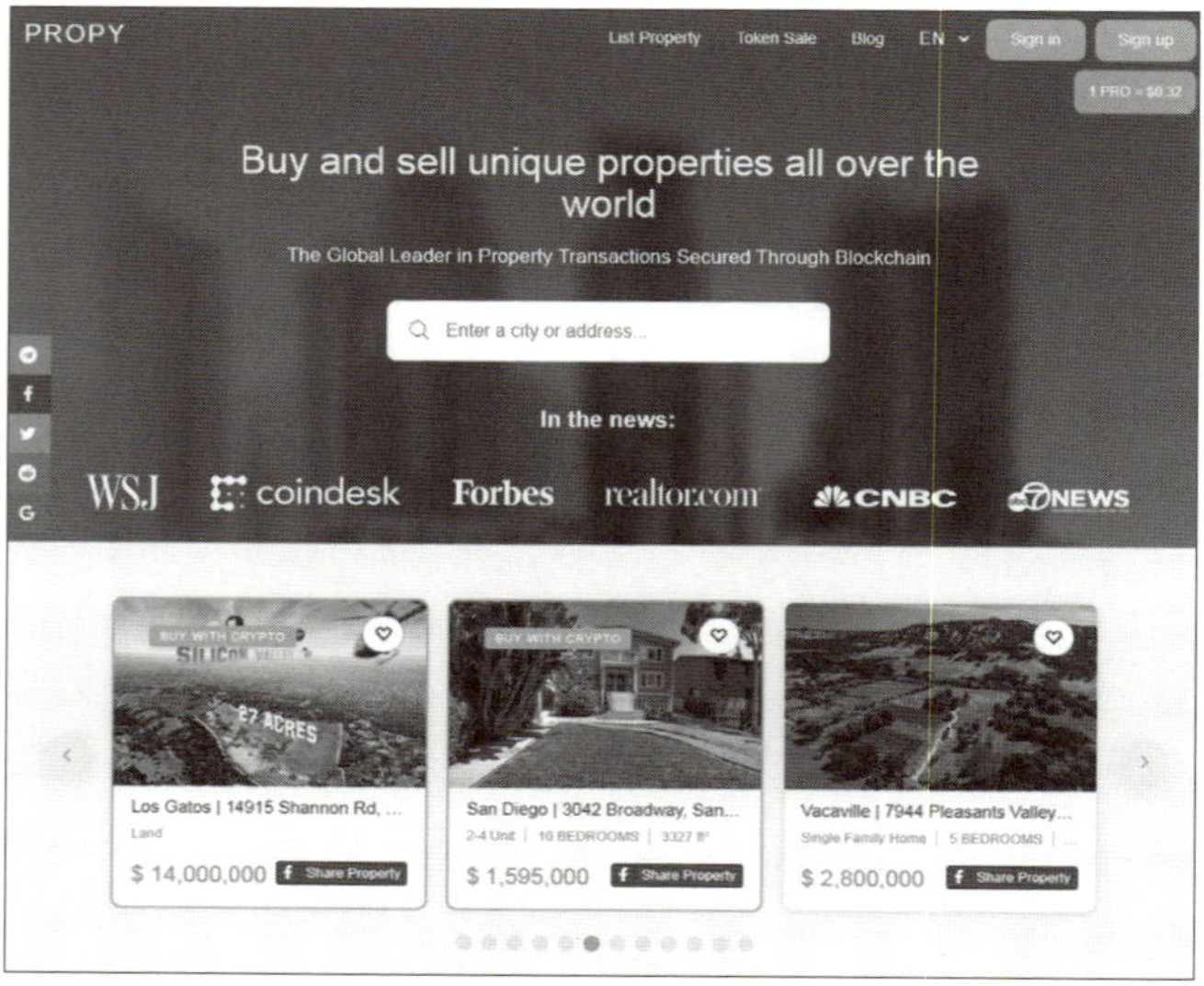

〔図3〕**PROPYのウェブサイト**
（URL：https://propy.com/）

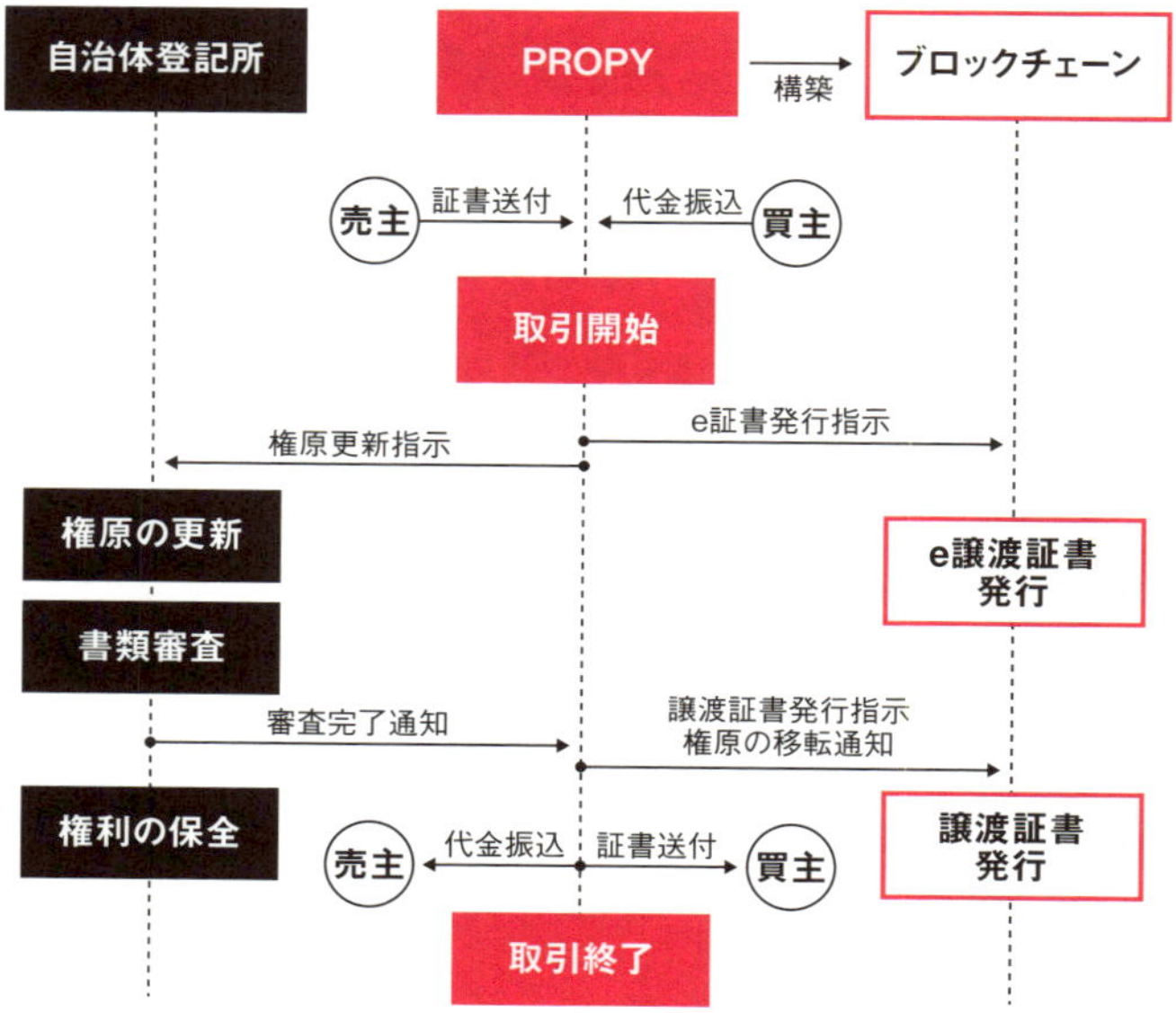

〔図4〕**PROPYの仕組み**
（資料：同社開示資料より作成）

海外において、不動産取引インフラとして盛り上がりを見せているのがブロックチェーンを用いた登記・認証ネットワークだ。海外では、日本のように中央集権的で電子化された登記システムを持っている国は意外と少ない。米国の不動産売買では過去の取引履歴を確認する専門調査会社や、間違いが起きた場合に取引の損失を補償するタイトル保険を担う専門業者を雇うのが一般的。ブロックチェーンは、そのコストを削減する手段として期待されている。

世界初のブロックチェーン登記が成功

売買取引のプラットフォーム構築をめざしている米スタートアップのPROPY《プロッピー》は、18年8月にバーモント州でオンライン登記の第1号の接続業者として認定された。同社は17年夏に東欧のウクライナ政府とブロックチェーンを使った登記システムの開発で合意しており、商用でのブロックチェーン登記を手がける世界初の事業者としてアピールしている（図3・図4）。

プロッピーの仕組みはこうだ。同社が不動産取引の第三者となって、売り主から売買証書を、買い主から購入代金を預かり、権原の更新と審査を自治体登記所に指示する。一方、登記所の手続きの間の対抗要件を確保するため、プロッピーはブロックチェーン上に電子的な譲渡証書（e譲渡証書）を記録する。そして自治体登記所から審査の完了がプロッピーに通知された段階で、同社はブロックチェーン・ネットワークに譲渡証書の発行を指示。購入代金を売り主に振り込む一方で、証書を買い主に送付して手続きが完了する。これらの一連の取引はすべてオンライン上で行うことが可能だ。

国境を越えた売買取引のプラットフォーム構築をめざして、世界各国での登記所との接続をめざしている同社。自前の物件サイトも持ち、将来的に物件検索から契約・登記までのプロセスを完全にオンライン化することをめざしている。

賃貸契約分野のブロックチェーンとしては、Google Venturesも投資するRentberry《レントベリー》などがある。物件検索、内見予約、賃料交渉、審査、契約締結、賃料支払いを一気通貫に完結できるプラットフォームの開発をめざしている。すでに物件検索のリスティングサイトは稼働しており、米国の9都市、数万件の物件を掲載している。まだオンラインでは内見予約までしかできないが、将来的にはホテルのように賃貸借契約がネット上で完結するようになることをめざしている。

ブロックチェーンを活用した不動産取引が徐々に実用化していくなかで、ついに不動産を裏付資産とした金融商品「セキュリティー・トークン」を発行する企業も出現してきた。一般的に流通しているビットコインやイーサリアムなどの仮想通貨と異なり、不動産など実世界の価値を裏付けとして発行され、証券のように扱われるトークンをセキュリティー・トークンと呼ぶ。いわば、ブロックチェーン版のクラウドファンディングに使うことができる〔図5〕。

クラウドファンディング大手Indiegogo《インディーゴーゴー》は、コロラド州ロッキー山脈にある高級

	ペイメント・トークン	ユーティリティー・トークン	セキュリティー・トークン
定義	決済手段として用いられる仮想通貨	サービスの対価となる仮想通貨	有価証券の一種とみなされる仮想通貨
目的	決済手段として利用	特定のデバイスやサービスの利用	資産の裏付けとして利用
事例	ビットコイン、ビットコインキャッシュなど	イーサリアム、ネムなど	ハーバー、ポリーマスなど

〔図5〕**3種類のトークンの違い**

（資料：スイス金融市場監査局の資料を基に作成）

リゾートホテル「セントレジス・アスペン」を裏付資産としたセキュリティー・トークン「アスペン・コイン」を適格投資家向けに販売を開始した。トークン価格は1ドルだが最小販売額は1万ドルであり、1800万ドルと同施設の資産価値の約19%分の調達を実施した〔図6〕。

不動産分野でセキュリティー・トークンを活用する取り組みで期待されているのが、セキュリティー・トークンを用いた私募REITの組成・運用である。17年9月にサンフランシスコで設立したHarbor《ハーバー》は、証券法、証券取引所法、投資顧問業法などの各種規制に準拠したセキュリティー・トークンの発行をめざしており、Fifth《フィフス》 Wall《ウォール》 Ventures《ベンチャーズ》なども投資する有望株だ。

同社では、事業用不動産を所有する企業に対してセキュリティー・トークンによる証券化を支援することを想定している。

〔図6〕セキュリティー・トークン化されたセントレジス・アスペン

（写真：セントレジス・アスペン）

11 テック雇用が生み出す新・企業城下町

テック企業の爆発的な成長力とその雇用は世界中でオフィス街の勢力図を塗り替えている。GAFAと呼ばれる巨大プレーヤーを中心に、テナントとしてビルを借りるだけで飽き足らず、IoTや自動運転といった新技術の実験場として、街づくりそのものに乗り出す例も増えている。技術動向に敏感な新世代の従業者を雇用するために、老舗企業もその立地を検討しはじめた。

2017年11月、グーグルは渋谷に東京急行電鉄が開発中だった35階建ての複合ビル、渋谷ストリーム*1に移転することを公表した。渋谷駅にほぼ隣接する地での大型プロジェクトとあって各局ニュース番組の冒頭を飾るニュースとなったが、不動産関係者に衝撃を与えたのは何よりその賃借規模である。19年後半から14階~35階のオフィスフロア1万4000坪（約5万㎡）の全体を賃借。その事実は、同社が現在の日本法人社員1300人に対して同等規模の従業員を近く採用し、今の2倍をビルに収容することを意味した〔図1〕。

*1 東急電鉄が中心となり旧東急東横線渋谷駅の跡地で誕生した地上35階地下4階建て複合ビル。1階~3階は商業施設、4階~6階はカンファレンス施設とインキュベーションオフィス、9階~13階はホテル。

グーグル渋谷移転の衝撃

01年、グーグルにとって初の海外拠点として進出を果たしたのが日本だ。10年には渋谷駅から徒歩5分、セルリアンタワーのオフィスを出て、六本木ヒルズ森タワー[*2]の2フロア、約2000坪に転出した。事業拡大によって増床を繰り返し、最終的に1万坪を賃借していたが、再び渋谷、しかも同じ東急電鉄がオーナーのビルに戻ってくることになった。

世界で最もナビゲーションサービスの開発にしのぎを削る市場で開発されたモバイル版グーグルマップ、11年の東日本大震災を契機に開発された安否確認サービスであるパーソンファインダーなど、グーグルにとって日本拠点は常に先進的なサービスの開発現場である。米本社のルース・ポラットCFO（最高財務責任者）は、発表会見の場で、優秀なエンジニアやクリエイターを多数抱える日本拠点において、

＊2　地上54階地下6階建て、延べ床面積44万2150㎡の規模。森ビルの手で03年に竣工した。ゴールドマン・サックス証券、バークレイズ証券、アップル、グリー、検索サービスのバイドゥなどが入居。かつて楽天やヤフーも入居していた。

〔図1〕グーグルが移転した渋谷ストリーム

（写真：吉田 誠）

今後も継続的に事業を拡大することを宣言した。

もう一方の巨人、アマゾンも日本拠点を拡大している。18年5月、同社の日本法人は、JR目黒駅に近接する17年11月竣工のオフィスビルの11フロア2万㎡を賃借した。

長らく目黒雅叙園のアルコタワーに本社を構えていた同社日本法人は、11年に増床棟のアルコタワーアネックスが完成すると1万4000㎡を一棟借り。今回の賃借は、事業規模の拡大を受けてのことで、ビル竣工のはるか前から床の確保に動いていたようだ。

入居契約と同時に発表された新規採用計画では、国内で1000人のエンジニアやマーケティング人材を募集することを発表した。人工知能スピーカーであるEcho《エコー》の販売や、生鮮食品の配送サービスであるアマゾンフレッシュの本格化を進めており、対応する人材の確保を急いでいる。

新オフィスには多様な従業員に配慮するために授乳・搾乳室やイスラム教徒向けの礼拝室を設けており、さらにクラウドサービスであるアマゾン・ウェブ・サービス（AWS）の利用者向けにコワーキングスペースAWS Loft Tokyoを提供。ここで各種イベントなどを開催してオープンイノベーション化をさらに進めることを考えている。日本法人のジャスパー・チャン社長は、「日本は戦略的に重要な国であり、これからもサービスの向上に尽力する」とコメントしている。

楽天、ヤフーの爆発的な成長力

これらを迎え撃つ楽天、ヤフーの両社もまた、東京のオフィスマーケットで圧倒的な存在感を放っているテック企業である。

楽天は新橋の古ビルの一角で1997年に創業。まもなく目黒区の祐天寺エリアに移り、中核サービスの「楽天市場」で次々と加盟店を獲得していった。2000年に中目黒に移ってからは破竹の勢いでサービスの買収を進め、現在では証券会社、カード事業、携帯通信会社、野球チームなどを傘下に擁するコングロマリット（複合企業）に成長している。

祐天寺にオフィスを構えた頃の同社の社員はわずか6人。収益面での転換点となった楽天市場の従量課金制移行、東京証券取引所一部への上場などいくつかのハードルを乗り越え、03年には六本木ヒルズ森タワーへ。その後、社員数5000人を数え、当時楽天タワーと呼んだ、品川シーサイドノースタワーを一棟借りするまでに成長した。直近ではグループ社員数約1万5000人を抱え、楽天クリムゾンタワー（二子玉川ライズ・タワーオフィス）に本社を構える。

一方、ポータルサイトの集客力を武器に日本のテック業界で楽天と覇を競ってきたヤフー。そのオフィスも表参道の明治安田生命青山パラシオタワーから六本木ヒルズ森タワー、東京ミッドタウン・タワー[*3]へと移転を繰り返しながら、今では1万2000人規模の企業に成長した。一時はスマートフォンへのシフトに後れを

*3　東京ミッドタウンの3棟の賃貸オフィスビルのうち最高層。同施設はほかにオフィスビルのミッドタウンタワー、ミッドタウンイースト、店舗、ホテル、サービスアパートメントで構成。06年12月に竣工した。オフィス賃貸面積の合計は約5万4000坪。

取り、後発のモバイルアプリスタートアップにその地位を脅かされていたが、「爆速経営」の旗の下に経営改革を進めるなかで、アプリ開発者やデータサイエンティストなどのエンジニア採用に本腰を入れる〔図2〕。

同社は16年、赤坂プリンスホテル跡地開発で誕生した東京ガーデンテラス紀尾井町 紀尾井タワーに本社を移転したが、毎月、十数人～数十人を中途採用しているといい、18年に入ると賃借した2万坪がすでに手狭に。同4月には一気に約300人が入社したといい、まもなく鹿島が保有する港区元赤坂の赤坂Kタワーの5フロア、2000坪を賃借することが判明している。

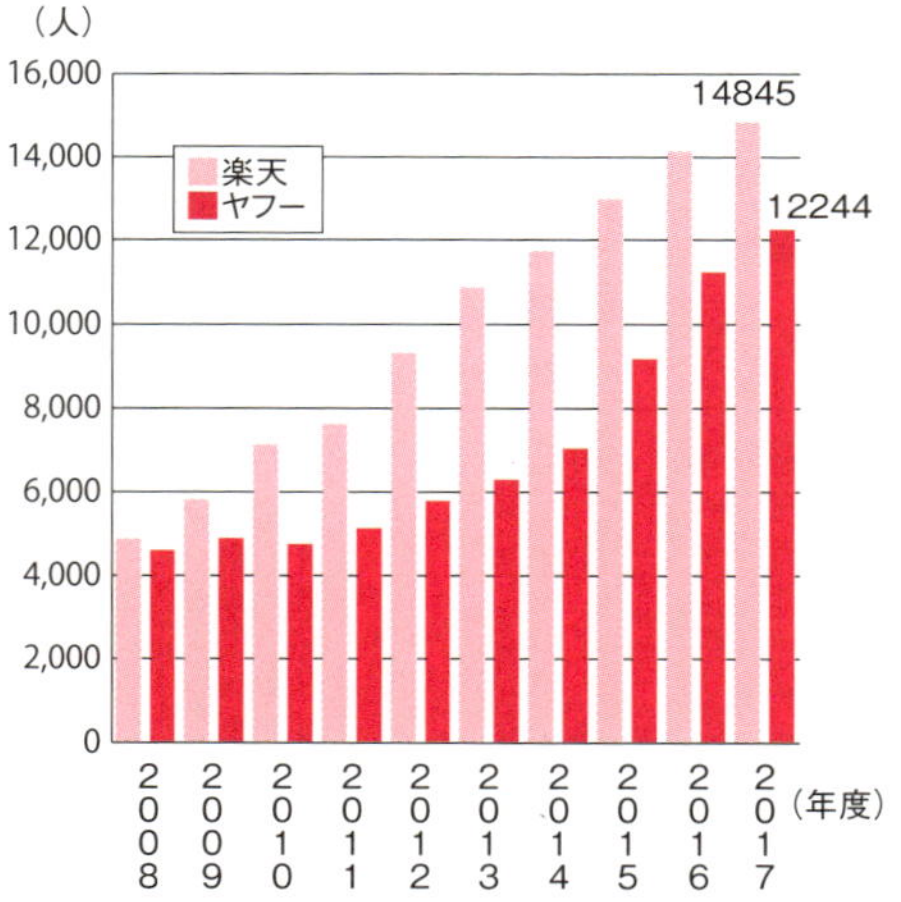

〔図2〕楽天とヤフーの従業員数推移

派遣社員やアルバイトを除く連結従業員数。楽天は12月決算、ヤフーは翌年3月決算時点の数字。
（資料：各社開示より作成）

"TAMI"によって変わる米国オフィス市場

こうした現象は日本に限った話ではない。米ニューヨークをはじめとする世界の主要都市で、テック企業はオフィス市場に大きな影響を与える存在となっている。

ニューヨークのオフィス市場は、長らく銀行・証券・保険などの金融業、法律・会計・コンサルティングなどのプロフェッショナル（士業）、新聞・出版・放送などのマスメディアと、三つの基幹産業が担ってきた。しかし、近年これらの産業の就業者数は減少の一途をたどっている。ニューヨークで最もオフィスが集積しているマンハッタンでは、01年に全就業者の約23％となる53万人がこれらの産業に従事していた。しかし、17年には47万人まで落ち込んでおり、6万人の雇用が喪失している。この雇用減を埋めているのが、TAMIと呼ばれるテック企業を中心とした新たな産業だ。

TAMIとは、テクノロジー（Technology）、デジタル広告（Advertisement）、デジタルメディア[*4]（Media）、情報（Information）の頭文字をとったものであり、近年、米国不動産業界で大きな注目を集めている。01年には、マンハッタンで全体の6％となる15万人であったTAMI就業者は、17年には1・6倍となる25万人（16年間で10万人増）まで増加しており、10年以降は毎年1万4000人増加している成長産業だ（図3）。

このTAMI就業者の増加に伴ってマンハッタンの新規オフィス賃借面積に変

＊4 YouTube、Netflix、Hulu、Spotifyなどのストリーミングメディア、FacebookやSnapchatなどのソーシャルメディアなどが該当。いずれもインターネットをベースとしたサービスで、紙や電波に依存しない。

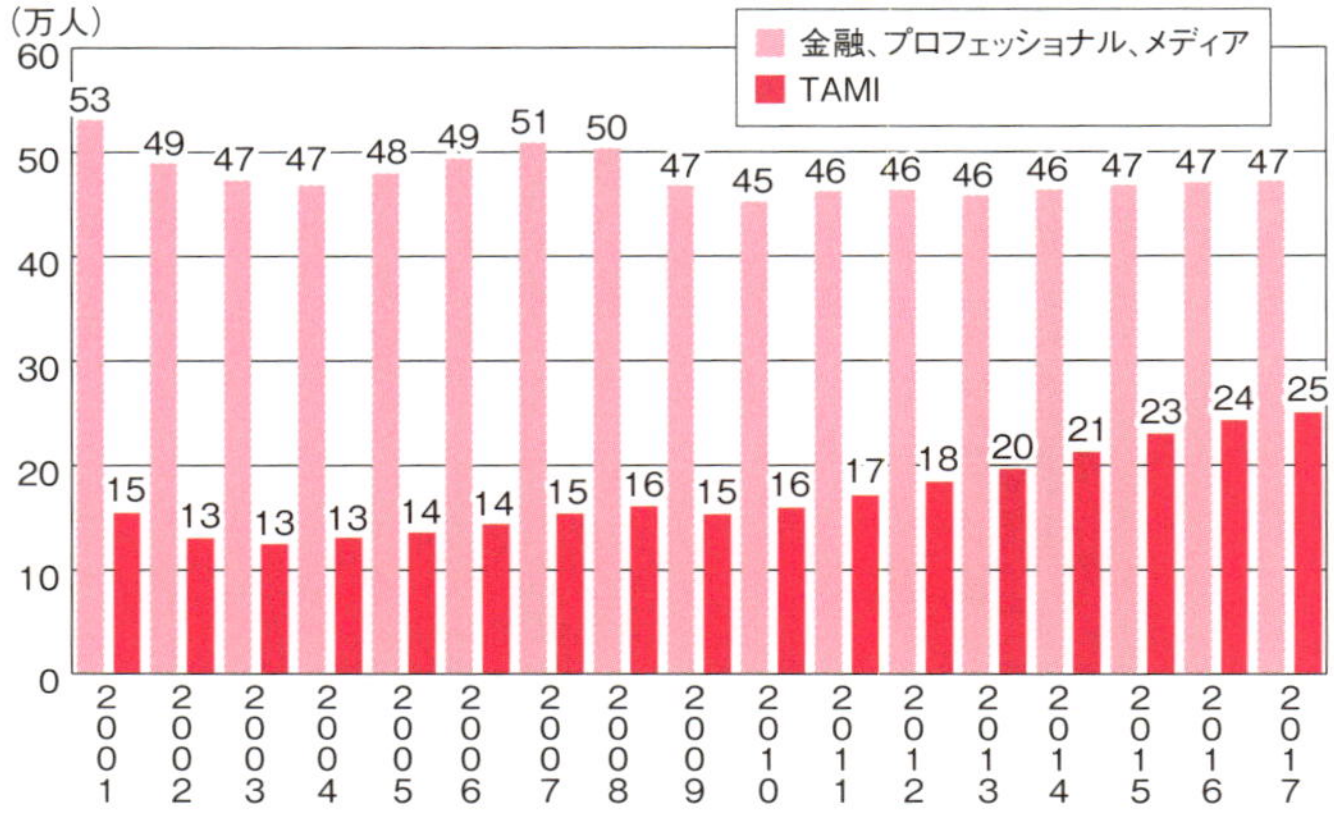

〔図3〕**大きく変わるマンハッタンの産業別就業者数**

TAMIとは、テクノロジー（Technology）、デジタル広告（Advertisement）、デジタルメディア（Media）、情報（Information）の頭文字。TAMIにはFacebookのようなソーシャルメディアやNetflixのような動画サービスがデジタルメディアとして含まれる一方、従来の新聞、雑誌、テレビなどはこれ以外の「メディア」に分類されている。

（資料：米国労働省）

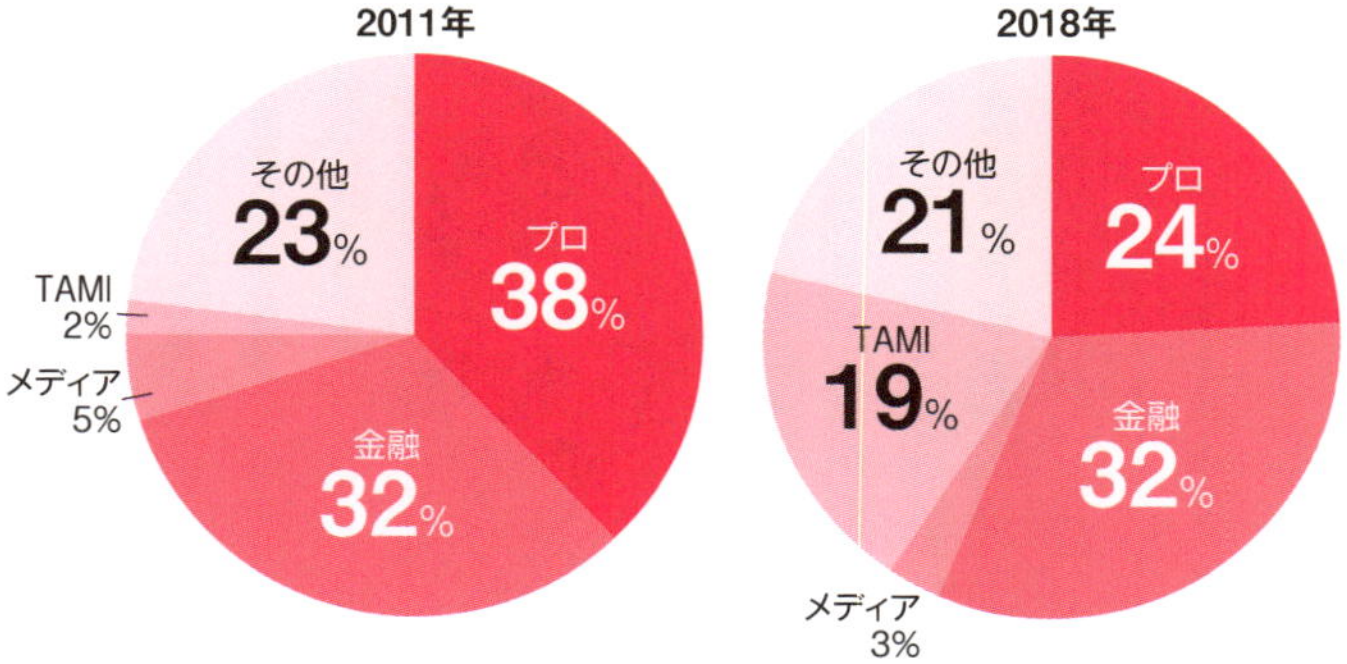

〔図4〕**マンハッタンにおける新規オフィス賃借面積の変化**

プロは会計事務所、法律事務所、コンサルティング会社など。
（資料：CoStarを基に作成）

化が起きている。11年、TAMI関連の新規オフィス賃借面積は4万㎡と全体の2％に過ぎなかった。しかし、18年には16倍となる71万㎡まで拡大しており、全体の19％を占めるまで成長している〔図4〕。マンハッタンでは、このように従来の基幹産業の雇用減を補って余りある成長産業の存在が、オフィス市場の安定的な拡大に寄与しているのである。

テック企業で働く人々はクリエイティブワーカーと呼ばれ、レンガ造の工場や倉庫など歴史が感じられるエリアや、大きな公園やビーチといった自然環境が豊富なエリアを好む傾向が強いと言われている。さらにライトレールなどの公共交通が充実しており、カフェやレストランが点在するようなウオーカビリティ＊5の高いエリアは特に人気だ。そのため、テック企業はミッドタウンやロウワーマンハッタンのような超高層オフィスビルが乱立する典型的なオフィス街を敬遠する動きがある。

グーグルの街、ニューヨーク・チェルシー

例えばTAMIの代表格であるグーグルは、05年にチェルシー地区にある築80年以上のオフィス兼倉庫（延べ床面積27万㎡）を一部賃借した後、従業員の拡大に伴って同建物を11年に18億ドルで購入して不動産業界を驚かせた。同社がこの建物を拠点として選択した理由が、使われていない大容量の光ファイバー専用線があったことと、クリエイティブワーカーが好むヒップなエリアに立地していたからだ。同建

＊5 歩きやすさや界隈性。

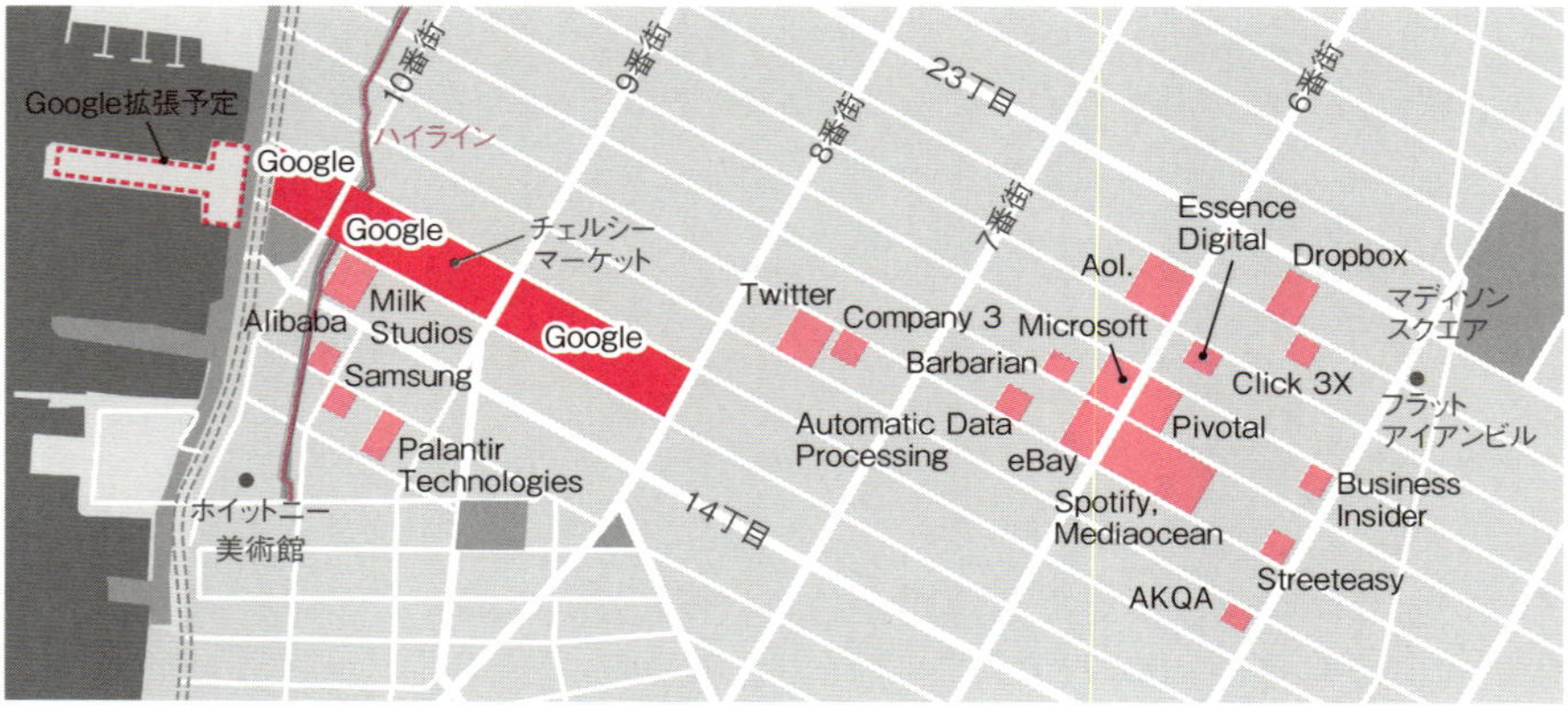

〔図5〕テック企業が集積するチェルシー地区

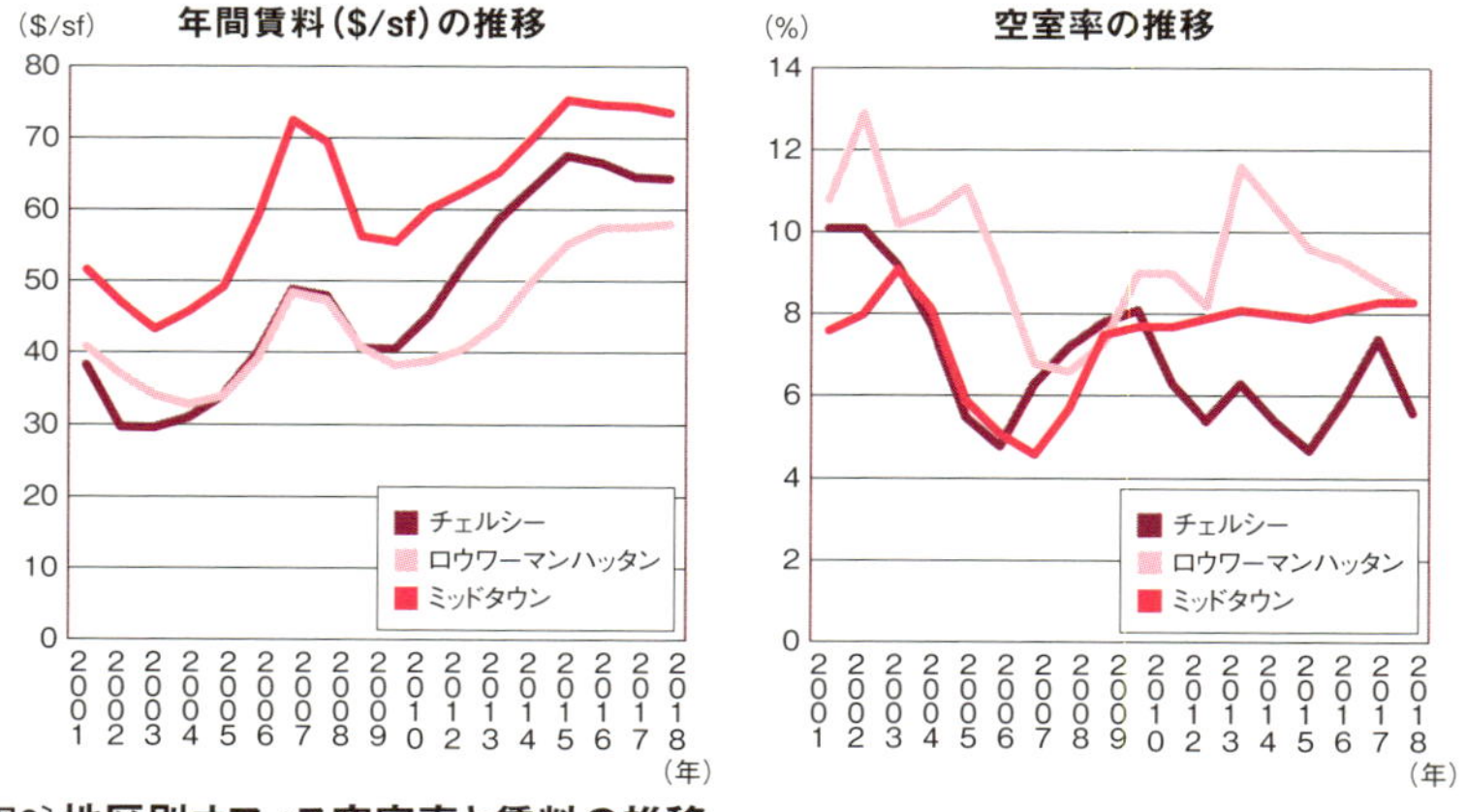

〔図6〕地区別オフィス空室率と賃料の推移

1平方フィート(sf)は約0.093㎡

(資料:CoStarを基に作成)

物が立地するチェルシー地区は、1900年代前半に建設されたレンガ造の工場や倉庫が集積している地域であり、近年では多くの建物がリノベーションされておしゃれなレストランやバー、ブティックやギャラリーとなっている〔図5〕。

グーグルが購入した建物の西側には、築120年のビスケット工場を商業施設にリノベーションしたチェルシーマーケットが97年にオープンし、2000年台前半にはニューヨークの新たな観光名所として確固たる地位を築いた。また09年には、かつての工場や倉庫の物流機能を担っていた鉄道高架を空中公園にリノベーションしたハイラインが開業し、さらに人気が高まっている。こうしたクリエィテイブワーカーが好むヒップな都市空間が数多くのテック企業を引きつけており、同地区にはグーグルのほかにスポティファイ、ツイッター、イーベイ、ドロップボックスなどが相次いでオフィスを開設している。

相次ぐテック企業の流入によって、同地区の空室率はミッドタウンやロウワーマンハッタンと比較しても極めて低い水準で推移している。また、オフィス賃料もグーグルが建物を購入した11年以降上昇を続けており、現在はロウワーマンハッタンの賃料を上回りミッドタウンに迫る勢いにある〔図6〕。

グーグルはその後もオフィスの拡張を続けており、16年にはチェルシーマーケット上階のオフィス4万m²を賃借（18年に建物全体を24億ドルで購入）し、さらに19年にはチェルシーマーケット西側にある旧貨物船ターミナルPier 57[*6]を商業施設とオフィスにリノベーションした建物、3万4000m²に入居する〔図7〕。

＊6 ニューヨーク市港湾局が管理する埠頭の一つでハドソン川にあり、貨物の荷さばき所などを備えている。デベロッパーのRXR RealtyとHandel Architectsによりオフィス・公共複合施設への改装が予定されている。

同社は今後10年間で1万2000人を新たな従業員としてニューヨークで新規採用することを公表している。そのため、オフィス拡張の勢いはとどまっておらず、18年11月には60年代までハイラインの鉄道駅ターミナルとして利用されていたSt. John's Terminalを再開発して誕生するオフィスビル12万㎡を賃借または購入することを検討していることが明らかとなった。

こうしたヒップな立地にオフィスを開設しているのはテック企業だけでない。これまで都心の超一等地にオフィスを構えていた金融機関や、工場が集積する郊外にオフィスを立地させていたメーカーも同様だ。例えば、マンハッタンでウィーワークに次ぐ規模のオフィステナントである金融大手JPモルガン・チェースは、これまで伝統的なオフィス街であり、市内で最も賃料の高いエリアであるグランドセントラル駅周辺（プラザ地区）の超高層オフィスビル4棟、30万㎡を賃借してきた。

〔図7〕**グーグルの新たなニューヨーク拠点となるPier 57（手前）**
すぐ右後ろのビルも同社の既存オフィス
（写真：Handel Architects）

しかし、フィンテックの本格的な導入に向けて、金融機関においてもクリエイティブワーカーの確保に迫られており、ミレニアル世代[*7]が好むエリアにオフィスを確保する必要が出てきた。そこで同社では、チェルシー地区北側のハドソンヤード地区で築50年のオフィスをリノベーションして4万㎡を賃借することを17年に決定した。入居する部門はフィンテックを推進するデジタル部門の2500人が勤務する予定であり、今後さらに雇用拡大していく予定である。

同建物にはアマゾンも3万㎡を賃借する予定であり、まさしくテック企業と伝統的産業がクリエイティブワーカーの人材獲得をめぐって、オフィスを奪い合っている様相だ。

*7　主に30代半ばまでの若者世代を指す。

西海岸のテック城下町、シアトル

こうしたテック企業の拡大によるオフィス市場の変化は、他都市でも発生している。米国北西部に位置するシアトルは、85年にマイクロソフトの本社が移転してきたことで、航空機製造業の街からソフトウエア産業の街へと華麗な転身を遂げた。同社出身者らはオンライン旅行代理店大手エクスペディアなどを起業し、さらに物件情報検索大手ジローやレッドフィン、マーケティング分析ソフト大手MOZなど数多くのテック企業をこの街で誕生させた。

こうしたなかで、近年急成長しているのが94年にシアトルでインターネット書店

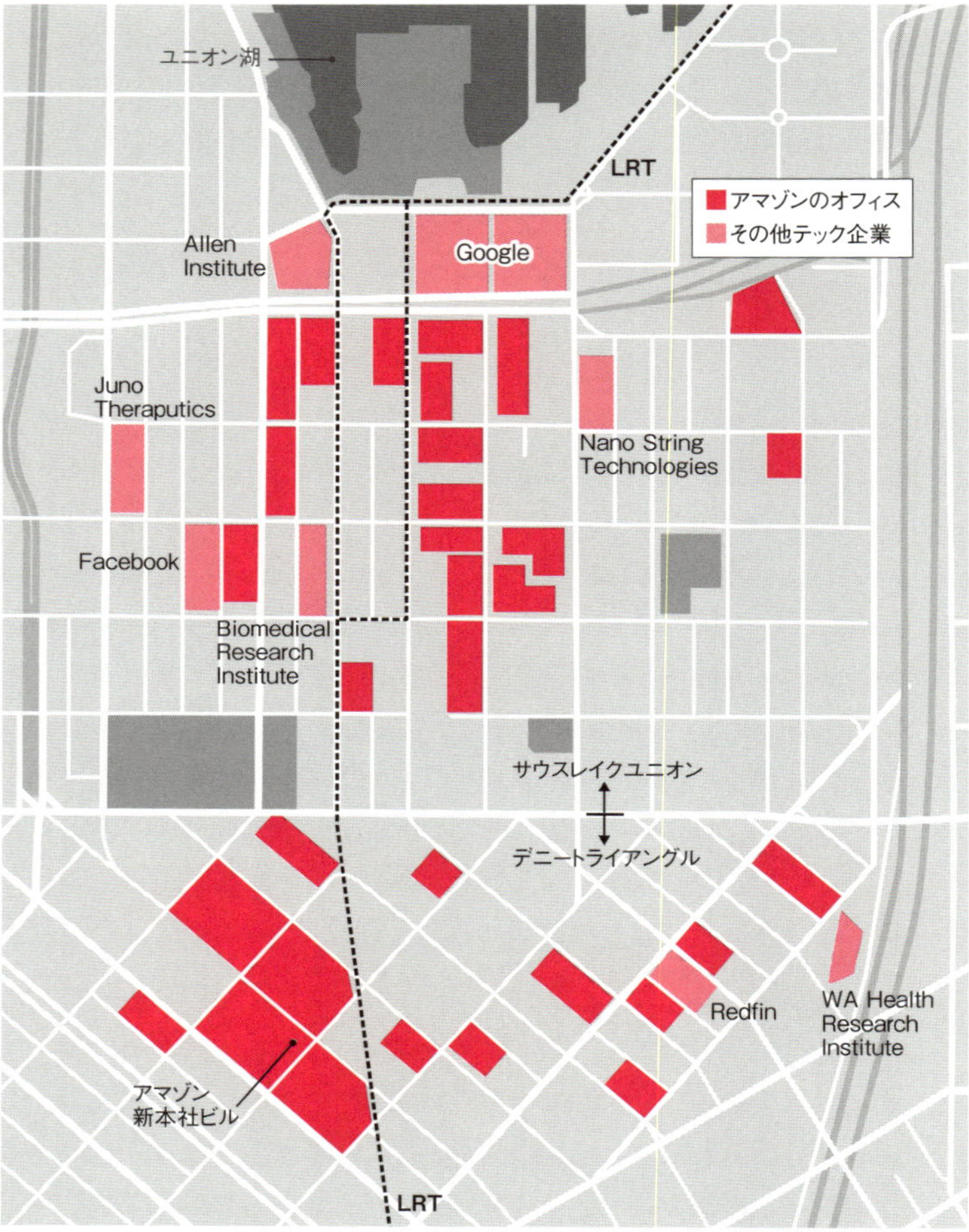

〔図8〕**アマゾンが集積するサウスレイクユニオン地区**

として創業したアマゾンである。現在は書籍のみならず日用品までを取り扱う総合オンラインショッピングサイトへと成長し、クラウドサービスの提供や電子端末の開発に続いて、近年では自動運転車や人工知能の開発を手掛けている。同社は、10年まで約3万人の従業員を抱えていたが、拡大する事業に対応するために新規採用を積極化し、18年には約61万人を超えるまで拡大している。これに伴って本社のあるシアトルでは、急速な勢いでオフィスを増殖させている〔図8〕。

同社オフィスが数多く立地しているのが、ダウンタウンの北部にあるサウスレイクユニオン地区だ。同地区は、北で太平洋につながるユニオン湖に面しており、19世紀には木材や石炭の物流拠点として活用され、20世紀にはボーイングの水上飛行機の製造が行われていた。しかし、産業構造の変化とともに同地区は衰退し、古い住宅や工場だけが点在する地域となった。

そこで市では、04年から同地区をウオーカビリティの高い新たな都心とするために、地区計画の策定やゾーニングの変更を実施し、さらに市内初となるライトレールや湖畔の大規模な都市公園を整備した。

こうした動きを受けて、ダウンタウンの南部にある、築80年以上の大型病院をリノベーションしたビルに入居していたアマゾンが当地区に移転することを決定した。同社は10年から順次移転を開始し、現在は周辺を含めて40棟以上のオフィスビルに入居している。18年には、隣接するデニートライアングル地区に球体型温室を備えた新本社が完成した〔図9〕。

これらの地区では01年以降、ダウンタウンのオフィスストックの４分の１に相当する83万㎡のオフィスが供給されたにもかかわらず、賃料は一貫してダウンタウンと同水準を維持しており、空室率も19万㎡の大量供給があった09年〜10年以外はダウンタウンを下回っている状況だ。周辺には現在１３０万㎡のオフィスストックが存在するが、このうち約54％はアマゾンが賃借しており、まさにテック版企業城下町といえる様相を呈している。近年はフェースブック、レッドフィン、Snapchatを運営するスナップなどのテック系企業も続々と進出してきており、周辺ではこうした企業で働くクリエイティブワーカー向けの賃貸住宅の開発も活発化している。

現在、サウスレイクユニオン地区は、歴史的建造物を残しながらも中低層のオフィスや賃貸住宅が高密度に配置される街となっており、おしゃれなカフェやレストランも相次いでオープンする人気のエリアとなっている。

アマゾンは、10年から16年まで37億ドルを本社拡張に投資しており、これらの施設の維持管理費として14億ドルを消費してきた。さらに間接的には５万３０００人の雇用を誘発し、シアトルに38億ドルの経済波及効果を与えている。

〔図9〕球体型温室を備えたアマゾン新本社ビル

アマゾンが仕掛けた美人コンテスト

17年9月、さらに衝撃的なニュースが米国不動産業界に舞い込んだ。アマゾンがシアトルと同規模の第二本社の建設を宣言し、候補地となる自治体を募集した。シアトルでは、アマゾン以外にも数多くのテック企業が流入しており、住宅不足や家賃高騰が深刻化している。市では7月に世帯所得25万ドル～50万ドルの富裕層を対象とした新税を導入するなど、もはやアマゾンがシアトルで事業を拡大していくことは困難となっていた。10年、シアトルで働くアマゾンの従業員数は5000人程度であったが、現在は4万5000人を超えるまで増加した。

計画している第二本社は、50億ドル以上を投資して5万人を雇用する予定であり、シアトルと同規模の拠点を建設する予定であることを公表した。候補地の条件として同社は、北米における100万人以上の人口を有する都市圏であり、クリエイティブワーカーを引きつける魅力的なダウンタウンがあることが提示された。また、建設する第二本社の敷地条件として、国際空港まで45分、高速道路まで2km～3km未満、公共交通機関が直結している立地が好ましいとされ、19年までに4万5000㎡、27年までに74万㎡のオフィスを賃借または建設できることが条件とされた。

募集は1カ月後となる17年10月中旬に締め切られ、最終的に238都市からの応募があった。そして同社は、応募書類に加えて各都市の経済指標や不動産情報、さらには地元高校の大学進学適性試験（SAT）の平均点数なども含むあらゆるデータを分析した。明確な選定条件には含まれていなかったが、各都市は減税や補助金といったインセンティブを打ち出すことに注力した。[*8]

18年1月、ついに最終候補地となる20都市が公表された。ニューヨーク、ボストン、シカゴ、ロサンゼルスといった大都市から、デンバー、オースティン、ナッシュビルといった中堅都市までが選ばれた〔図10〕。

この最終リストによって多くの注目を集めたのが、三つの候補地が含まれていたワシントンDC都市圏であった。[*9]この理由の一つとして考えられたのが、連邦政府との取引拡大や議会とのロビー活動に同社が注力している点だった。クラウドサービスであるアマゾン・ウェブ・サービスの大口顧客には国防総省、中央情報局（CIA）、国土安全保障省などが名前を連ねており、高いセキュリティーや信頼性によって、この地域で年間数十億ドルの収益を上げている。最終候補地となった20都市の政府職員は同社

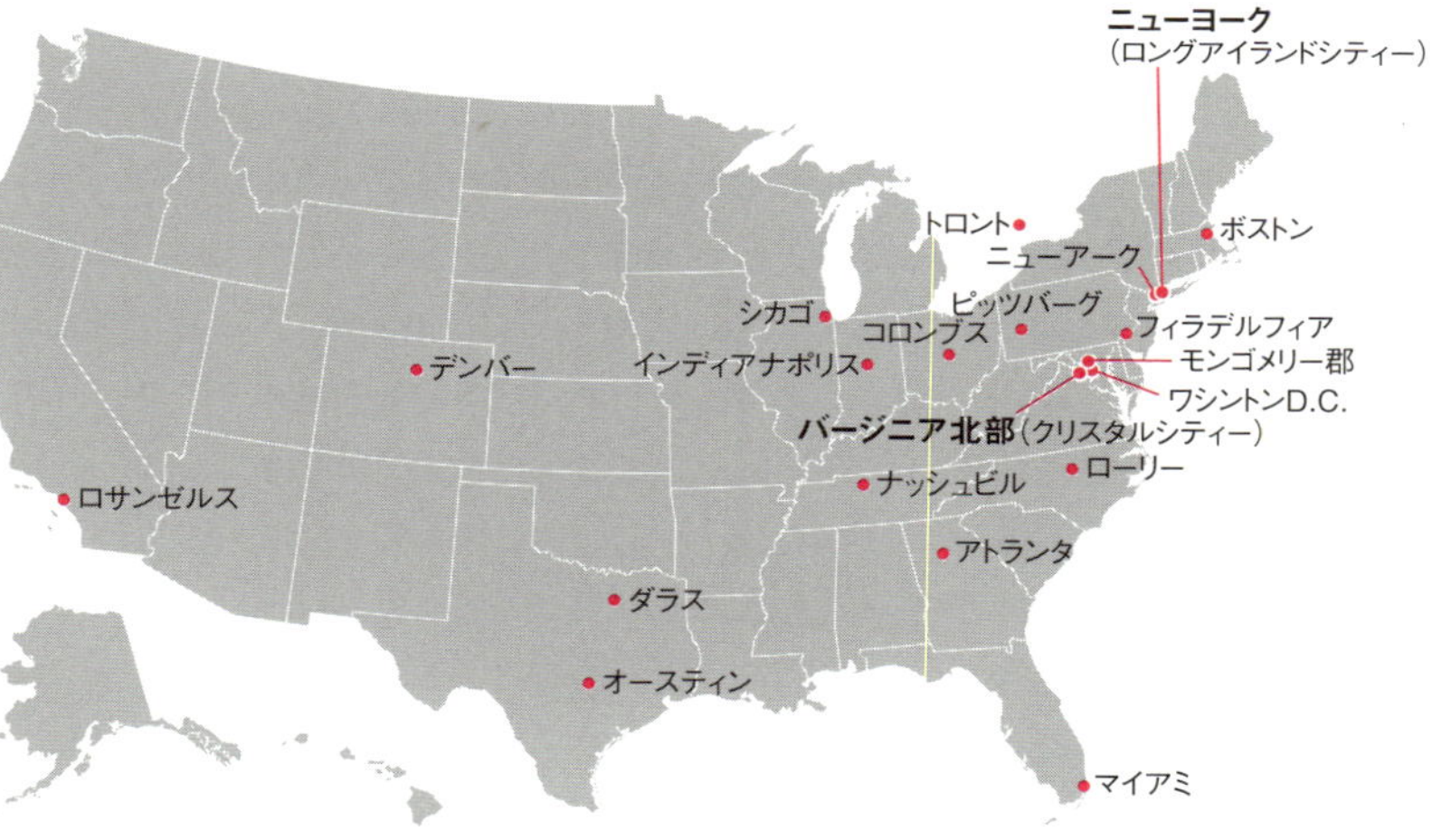

〔図10〕アマゾン第二本社の最終候補地として残った20都市

と秘密保持契約を締結し、幹部間での直接交渉が幾度も繰り広げられた。議題は減税や補助金といったインセンティブにとどまらず、住宅価格の上昇を防ぐための上限規制の導入や、将来にわたって安定的に従業員を確保できるようにするために公立学校へのＳＴＥＭ教育*10の充実までもが議論された。

東海岸の2都市に栄冠

18年11月の米国中間選挙後に第二本社建設地が正式発表された。勝ち残ったのはワシントンＤＣ郊外に立地するバージニア州アーリントン郡クリスタルシティーと、ニューヨーク市クイーンズ区ロングアイランドシティー*11だ〔図11〕。同社は、最終選考過程を経るなかで第二本社の建設を1都市でまかなうことは不可能であると考え、2万5０００人規模の拠点を2都市に整備することに決定した。両都市にはそれぞれ25億ドルが投資され、37万㎡のオフィスが確保される見込みである。さらにリージョナルハブとしてテネシー州ナッシュビル市に5０００人規模の拠点を建設することも合わせて決定した。

ニューヨーク市ロングアイランドシティーは、かつては貨物船の荷揚げ場として工場や倉庫が集積する工業地帯であったが、船舶の大型化に伴ってニューヨーク湾の沖合に大規模港湾が整備され、80年代には荒廃していた。しかし、90年代から始まった都心回帰の流れを受けて、副都心として徐々に存在感を高めているところで

*8　ニュージャージー州ニューアークが70億ドル、メリーランド州モンゴメリー郡は85億ドル、ペンシルベニア州フィラデルフィア市は30億ドル、イリノイ州シカゴ市は17億ドルを提示した。

*9　ワシントンDCでは、アマゾン創業者であるジェフ・ベゾスが13年に地元名門紙であるワシントン・ポストを個人マネー2億5０００万ドルで買収しており、新たなニュースメディアへと転換を図っている。

*10　STEMはそれぞれ、科学（Science）、技術（Technology）、工学（Engineering）、数学（Mathematics）の頭文字。近年、社会人に必要とされているこれらのスキルの習得に重点を置く教育方法。

*11　マンハッタンとはイースト川を挟んだ対岸に位置しており、地下鉄7号線を使うと1駅でグランドセントラル駅に移動できる便利なエリア。

あった。

　ニューヨーク市は、アマゾンの第二本社進出を受けて再び都市計画の変更を検討しており、既存建物の大規模改修を含めて、同社の従業員を収容するための準備を開始している。また、今後10年間で2万5000人の雇用を創出する見返りとして、ニューヨーク州と合わせ12億ドルの減税を準備している。加えて、ニューヨーク州経済開発公社からは、オフィスの賃借面積に応じて最大3億2500万ドルが拠出される予定だ。

　もう一方の第二本社建設地であるアーリントン郡クリスタルシティーは国防総省の至近にあり、ロナルド・レーガン・ワシントン・ナショナル空港に隣接したワシントンDCの玄関口だ。周辺は60年代にオフィスと住宅の大規模複合開発が行われていたが、近年は老朽化に伴って空室が増えており、地元不動産会社によって再開発が検討されていた。アマゾンはこの再開

〔図11〕第二本社建設地の一つに決定したロングアイランドシティー

発に加わるものとみられており、さらに周辺のペンタゴンシティーやポトマックシティーを含めた再開発を検討していると噂されている。

第二本社の建設によってバージニア州は2万5000人の雇用創出を見返りに12年間で5億5000万ドルの補助金を与える予定であり、さらにアーリントン郡からはホテル税収の増加を見込んで15年間で2300万ドルの補助金が拠出される。アマゾンでは両都市において20年からソフトウエア開発エンジニアやマネージャーの求人募集を開始する。

*12　19年2月、地元住民や政治家らによる反対活動を受けて、アマゾンはロングアイランドシティーでの第二本社建設計画を撤回した。しかし、それぞれ1万人規模の拠点整備を推進しているグーグルやフェイスブックと同様、ニューヨークを引き続き最重要拠点と位置付け、既存の大型オフィスビルを次々と賃借している。

解説

伝統企業GEの変身

創業120年以上の歴史を有する製造業大手General Electric（GE）は、74年からニューヨーク郊外のコネチカット州フェアフィールドに本社を置いてきた。本社周辺には電力、医療機器、金融などの事業所や工場が点在しており、数千人の従業員が勤務している。しかし、デジタル技術と製造の融合によって新たな成長事業を育成させるために、本社をボストンのシーポート地区に移転することを16年に決定した〔図12〕。

GE前会長Jeffrey《ジェフリー》 Immelt《イメルト》は、フェアフィールドは「自然が豊富で公立学校の教育水準も高く居住するには最高だが、美しく綺麗な風景を眺めて仕事をしているだけでは新たな成長事業を育成させることはできない。もっと街に出て異質なものと交流することが必要だ」と語っている。

ボストンは、マサチューセッツ工科大やハーバード大など55以上の大学が立地し、すでに全米最大のライフサイエンス関連のスタートアップの中心地となっている。さらに近年では、デジタル技術活用のために世界中の大手企業の研究開発拠点が集積し、サンノゼやサンフランシスコに次ぐエコシステムが形成されている。

GEは、このエコシステムに本格参入するために、200人の本社スタッフと600人のデジタル技術のエンジニアや研究者を19年末までに移転させる予定だ。

〔図12〕ボストンにあるGE本社の建設予定地

（写真:Mark Zhu/Shutterstock.com）

12 自動運転で二兎を追うグーグル

今日、都市の形態に新たな変化をもたらす第三の波が訪れている。自動運転車の登場である。都市の骨格をがらりと変える可能性を含む新技術の登場にあわせ、グーグルなどのテック企業は、実験台となるスマートシティの開発にチャレンジしている。自ら進める自動運転車の開発と併せ、都市開発のノウハウも蓄積できる一挙両得の作戦だ。

有史以来、交通手段の進化は都市の形態を大きく変えてきた。徒歩や馬車による移動手段しか存在しなかった時代、都市は徒歩で移動できる範囲内に抑え込まれていた。18世紀に世界最大の都市であったロンドンでさえ東西方向の長さは約10kmしかなく、市民は2時間で市内の端から端まで歩くことができたという。しかし、蒸気機関車の登場によって、この都市の成長限界線は破られた。1836年にロンドンで蒸気機関車が開業すると、瞬く間に中間層の支持を得た。

19世紀に入ると、次は米国で新たな交通手段である自動車が登場した。08年に販売され、20年間で1500万台を販売したT型フォードは、米国の都市の形態を大きく変えた。自動車の普及とともに整備された高速道路ネットワークも追い風となり、市民は自らの意思でどこまでも移動することが可能となった。

自動運転のインパクトは、鉄道の登場、今の自動車の登場に匹敵するインパクトを都市に与えると予想されている。

スマートシティ建設をめざす

巨大テック企業であるグーグルは、交通渋滞、環境汚染、貧富格差の拡大といった大都市が抱えるさまざまな問題を解決した、理想の街の開発をめざしている。同社の持ち株会社、アルファベットの傘下にあるSidewalk《サイドウォーク》 Labs《ラブス》では、ニューヨークでその傘下企業を通じて、デジタル格差を解消し、増加する観光客に利便性を提供することをを目的とした無料Ｗｉ-Ｆｉキオスクの設置を進めている〔図1〕。

キオスクにはさまざまなセンサーが内蔵されており、周辺の歩行者や自動車の動き、振動、騒音、大気などを常にモニタリングしている。こうして分析されたデータは、今後は広告ビジネスだけではなく、自動運転車の実用化や新たな公共交通システムの導入に向けて活用される予定である。

グーグルは全米展開も視野に、さらなる都市開発への取り組みを加速している。それが米国運輸省と進めている「スマートシティ・チャレンジ」だ。対象地の公募にはシアトルのほか、ラスベガス、デトロイト、ボストン、アトランタ、ニューオリンズなど78都市が応募した。そして16年5月に対象地として選ばれたのが米国中西部にあるテックとは無関係のオハイオ州コ

〔図1〕1600カ所以上に設置されたWi-Fiキオスク

ロンバス市であった〔図2〕。

同市は州都として80万人が居住し、人口が急速に増加している成長都市である。しかし、路面電車や地下鉄といった大量輸送機関が整備されていないため、都心部では渋滞が深刻化している。同市では、この問題を解決するために、オンデマンドタクシー、カーシェア、自動運転車などの新技術を導入して解決することを提案した。米国運輸省は、民間財団と合わせて1億4000万ドルの補助金を同市に交付することを決定し、サイドウォークやほかの民間企業が中心となって問題解決のプログラムを構築している。

現在、プログラムは大きく分けて二つ計画されている。第一にダイナミック駐車システムの構築だ。

一般的に都心部の自動車交通量の約3割は駐車スペースを探すために発生していると言われている。その探索を効率化するために、サイドウォークは、グーグルマップのストリートビューを作成する自動車を市内に巡回させて駐車スペースを常時モニタリングし、交通情報検索アプリFlow《フロー》で満空情報を公開する計画だ。この手法はすべての駐車スペースにセンサーを取りつけるよりも低コストで早期に対応することが可能である。

さらに同社では、時間帯により利用されていない住宅やオフィスの専用駐車スペースをユーザーにシェアしてもらうことで、追加コストを発生させずに駐車スペースの供給を増やすことをめざしている。

第二の取り組みが公共交通機関の拡大だ。公共交通をバスとタクシーのみに依存している同市では、慢性的な渋滞によって、自動車を保有しない市民にとっても移動しにくい状態にある。そこでサイドウォークでは100台の無料Wi-Fiキオスクを設置するとともに、市内1万3000台のバスやタクシーにセンサーを搭載し、道路の渋滞状況に合わせて経路や運行間隔を調整しようと考えている。

ウーバーやLyft《リフト》などのオンデマンドタクシーや、Zipcar《ジップカー》などのカーシェアなども公共交通機関と位置づけて、前述のアプリFlowを用いて道路の渋滞状況や公共交通機関の位置関係から、最適な交通手段や経路、料金を検索可能にする予定である。同市では、バスしか交通手段のない約9万人の低所得者層のモビリティを高めて、車社会の中で取り残されがちな彼らにも教育、医療、雇用への良好なアクセスを提供したい考えだ。

シアトル
物流事業者のためのオフピーク又は深夜配送を促進するための動的ルート検索の開発・提供、ライドシェア事業者による小口配送の促進
デトロイト
自動運転技術を開発する企業や大学との連携による電気自動車におけるカーシェアやオンデマンド配送の実現
ボストン
動的制御手法によって道路空間を季節や時間帯で用途変更することでスポーツや文化などに活用
コロンバス
自動運転車などの新技術や公共交通の拡大で交通渋滞解消を狙う
アトランタ
交通・経済開発・コミュニティ活動の拠点なる多モード交通センターの開発
ラスベガス
自動運転によるシャトルバスによる道路混雑の軽減、太陽光発電によるガスステーションの整備
ニューオリンズ
交通弱者のためのオンデマンドバスの開発によるモビリティの向上

〔図2〕78都市が応募したスマートシティチャレンジ

（資料：米国運輸省資料を基に作成）

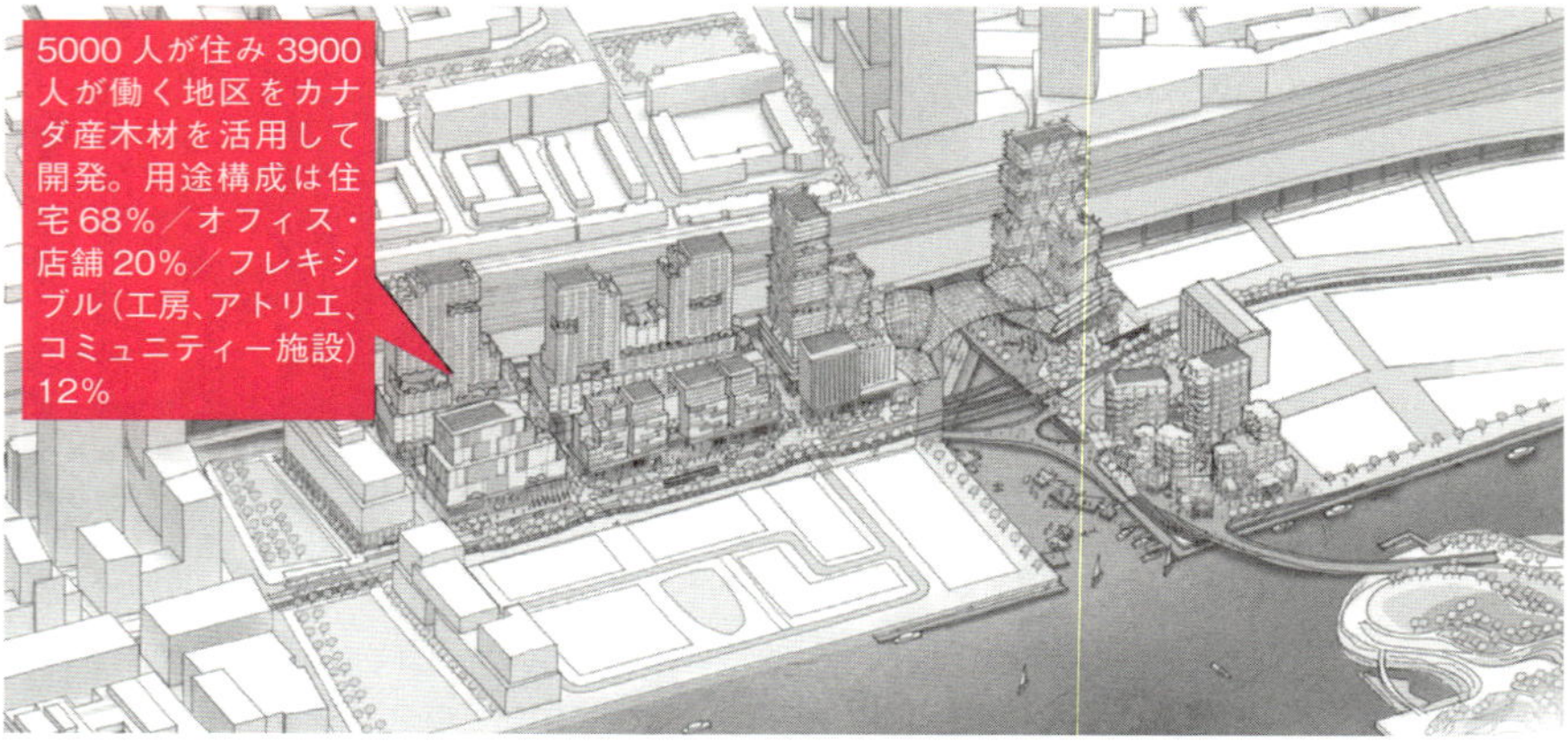

〔図3〕**Sidewalk Labsが開発するトロントウオーターフロント**

（資料：Sidewalk Labs）

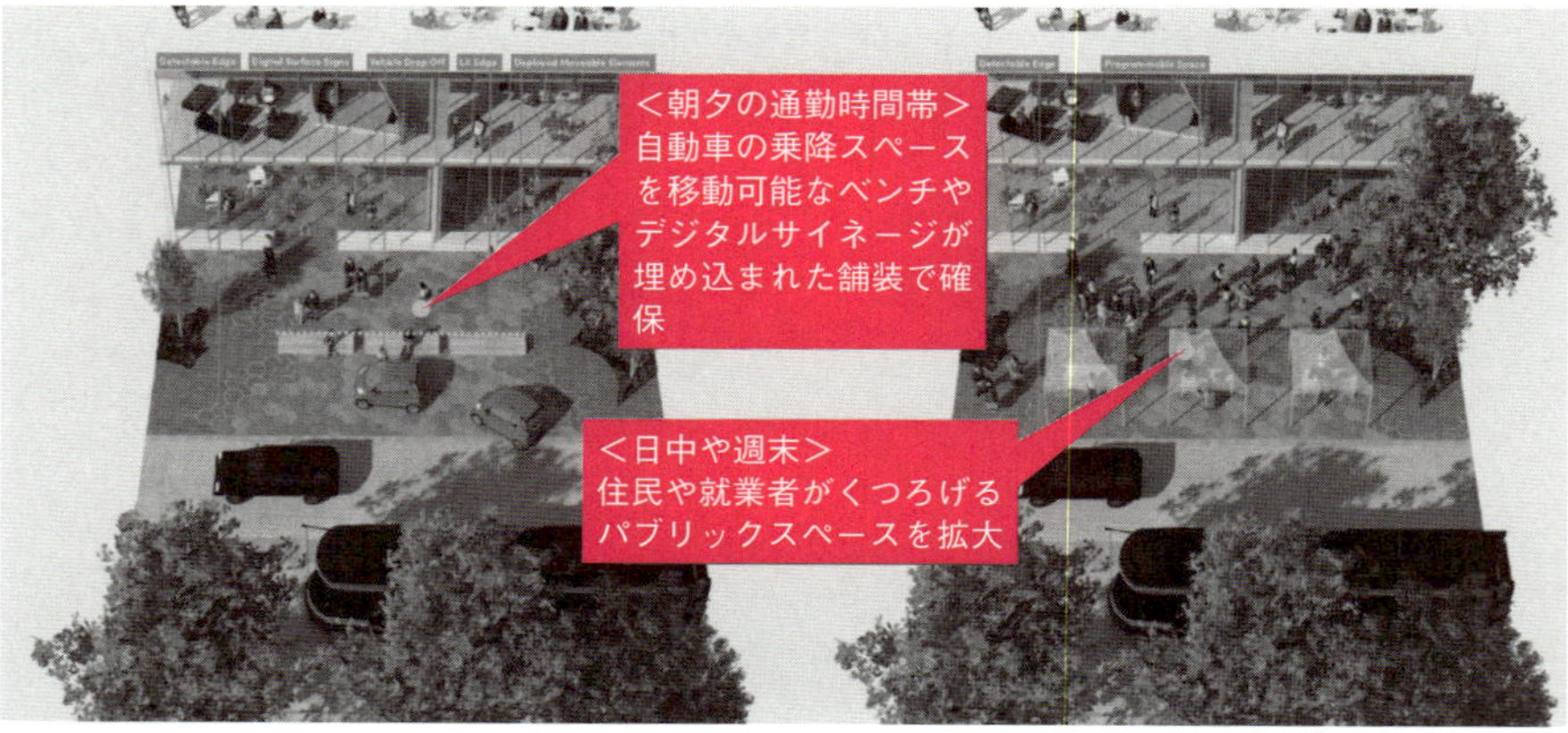

〔図4〕**時間帯によって可変する都市空間**

（資料：Sidewalk Labs）

なお、コロンバス市ではアプリの利用料収入の1%を受け取る予定であり、年間225万ドルの収入を見込んでいる。

事業者に最大限の自由

サイドウォークは、ほかでも新たな商品やサービスの開発を通して、交通、電力、上下水道などのインフラを効率化するためのプラットフォームを完備したスマートシティの開発をめざしている。この都市開発には、交通渋滞、環境汚染、地球温暖化などのさまざまな都市問題を解決するためのテストベッドとしての役割が期待されており、100人を超える都市計画の研究者や技術者などが参加する。

同社では、このスマートシティ建設のために既存の法規制をゼロベースから構築できる地区の募集を16年から開始し、第一弾をトロントのウオーターフロント地区のキーサイドと呼ばれる5万㎡の用地に決定した〔図3・図4〕。

この都市開発では、従来の都市計画の枠組みにとらわれない自由な発想に基づいた計画が検討されている。

これまでの都市計画は、交通、安全、防災、衛生、景観などの都市環境の悪化を未然に防ぐために、あらかじめ建物の位置、用途、形態、構造などを細かく列挙して規制してきた。しかし、こうした厳格な事前ルールに基づいた都市計画は、外部への悪影響を最小化するには効果的であったが、一部では用途や建物形態の単一化、にぎわいの喪失などを引き起こしてきた。これは、かつて理想の街として世界中で開発されたニュータウンが、いまや衰退した街の象徴となったことからも見て取れる。

そこで同プロジェクトでは、新たな地区で実現したい成果や効果を判断基準として、民間事業者が現行規制を超えて自由に開発することを促すことにした。18年11月、周辺住民向けの説明会において、サイドウォークから再開発における四つの目標が示された。

第一に「雇用創出」である。再開発では、従来の鉄筋コンクリート構造ではなく、カナダ産木材を活用した30階建ての木造高層ビルを複数建設することで一次産業の振興を促進する。また、従来の都市計画では、オフィスや店舗では延べ床面積の7%が上限であったが、これを20%までに緩和する。半分以上を工房やアトリエ、コミュニティースペースといった多目的利用が可能なフレキシブルスペースとし、地域の個人事業主などに提供する計画だ。こうした取り組みによって9000人以上の建設関連の労働者雇用と、3900人の就業者や来街者を新たに創出することを掲げている。

第二に「クライメート・ポジティブ」の実現である。これは、開発エリアの温室効果ガスの排出をゼロ未満にすることを目標とした新たなキーワードで、認証機関[*1]には世界約100都市からプロジェクトが参加している。トロントのウォーターフロント地区では、LRT（次世代型路面電車）や電気自動運転車によるバスやタクシー

＊1　世界大都市気候先導グループ。日本からはJR東日本が開発する品川車両基地跡地開発が参加している。

の導入に加えて、新素材や技術を活用したグリーンビルディングの建設、廃棄物や水の効率的な収集と管理を実施する。

第三は「新たなモビリティの導入」だ。前述のLRTなどに加えて、シェア自転車などの普及によって自家用車の利用を抑制する。さらに道路の車線規制を時間帯によって自動車や歩行者に切り替える動的管理システムの導入や、物流におけるラストワンマイル問題[*2]解消のための地域内物流システムの構築を計画している。

第四は「データプライバシーの確立とデータ統治システムの構築」である。前述までの新たな取り組みを支えるためには膨大な個人情報の解析が必要となる。それは居住者や来街者の属性（人種、性別、年齢、世帯構成、所得など）のみならず、消費行動や移動履歴、さらにはインターネットの閲覧履歴など多岐にわたる。こうしたビッグデータの利用方法に関して事前にルールを定めて、例えば地域外へのデータ持出の禁止や、データ分析企業の適格審査などに取り組む。さらに市民にデータアクセス権を提供しその利用方法を開示する。

グーグルがめざす未来都市建設の第一歩となるキーサイドの開発は、隣接する港湾地区を取り込んで、将来的に325万㎡まで拡大する計画だ。

*2 配送拠点から玄関先までの最終区間に発生する物流業界の問題を指す。再配達件数の増加や配達指定時間帯の細分化などが背景にある。

コスト面のインパクト

自動運転車の最大のインパクトとして考えられているのが、移動コストの削減である。コンサルティング大手Deloitte《デロイト》と米国不動産大手Brookfield《ブルックフィールド》が調査した結果*3によると、自動運転は既存のタクシーやライドシェアサービスによる移動コストの80%を削減する効果があると指摘している。

最大の削減効果は、コストの約半分を占めているドライバーの消失である。次に大きなものが効率的な運転によるエネルギーコストの削減であり、続いて自動車事故の減少による保険コストの削減などが指摘されている。ほかにも破壊的イノベーション技術への投資を専門とする運用会社Ark《アーク》 Investment《インベストメント》 Management《マネジメント》の調査*4によれば、自動運転によるタクシーの走行距離あたりのコストは、従来の10分の1にまで縮小するだろうと指摘し、現在の電車やバスに匹敵

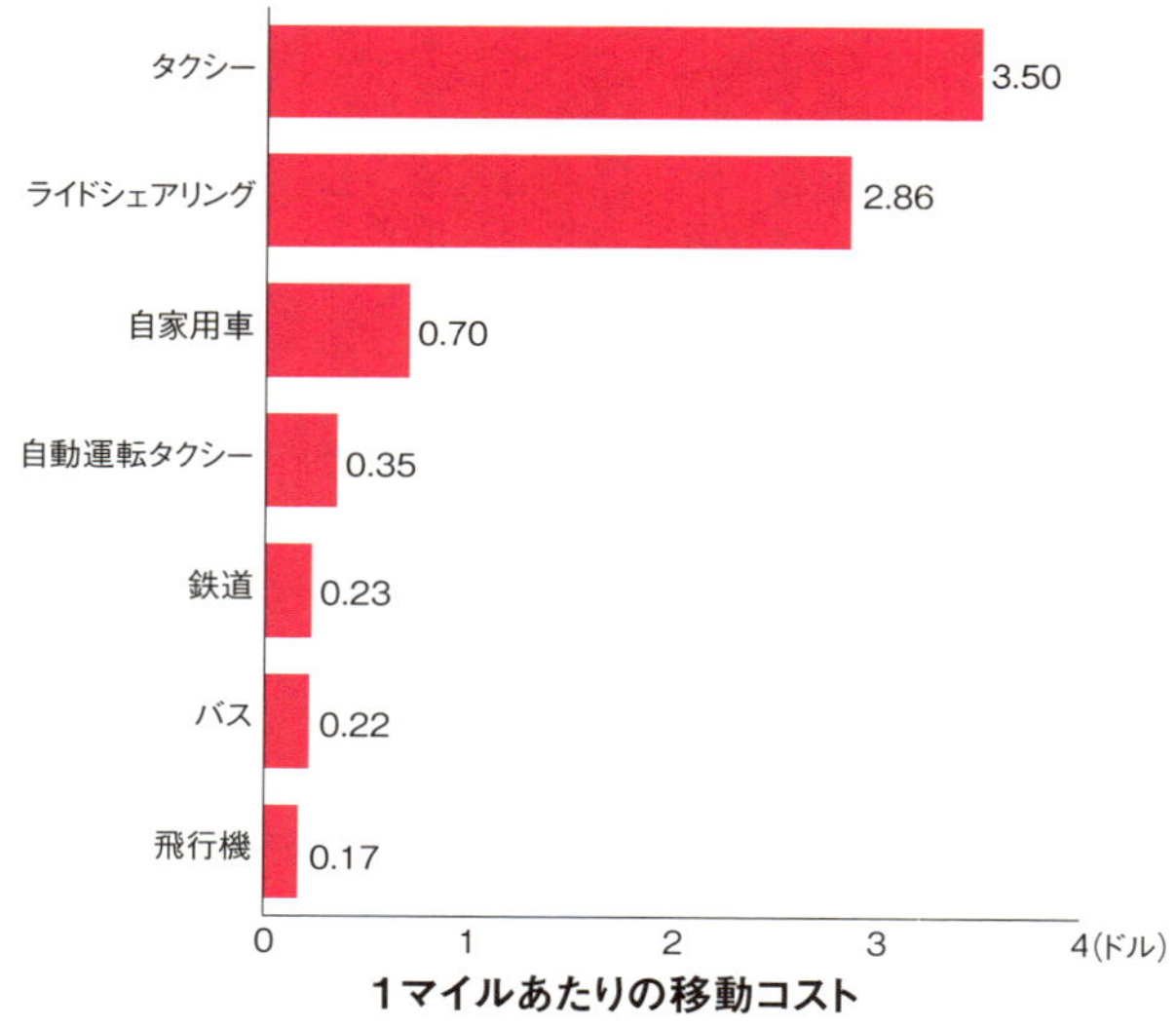

〔図5〕**交通手段別の走行距離あたりのコスト比較**

自動運転タクシーにより移動コストは劇的に低下する

(資料:ARK Investment Management)

するコスト水準になると予測されている〔図5〕。

これによって予想されるのが、公共交通の利便性の有無で生まれる不動産価格の差の縮小だ。一般的に不動産価格は、公共交通の利便性や企業・店舗の集積といった立地属性、築年数や建物性能などの物件属性、売買や賃貸したタイミングなどの取引属性に分解することができる。これらの要素のうち最寄駅までの距離といった公共交通の利便性は、オフィスや住宅の価格形成にとって大きな影響を与えている。

しかし、自動運転車の普及によって公共交通の利用頻度が減少した場合、公共交通の利便性といった価格プレミアムが縮小することが予想される。これは、公共交通の利便性が高い地区の優位性が奪われることを意味している。米国生命保険大手MetLife《メットライフ》の調査[*5]によれば、ウーバーやリフトなどのライドシェアリングサービスの普及によって市民の移動コストが減少し、サンフランシスコ都心の賃貸住宅において鉄道駅に至近か否かの賃料差が20%から15%に低下したことを指摘している。

こうした価格プレミアムの縮小は都市によってやや異なることが予想される。例えば、東京都心、マンハッタン、ロンドン都心などは、すでに鉄道やバスといった大量輸送機関が高密度に整備されており、それらの移動コストは他都市よりも安価である。そのため、自動運転車の普及によってもこうした都市における公共交通の利便性に基づく価格プレミアムは縮小しないことも考えられる。一方、公共交通がそれほど高密度に整備されていない中規模クラスの都市、国内では政令指定都市クラスでは、公共交通の利便性による不動産価格の差は縮小するだろう。

*3 Brookfield Asset Management（2017）「Autonomous Vehicles and the Potential Impact on Real Estate」

*4 Ark Investment Management（2017）「Mobility as a Service Why Self driving Cars Could Change Everything」

*5 MetLife Investment Management（2018）「On the Road Again・How Advances in Transportation are Shaping the Future of Real Estate」

減少する車スペース

もう一つの大きなインパクトとして予想されるのが、駐車や通行に要する自動車スペースの縮小である。16年にシンガポールで世界初となる自動運転タクシーの公道実験を成功したnuTonomy《ニュートノミー》によれば、市内に運行している78万台の従来型タクシーは30万台の自動運転タクシーによって置き換えることが可能であり、さらに利用者を見つけるための営業走行が減少することで約6割のタクシー交通量が減少すると指摘している。また世界経済フォーラム、Boston Consulting Group《ボストンコンサルティンググループ》、マサチューセッツ工科大の調査[*6]によれば、ボストンの都心では自動運転車の普及によって交通量を最大28%削減することが可能であり、移動時間は最大30%短縮させることが可能となることを発表した。

これによって車道空間の一部を広場や緑地といった歩行者のための空間に転用することが可能となる。すでにサンフランシスコでは自動運転車の実用化に備えて、都心を分断しているマーケットストリートの車道を削減して、歩道、広場、自転車通行帯を整備する計画を策定している。都心の歩きやすさ（ウオーカビリティ）を高めて、街の魅力をさらに向上させたい考えだ。

こうしたウオーカビリティの向上は、近年、都市間競争力を高めるアイデアとして注目されており、ニューヨークのタイムズスクエアの歩行者天国化や、サンフランシスコのパークレット[*7]の設置などが有名である。世界の不動産売買データベース

＊6 Boston Consulting Group (2017)「Making Autonomous Vehicles a Reality Lessons from Boston and Beyond Reality Lessons from Boston and Betond」

＊7 路肩のパーキングスペースにウッドデッキをはめ込んで休憩スペースにしたもの。

＊8 Real Capital Analytics (2015)「Walkability Premium Found in Price Trends for Commercial Property According to New Indices Released by RCA」

を提供するReal《リアル》 Capital《キャピタル》 Analytics《アナリティクス》の調査[*8]によれば、ウオーカビリティの高い地区にある不動産価格のプレミアムは年々拡大する傾向にあると指摘する〔図6〕。

一方、自動運転車は常に走行し続けることができるため、都心における駐車需要を大幅に削減することが予想される。前述の世界経済フォーラムらの調査によれば、ボストン都心の駐車スペースを最大48%縮小させることが可能となると指摘している。

現在、大都市の中心部では、不動産開発の際に建物の用途と延べ床面積に応じて駐車場の設置が義務付けられていることが多い。しかし、こうした駐車場は限られた開発可能床面積の中から捻出しているのが一般的であり、不動産会社にとっては収益性の劣る駐車スペースに貴重な床面積を充当したくないのが実情である。こうした駐車場規制が緩和されることで、もっと収益性の高いほかの用途への転用が可能となり、

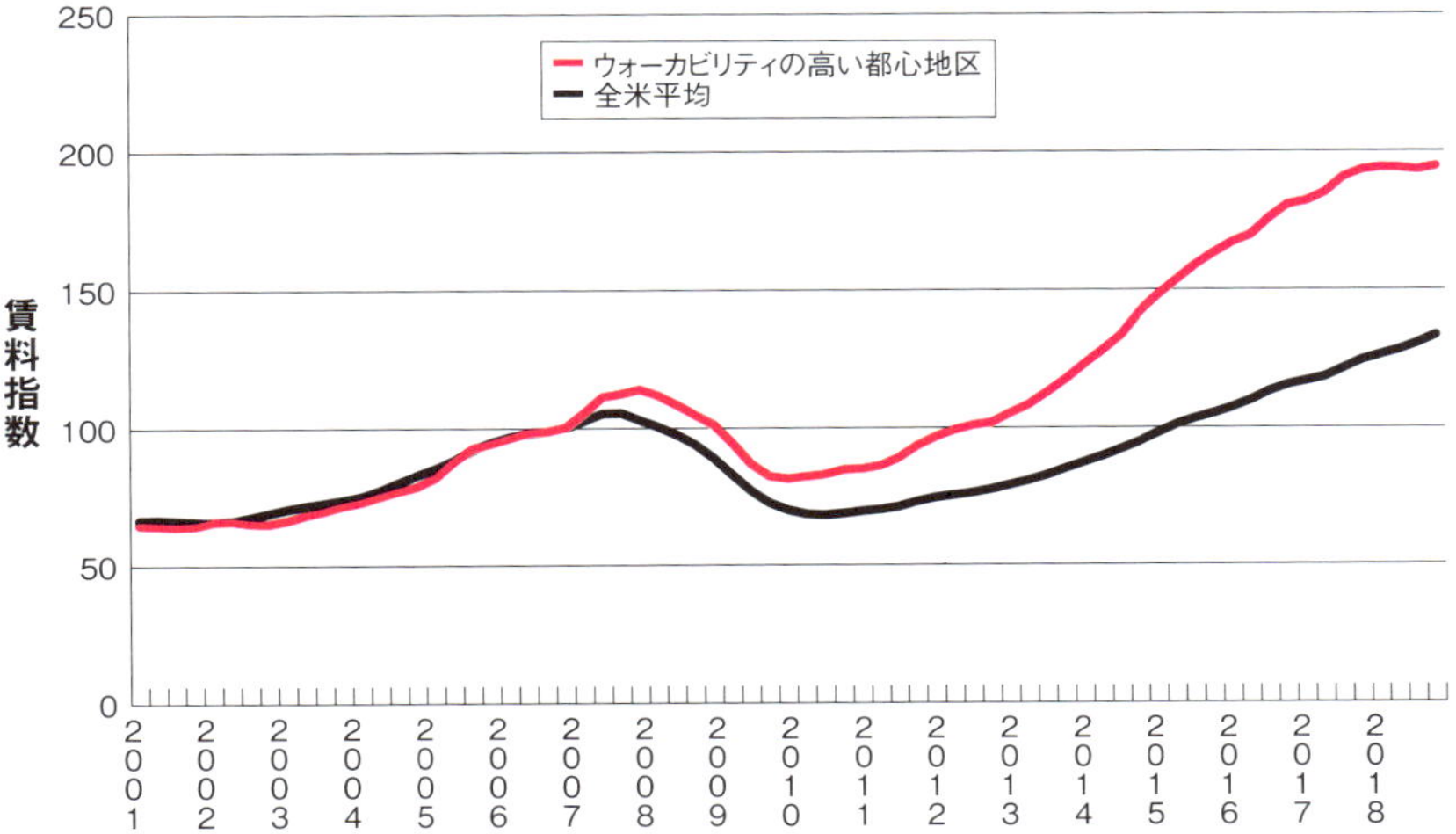

〔図6〕**拡大するウオーカビリティによる賃料プレミアム**

（資料：Real Capital Analytics）

都心における不動産の収益性が向上することが予想される。

すでにボストン市では、駐車需要の減少を見越して、都心にある六つの公共駐車場を再開発する計画を18年に公表した。なかでも２３００台収容可能なガバメントセンター駐車場は、８００戸の住宅、２００室のホテル、11万㎡のオフィスに再開発する予定だ。

ビル・ゲイツや仮想通貨長者も参入

マイクロソフト創業者のBill《ビル》 Gates《ゲイツ》も、グーグルと同じくスマートシティ建設を計画している。17年11月、同氏の資産管理会社Cascade《カスケード》 Investment《インベストメント》が８０００万ドルを投じてアリゾナ州フェニックス郊外のベルモントの土地１００㎢（パリ市と同規模）を購入した。共同で投資した不動産会社Belmont《ベルモント》 Partners《パートナーズ》によると、15㎢はオフィスや商業施設などを配置し、周辺には8万人が居住できる住宅を供給する見込みである。新都市には先端技術を結集したインフラストラクチャーを完備させて、自動運転車や無人製造工場などを前提に都市計画することをめざしている。

アリゾナ州は各種規制が緩やかであり、グーグル、ウーバー、ＧＭ、フォードなど各社が自動運転車の実証実験を繰り広げている。先端技術にフレンドリーな街において、彼らはスマートシティの実現に向けて走り出したのである。

ほかにも仮想通貨で巨万の富を得た資産家が設立したBlockchains《ブロックチェーンズ》 LLCが、未来都市建設のためネバタ州の砂漠270km²を1億7000万ドルで購入した。同社はオフィス、住宅、大学、制作スタジオ、eスポーツアリーナなどが集積するイノベーションパークを開発する計画であり、交通、エネルギー、金融といったあらゆるインフラにはブロックチェーンの技術が導入される予定である。すでに技術者70人以上を雇用しており、19年から建設が開始される〔図7〕。

先見性のある一部の都市は、自動運転の実用化による都市空間の再構築に向けて動き始めた。新たな不動産ビジネスのチャンスが到来しているのだ。

〔図7〕ブロックチェーンを活用するイノベーションパークの完成予想図

（資料：EYRC Architects + Tom Wiscombe Architecture）

鼎談

本物の不動産テックを日本に

日本においてもようやく関心が盛り上がり始めた不動産テック。米国、欧州との圧倒的な差を乗り越え、その果実を手にするには何が求められるのか。本書の監修者であり、事業戦略コンサルタント、データサイエンティストとして同分野の啓蒙活動を率いてきた谷山智彦氏を迎えて語り合った。

本間：不動産テックという言葉がまだ一般的に認知されていない頃から、この分野にいち早く注目されていた谷山さんと北崎さんに伺います。まずは二人が不動産テックに関わるようになった経緯から教えていただけますか。谷山さん、いかがでしょうか。

谷山：不動産テックの定義が難しいですが、初めて〝不動産テック的なもの〟に触れたのは、20年くらい前の大学生の頃ですね。当時の私は、データサイエンスの技術を使って、不動産を分析する研究に取り組んでいました。卒業後は野村総合研究所に入社して、リサーチやコンサルティングを手がけてきました。国土交通省の政策立案などが中心で、不動産関連のデータを分析して統計情報を作成したりしました。

20年くらい前は雑誌をいっぱい買って、そのデータを手打ちで入力していって、不動産のアセットプライシングモデルとかを研究した覚えがあります。その頃から不動産というとアナログな業務が非常に多かった。サイエンスといいますか、テクノロジーを使ってきちんと合理的に、理論に基づいて分析したいという考えで今に至っています。

本間：谷山さんは不動産テックという言葉を世

に広めた本人でもありますね。いつごろからこの言葉を使うようになったのですか。

谷山：2015年くらいからですかね。きっかけはフィンテックの登場です。フィンテックの不動産版みたいな世界がきっとあるはずで、それにあやかりたいという発想ですね。ただ不動産テックは「語呂が悪い」とよく言われました。もっとキャッチーな言葉がいいと思って、「リテック」とか「リアルテック」とかいろいろ考えたのですが、結局は不動産テックに落ち着いてしまいました（笑）。

本間：海外では、「リアル・エステート・テック」とか「プロップテック」といった言葉が使われていましたが、最近はプロップテックで統一されているようですね。

谷山：言葉の良しあしはともかくとして、この分野に対する世の中の関心は非常に高く、15年ごろから講演の依頼が増えました。多いときは年間で60回くらい講演していたと思います。

本書の刊行に携わった3人が本音をぶつけ合った
左から谷山智彦、北崎朋希、本間 純（写真：柚木 祐司）

本間：それはすごいペースですね。ところで谷山さんは自身でも不動産テック関連の会社を立ち上げました。動機は何でしょう。

谷山：いろいろな場所で話をしているうち、だんだん自分でもやってみたくなりました。そこで17年に不動産ファンド会社のケネディクスと野村総研で「ビットリアルティ」という合弁会社を立ち上げました。クラウドファンディングの仕組みを用いた不動産投資プラットフォームで、インターネットを通じて非上場の不動産ファンドに直接投資できます。現在、まもなくの業務開始に向けて準備中です。

圧倒的な日米の情報格差

本間：北崎さんはもともと谷山さんの同僚で、都市計画や不動産の調査が専門です。それがどんなきっかけで、不動産テックに関心を持つようになったのでしょう。

北崎：野村総研にいたときは、都市計画とか不動産開発や投資に関するリサーチが中心で、谷山さんのように大量のデータを分析するという業務ではありませんでした。15年に退職して、家族でニューヨークに移ることになったのですが、そこで一種のカルチャーショックを受けまして、それが不動産テックに関心を持つ最初のきっかけですかね。

本間：具体的にはどんなことを感じたのでしょうか。

北崎：まず引っ越し先の家を探す段階で、情報量の多さに圧倒されました。本書でも登場するStreetEasyという住宅リスティングサイトを使ったのですが、すべての物件の過去の取引のデータが無料で公開されています。入居者を募集していない物件であっても、現在の居住者がいつ契約したのかが記載されているので、次に賃貸されるタイミングも予測できます。「やはり米国はすごいな」とユーザーとして実感したのが、私にとって最初の不動産テックとの出会いでした。

本間：日米の情報格差は、仕事の際にも感じたのでしょうか。

北崎：もちろんです。向こうでは三井不動産アメリカの拠点に勤務し、日本にいたときと同様に不動産開発のリサーチを担当していました。情報収集のために各種メディアに目を通すと、不動産テック関連の記事が日本より明らかに多い。さらに、本書でも紹介した不動産情報サービスであるCoStar《コースター》やReal《リアル》 Capital《キャピタル》 Analytics《アナリティクス》（RCA）など、様々な不動産テック企業が、豊富なデータを提供しています。

本間：米国で開発事業を手がける際にも、不動産テック企業のデータベースやニュースサイトが、役立つわけですね。

北崎：むしろそれがないと仕事になりません。豊富なデータを入手できるおかげで、外国人である日本人もしっかりした分析に基づいて不動産に投資できます。とにかく情報の量が日本と比べて圧倒的に多いし、これを使って新しいビジネスをする人がどんどん増えている。現地にいるとそれが手に取るようにわかります。この現状をどうにか日本にも伝えたいと思って、本間さんに日経不動産マーケット情報で連載を任せてもらいました。

本間：米国の不動産テックの最前線について、16年の夏から始めた連載は、おかげさまで非常に好評でした。北崎さんは今は日本に戻り、三井不動産でリサーチの仕事をしています。不動産テック関連の調査も多いと思いますが、日本のみなさんは北崎さんのリポートから、何を知りたいと思っているのでしょうか。

北崎：これは私の周りに限ったことではないと思いますが、不動産テックビジネスが拡大していくなかで、みなさんそこに見えない恐怖感や期待を感じていると思います。それが自分たちのビジネスにとって役に立つのか、あるいは脅威になるのか――。その辺りを見極めるための材料が欲しいのでしょう。

実業に近づく不動産テック

本間：続いて私自身のことも少しお話ししておきたいと思います。もともと私は、ＩＴ関連の雑誌でスタートアップの取材から記者のキャリアを始めて、そのころに、今大きくなっている楽天とかヤフーといったプレーヤーの成長を草創期から間近で見てきました。その足跡を今、不動産テックがたどっているような気がしています。

約10年前に日経不動産マーケット情報に移ったときは、一部エクセル化されたものを除き、ほとんどの情報が紙ベースでした。我々が取材で集めた事業用不動産の取引データも、基本的には印刷物で提供されています。そこで情報のデータベース化を発案して、「ディールサーチ」という会員制サービスを開発し、11年から運用を開始しました。昨今のシステムと比べれば未熟ではありますが、一種の不動産テックサービスをつくったわけで、それが私と不動産テックとの最初の大きな関わりです。

ディールサーチのデータは、北崎さんが触れたＲＣＡにも供給されており、同社を通じて世界中の機関投資家に提供されます。ニューヨークのシリコンアレーにあるＲＣＡは向こうのスタートアップの間でも有名な会社です。

不動産テックというコンセプトに初めて触れたのは、15年の3月にフランスのカンヌで行われたMIPIM《ミピム》という展示会です。翌年にはニューヨークで姉妹イベントのMIPIM PropTechが初めて開催されました。この分野はここ3年くらいで大きく変化したと感じています。

北崎さんは米国での3年間で、どのような変化を感じましたか。

北崎：一番大きく変わったのは、不動産テック企業がより実業に近くなったということですね。より不動産会社化したと言ってもいい。初期の不動産テックは、情報の非対称性をなくしたり、マーケットプレイスを提供したりすることで、わずかな手数料を得るというビジネスモデルでした。それが、不動産の売買や賃貸、開発といった、よりリアルで利益の大きな収益源を獲得するようにシフトしている気がします。

これまでリーシングマネジメントツールを提供していたVTSが自らオフィス賃貸のマーケットプレイスを開設したり、WeWorkも自ら投資ファンドを組成して不動産開発や投資に取り組んだりしています。より実業に近づいてきたのが、一番の大きな変化ですね。

本間：単に不動産業にシフトするのではなく、不動産とITを融合するようなビジネスが誕生していますよね。例えば不動産売買のプラットフォームを運営するOpendoorは、AIテクノロジーを活用した不動産の転売ビジネスで大きなもうけを狙っている。そういうプレーヤーがいろいろ登場していて、それをZillowみたいな、ひと昔前のプレーヤーが追いかけているという構図ですね。

北崎：そうですね。情報の非対称性とか不動産業界の非効率な部分を解消することで成長してきたZillowのような第一世代の企業が、デジタルとリアルを結びつけて急成長する第二世代に、自分たちの領域を侵されています。今は第一世代が反撃しているような状況。今後は世代間の競争が激しくなってくるでしょうね。

本間：もう一つ付け加えると、海外のイベントに通っていて最も感じた変化は、15年、16年ぐらいにまだ創業1年目、2年目で、投資家の前でピッチ（短いプレゼンテーション）をして資金調達に苦労していた人たちの中で、成功者としてあがめられる、エスタブリッシュされた存在になってくるスタートアップがいくつか出てきていることです。

ＶＴＳであり、CompStak《コンプスタック》であり、そういったプレーヤーがそこかしこに出てきています。ＩＰＯまではしていませんが、会社として高いバリュエーションを得た、スター経営者。まだ彼らはみんな30代そこそこだと思うんですけれども、この業界の成長のスピードというのを感じています。

日本の企業でもいわゆる第一世代のプレーヤーの一部がエグジットのフェーズに入り、世代交代が起こっているような気がします。ネット不動産仲介やＡＩを使ったチャットボットで成長したイタンジが、GA technologiesによって子会社化されました。こうした動きは世界的に見られます。

本物と偽物の違いはビジョンの有無

谷山：ただ海外と大きく違うのは、不動産テックのベンチャー企業が日本では思ったより出てこない。圧倒的に数が少ないと思います。

本間：数え方にもよりますが、米国だと１０００社、グローバルだと３０００社くらいの不動産テック企業があります。日本の場合、ピュアな不動産テックカンパニーでここ創業5年以内とかだと、20～30あるくらいですよね。

谷山：それくらいだと思います。中身を見ても玉石混交で、それらしい名前に社名を変えただけというケースも見かけます。不動産会社のホームページ作成を代行する会社が、不動産テック企業を名乗っていたりしますしね。

本間：サラリーマン向けに投資用不動産を売っている会社が、スマートフォンのアプリをつくったり、ＩoＴデバイスを住宅に設置したりしただけで、不動産テックカンパニーとして華々しくアピールしていますが、なかにはその後に不祥事を起こすようなケースもみられます。これは私だけの造語ですが、「ガワテック」と呼んでいます。テックの皮を被った不動産会社。

クラウドファンディングもそうですよね。仕組みはとても優れたものだと思いますが、最近はいいかげんな裏付資産を基に商品を組成しているケースが次々と明らかになっています。

谷山：たぶん不動産テックという言葉の幻想ですね。上場に向けたエクイティストーリーとして、「我々はテックカンパニーです」と言うと、非常に高いマルチプル（評価倍率）がつく。実際の実力から判断した企業評価ではなく、テック企業として評価されると、企業価値が一気に何倍にも膨らんでしまう。

本間：そういう偽テック、フェイクテックと、本物の不動産テックの境目はどこでしょうか。

谷山：自分で実務を手がけるようになってみてよくわかるのですが、これはビジョンしかない。テクノロジーを使って何をしたいのかという心の持ちようです。

もちろん、テクノロジーを用いて業界の役に立ちたいと考えている会社は、不動産テック企業以外にもあるでしょう。例えばＳＩベンダーとしてシステムを受託開発し、これを不動産会社に納入するというのは、昔からある不動産ＩＴ企業のビジネスです。しかし不動産テック企業は、ビジネスモデルやビジョンの考え方が、従来の不動産ＩＴ企業とやや違います。

本間：今の不動産業界の仕組みに当てはめてシステムをつくるのではなく、自分が描いた新しいビジョンに合わせて技術をつくっていくということでしょうか。

谷山：そう、そこが違うところだと思います。でもそれをやるのは非常に大変です。現状の不動産プレーヤーが求めているシステムをつくるのは、逆に言えば楽。今ある業務をスマホのアプリにするだけでもうかるので、それはそれで一つの方向性だとは思いますが、やはりこういう時代であれば、新しいテクノロジーを使って、新しいマーケットを切り開くとか、新しいビジネスモデルをつくるプレーヤーが、どんどん出てきてほしい。

北崎：私も谷山さんに同感です。ただ日本の場合、ビジョンを実現させるまでサポートしてくれる人、例えば上場をせかさない投資家や、最後まで一緒に開発に取り組んでくれる技術者が少ないですね。この点は大きな課題です。

谷山：胆力ですよね。

北崎：それって日本だとやっぱり難しいのかなと。それと日本の企業は行儀が良過ぎて、どうしてもグレーなことに二の足を踏んでしまいます。米国人は「グレーならやってしまおう」というチャレンジャー精神が強い。

本間：そうですね。かつてのAirbnb《エアビーアンドビー》はそうやって伸びてきました。

北崎：すぐ廃業したりもしますが、千に一つか万に一つ、本物が登場します。そこに夢を見て、お金を出してくれる人や、技術支援してくれるテック系ワーカーの層の厚さが企業数の違いとなっているのだと思います。

本間：今後の普及を考えたとき、呼び方も大事です。いまだにリテックとかリーテック（RE Tech）という言葉を国内で聞くことが多いのですが、はっきり言ってちょっと時代遅れな感じがするんですね。プロップテックはもともと英国側から米国に入ってきた言葉で、今急速に世界で普及しています。言葉が生まれてから間もないし、仕方ない部分もあると思うのですが、日本だけが古い言葉のまま取り残されつつあるところが心配です。

日本の不動産テックは住宅系が中心

本間：日米のベンチャー投資の環境の違いもありますが、どちらかというと日本は、スタートアップの側が未熟だと思います。そこまで大きいビジョンを掲げる起業家が、不動産テック業界には今のところ見当たらない気がします。いくつか優れたソリューションはありますが、プラットフォーマーと呼べるような会社はほとんどありません。

谷山：ただ、それが不動産テックだけの現象かというと、フィンテックでも同じだと思いますよ。これは不動産テックに限らず、日本の全般的な課題だと思います。

北崎：不動産も金融もそうですが、日本では構造的に寡占化が進み過ぎたのではないでしょうか。米国は住宅仲介を見ても、大手でもマーケットの10分の1以下のシェアしかありません。日本は大手で5割くらいを占めています。面白いサービスを開発しても、それを使うユーザーの数が限られると、一握りの大手の意向を聞かなければいけなくなります。

ところが米国の場合は、ユーザーの数が圧倒的に多い。そのサービスが中小の不動産会社にどんどん活用され、業界のスタンダードになっていくと、大手も使わざるを得なくなってきます。こういう現状を見ていると、日本の不動産テックはもう少し攻め方を変える必要があると思います。

谷山：それと一口に不動産テックといっても、その範囲は非常に広い。住宅仲介もあれば、金融的なサービス、スペースのシェアリングビジネスもあります。賃貸仲介や売買仲介のような大手が独占している分野ではなく、まだ大手が進出していない領域であれば、スタートアップも成長余地は大きいと思います。

本間：今の日本で不動産テックと呼ばれている企業は、ほとんどが住宅系ですよね。

谷山：それも売買はまだ少なくて、ほとんど住宅賃貸ですね。でもそれって、不動産業界全体の市場規模からみたら、かなり小さい世界です。管理業務とか、アセットマネジメントとか、バリューチェーンのいろいろな機能の中で、「日本ならこの分野」というのが、もしかしたらあるかもしれません。

本間：確かにバリューチェーンのどのくらいを

不動産テックがカバーできているかと考えると、まだものすごく小さいですよね。

例えば典型的な例で言うと、住宅の価格査定というのをAIでやりますというのが多いんですけれども、これは日本でもあっという間に普及して、今では10社ぐらいあるのかな。しかしそこが生んだ価値って何でしょう。それで大きくなってIPO（新規上場）した会社はあるんでしょうか。ないですよね。

市場規模や成長可能性を考えると、私は事業用不動産に目を向けるべきだと思います。住宅にしてもいろいろな、米国にあるような考え方というのを持ってくる時期が来たんじゃないかなというふうに思っています。

北崎さんは何か思いつきますか？　米国にあって日本にないようなサービス。

北崎：ないようなサービス…。

本間：まあ、ないものだらけですけどね。

北崎：ないものだらけで、あるものを…

本間：逆にあるものがあまりないですね。

北崎：そういえば、不動産会社出身の人が立ち上げるベンチャーって少ないですよね。

本間：そうですね。これまでスタートアップを転々とした人や、大手のポータルサイトを辞めた人が立ち上げたケースがほとんどです。やはり個人の興味から始まっているから、住宅にしか目が向かないのでしょう。

米国では事業用不動産のことをCRE（Commercial Real Estate）といいますが、CREテックと呼ばれる不動産テックの1分野が大きな盛り上がりを見せています。なかには賃貸管理マネジメントツールのVTSのような成功者も登場しています。

まだ成長途中ではありますが、不動産鑑定を自動化したり、契約書をAIで解析して重要な部分だけを抜き出す「リースアブストラクション」というツールもあります。こうした不動産の業務に関わるソリューション企業が、日本ではまだ少ないですよね。

谷山：ここ1年〜2年になってやっと、事業用不動産の世界でビジネスをやっていた人が、スタートアップを立ち上げ始めています。それでも年に数社くらいですが、そういう人々に期待したいですね。

データ不足であきらめない

本間：米国で不動産テックが隆盛を極めている要因として、MLS（Multiple Listing Service）や公的機関によるデータが非常に豊富なことがあると思います。英国がヨーロッパの不動産テックのハブになった理由も、公的機関によるデータの蓄積が豊富だからです。データのない日本において、不動産テックをどうやって発展させていけばいいのでしょうか。

北崎：データがなければつくればいい。それ自体がビジネスになります。MLSのないマンハッタンで、不動産仲介会社から物件情報を集めて、自分のポータルに掲載して成長したのがStreetEasyです。その後はZillowに買収されましたが、そこで唯一無二の存在になるというのも一つのビジネスモデルです。

ずっと口を開けて、データがないから利用できないというふうに待っていても始まらないのかなと思います。あればあったことにこしたことはないと思いますけどね。

谷山：私も北崎さんの考え方に大賛成です。日本のプレーヤーはずっと、10年、20年ぐらい前からデータがないと言い続けて、そこで思考停止しちゃっているんだと思うんですよ。不動産取引価格情報がないから何もできませんといったら、たぶん未来永劫ないわけです。取引価格の情報が出てこないなら、それをほかのものから推計するアルゴリズムとか、データを使ってマーケットを分析するような考え方もあると思います。

私は12年当時、学術論文を書くために本間さんと知り合ったと思うんですけど。

本間：そうですね。不動産インデックスの共同開発を手がけたのが谷山さんとの始まりでした。

谷山：あのときも不動産の取引の価格の情報というのは極めて乏しいなかで、じゃあ、「日経不動産マーケット情報」のようなメディアに出てくるようなテキスト情報だとか、みんながグーグルとかで検索しているキーワードの利用回数とかで、不動産市場のトレンドを推計できるんじゃないかというのを考えて、共同で「センチメント指数」の研究に取り組みました。

ないデータを、ずっと口を開けて待っていたらたぶん我々はそのうち定年してしまう。それを待つのではなくて、それがないという前提の中で何ができるのかというのを考えたい。ほかのデータから推計するのか、そのデータをつくるビジネスを始めるのか…。データの公開をずっと待っていたくなる気持ちはわかりますけれども、むしろ、今のうちからできることをやるべきなんじゃないのかなと思います。

本間：この10年、不動産の取引データを集めてきた者としては、耳が痛い話です。事業用不動産の分野においては、私も引き続き頑張っていくつもりですが、もっといろいろな分野で同じようなプレーヤーが出てきてほしいですね。例えば賃料のデータを集積して提供するとか、商業施設のトラフィックを分析・集積するとか、いろいろなデータがもたらす可能性があると思います。

それと、個々の不動産会社も、様々なデータを収集していると思うのですが、各社の内部でそれがあまり活用されていません。活用の仕方がわからないのでしょうが、それなら自社のデータを囲い込まず、スタートアップに積極的に提供して、一緒に開発に取り組んでほしい。さらにその開発成果を、スタートアップを通じてほかの人と共有すれば、業界全体の発展につながると思います。

ところで不動産のデータの話をすると、しばしばレインズのデータを公開すべきだという議論になります。これは日本の不動産テックにとって大きな価値をもたらすのでしょうか。

谷山：個人的な意見としては、そんなにインパクトはないと思います。データの間違いも多いですし、米国のＭＬＳとは全然違う世界でしょう。そもそもレインズは、不動産流通業者の互助組織であり、成り立ちを考えれば公開してくれるほうがおかしいでしょう。本間さんとしては、レインズは公開したほうが良いとお考えですか。

本間：もちろん、私の立場からは公開したほうがいいと思っています。米国の例をみれば08年に司法省が公開の命令を出したことによって、不動産テック産業というのが大きく羽ばたいた。そういう政策的な目的で、国なり自治体なりが情報を公開していく方向に動けばいい。

ただ現実論として、事業用不動産に関して言えばレインズは役に立たないでしょう。信託銀行やファンドを通じて売買されるような高額物件がほとんど登録されていないからです。そういう意味では私の仕事には直接関係がないということになります。

北崎：実は米国のＭＬＳも、あくまで互助組織であり、自発的なシステムです。本書でも解説しましたが司法省から「10年間公開しなさい」という命令が出て、08年から公開せざるを得ない状況になっているわけです。ところが18年11月に、公開期間が終了しました。これからも公開するかどうかは、全米リアルター協会の裁量次第になっています。

本間：最近、私は自宅のために注文住宅の土地を購入したんです。当然不動産会社さんに行って、レインズのデータもいただきましたし、それから国土交通省の土地総合情報データベースを見ました。しかしそこに書かれている事例というのは極めて不動産会社がじかに持っている情報と比べて少ないんですね。5分の1とか6分の1とかいうレベルじゃないでしょうか。

そうやって見ると、レインズに幻想を持ち過ぎというのは確かに谷山さんのおっしゃる通りだし、ローカルに住宅地図の上に手書きで蓄積されているような情報を何とかして集められたら素晴らしいんじゃないかな。理想論ですが。

スクレイピングは善か悪か

本間：もう一つデータにまつわる話題についてご意見をいただきたいのですが、インターネット上のデータをロボットによって集めてくるスクレイピングという手法があります。同じような手法を使って、多くの不動産テックスタートアップが、自社の価格推定システムをつくっています。こうした手法について、どのように評価しますか。

谷山：何が一番問題なのかというと、やっぱりルールがないことだと思うんですね。

本間：ホームページを持っている側からすると、「俺のデータを盗むな」ですよね。

谷山：まあ、そうですね。でも公開はしているんだから別に収集して分析してもいいじゃないかと。

本間：…というのがスタートアップ側の意見で、結局これってなかなか折り合う場所が見つからないですよね。

谷山：どちらにも言い分があって、結局は水掛け論になります。

不動産テックがスタートしたばかりのころは、スクレイピングやクローリングのプログラムを書くことは非常に高度な作業でした。それが、今は誰でもできるようになってしまった。する側もされる側も、そういう状況にあるということを考えて、統一的な見解やルール、マナーをこれから考えていくところにきています。

本間：最近聞いたのですが、全国銀行協会が02年にスクレイピングも含めたアグリゲーションサービスに関するルールをまとめていたそうです。そういうルールがあったからこそ、マネーフォワードのようなスクレイピングを前提にしたサービスが成功できた。それがなぜ不動産業界でできないのかなと思います。何らかの協会という形になるのかどうかはわかりませんが、大企業とスタートアップが話し合いを持つ場が、これから求められてくるでしょう。

ところでマナーやルールといえば、最近はクラウドファンディングやその一環であるソーシャルレンディング、ブロックチェーン技術を使うICO（Initial Coin Offering）に対する世間の目が厳しくなっています。特にコインチェックの仮想通貨流出問題以降は、その傾向が顕著だと思います。クラウドファンディングをめぐる不祥事も相次いでいますが、どうすればこの局面を切り抜けられるのでしょう。

谷山：クラウドファンディング、ソーシャルレンディングもそうですが、不動産テックのなかで行政処分が出ているのは、何らかの金融に関わるビジネスを手がけるプレーヤーです。特に不動産金融テックとか不動産フィンテックとか呼ばれる分野ですね。

結論から言うと、私は規制が厳しくてもいいと思っています。なぜならこれらのビジネスは、不動産のカラーが強いとはいえ、やはり金融です。人様のお金を預かるうえでは、きちんとしたテクノロジーや体制が求められます。

この1年~2年の間に、仮想通貨のスタートアップ企業や、貸付型のクラウドファンディングにおいて、資金の流出や流用などの問題が噴出しました。それは結局過渡期にあったということか、それを経てやっぱり最後にちゃんとしたところが生き残るべきであって、淘汰されるべくしてされたと思っています。別に私がビットリアルティの社員だから言っているわけじゃなくて、一般論としてやっぱり金融は遊びじゃないので。

本間：いい言葉ですね。

谷山：金融は遊びじゃないんですよ。人様の大事なお金を預かるのに、適当なシステムを構築して、エクセルで管理するようなやり方は通用しません。

本間：小さなスタートアップから始まった仮想通貨交換業者が、規制が厳しくなって排除されていくのと同様に、不動産金融テックも体制の整った企業に集約されていくという考えですか。

谷山：そういう流れはあると思います。ただ、そのなかでも新しいスタートアップがどんどん出てきてほしいというのは本音です。もちろん本当に金融ビジネスをやるのであれば、それなりの覚悟が必要になってきます。不動産の賃貸管理システムをＩＴ化するといった分野なら、そこまでは求められないと思いますが、同じ不動産テックでも、金融ビジネスはややレベル感が違います。

本間：今のソーシャルレンディングの問題というのは、初期に金融庁が借り手保護のために裏付けとなる担保資産を公開しないよう指導したことが一つ大きな背景としてありました。だから不動産がどこにあって、誰が持っているかわからないままに募集が行われ、投資をしていた。それは金融庁でも見直しをかけて今は是正されつつありますが。

もう一つは体制の問題で、例えば資金の分別管理がされず、1号ファンドのお金を、足りなくなると2号ファンドを募集してそれで充当するといったような、いわゆるポンジスキームも横行していた。こういうことを防ぎ、かつ投資家個人の適性を、つまりこの人は十分な資産があり投資するだけの能力がある人かどうかを見極めるという作業においても、やっぱり金融、今までの証券業とかそういうものと同じだけのチェック体制が求められるということになってくるんでしょうか。

谷山：その通りです。結局人様のお金、誰かの個人の大事なお金を受託して運用する訳ですから、受託者責任が伴います。何かあったらおしまい、一発アウトの世界観ってあるじゃないですか。そういう分野の不動産テックって、やっぱりちゃんとした方々じゃないと。

本間：経営者のバックグラウンドを含めてですね。

谷山：バックグラウンドを含めて、厳しくチェックされていくと思います。

異業種とつくり出すスタートアップ

本間：このあたりで、日本の不動産テックにおいて大企業が果たす役割というのをおうかがいしたいと思います。米国あるいは英国のようなスタートアップ・エコシステムが日本にはない。今育ってきてはいるんですけれども、やっぱり規模において全然違う部分が実感としてあります。そうしたなかで、日本においては大企業の取り組む不動産テックというのも価値があるのかなと。あるいは日本の大企業が欧米の不動産テック会社と協業したり、そこに投資をしたりといった可能性もあると思っているのですが、北崎さんはどう見ていますか。

北崎：日本の不動産会社も、ようやくテクノロジーに対する導入アレルギーがなくなってきました。むしろテクノロジーを積極的に活用して、自ら業務効率を高めていかないと対応できない時代になっています。社内でもごく限られた情報システムの部署で取り組んでいたことが、今はデジタルを使って業務全体を効率化したり、新しいビジネスをつくり出したりする動きにシフトしています。

そこで圧倒的に足りないのが、パートナーとなる不動産テック企業です。ただ不動産会社にしてみれば、どこにアクセスすればいいのかがわからない。あるいはアクセスしようとする会社に、どれくらい能力があるのかが判断できないのです。

本間：不動産会社とスタートアップのコミュニティーが分断されているような状況が、日本にはまだ残っているのでしょうね。日本の不動産テックのイベントを見てみると、出席者のほとんどがスタートアップかIT企業です。欧米では伝統的な不動産会社や、ブラックストーンのようなファンドがイベントのホストを務めるなど、全面的に不動産テックを応援しています。自ら不動産テック専門のファンドを組成するケースもみられます。そこは日本との大きな違いですね。

北崎：米国では不動産会社がユーザーであり投資家でもあります。各不動産会社は不動産テックを育てるのに懸命になっています。例えば大手不動産会社が大学と提携し、不動産テックの教育課程をつくったりしています。そのなかで何か面白いアイデアやサービスが生まれたら、会社として支援を続ける。早い段階から人材を育てる取り組みは、日本でも必要だと思います。

谷山：新しい不動産テックサービスを、大学のようなアカデミックなリソースを使いながら考えていくというのは、一つの方向性ですね。それともう1点、私が気になっているのは、日本の大手不動産会社が新しいテクノロジーを用いたビジネスに取り組もうとするとき、パートナーとしてベンチャー企業にばかりに目がいきがちです。そうではなくて異業種の大手企業と組むという視点が欠けている気がします。

私たちが立ち上げたビットリアルティも、ケネディクスと野村総研のジョイントベンチャーです。ご承知の通り野村総研は不動産会社ではありません。異業種だからできる面白いビジネスというのも、あるのではないでしょうか。

本間：でもそれはかなり大変ですよね。カルチャーもスピード感も違うでしょうし。

谷山：すごく大変ですけど、担当者にとっては非常にいい経験になりますよ。何か人ごとみたいに言ってますけど（笑）。

街づくりに乗り出したIT企業

本間：この座談会の最初のほうで、北崎さんから「不動産テック企業が不動産会社化している」というご指摘をいただきました。これとよく似ているけれども、さらにスケールの大きな傾向として、「米国のIT企業が街づくりに乗り出している」と、北崎さんは常々おっしゃっていますよね。これはどのような現象なのか、教えてください。

北崎：20世紀の初めにフォードがデトロイトで自動車工場をつくったとき、一緒に住宅や病院やショッピングセンターも開発して、壮大な街をつくりました。いわゆる企業城下町ですが、今、米国で新しくデジタルの企業城下町が誕生しつつあります。

例えばグーグルは、自分たちが自由に使える土地を全米から公募しました。自動運転の車を走らせたり、建物の形態や用途の規制を取っ払ったりして、そこで自分たちの好きなものをつくりたいというわけです。その結果、カナダ・トロントの南東部にある約5haのエリアが選ばれました。

グーグルだけでなく、アップルもアマゾンも、リアルな場所で街づくりに乗り出そうとしています。企業が何をつくりたいかと突き詰めていくと、最後は都市空間をつくりたいと思うようになる。非常にユニークで、チャレンジングな取り組みだと思います。

本間：これまでの企業と街の関わりは、どこのビルにテナントとして入るとか、あるいは社宅をつくりますというレベルの話でした。それが自動運転などのテクノロジーが絡んできて、街のインフラとテナントとしての企業が混然一体となってきました。
日本ではグーグルが、現在の企業規模の倍のキャパシティーがある渋谷ストリームを一棟借りしました。つまりこれから社員を倍に増やすぞと宣言しているわけですが、この爆発的な成長力はすごい。そこから先に何が起こるかを想像すると、もしかしたらグーグルが「渋谷の大家さん」になっていくのかもしれませんね。

北崎：米国のＩＴ企業がやりたいのは、単なるサービスの提供だけで終わらず、都市空間そのものを変えたいということ。そこには既存の法体系に縛られない、自分たちで自由なものをつくりたいという発想があります。日本でも同じような現象が起こるかもしれませんね。
ひとつ事例をあげると、18年11月にトヨタが静岡県の工場跡地に、自動運転などの次世代技術を実証するための新たな街を開発することが報道されました。同社は人々に快適な移動を提供する企業へと変化しており、そうした新たなサービスを開発するためにも、まずは実証できる街が必要となるということでしょう。

本間：ただ米国にしても最終的な完成形はまだ見えてないんですよね。

北崎：まだ詳細は見えていません。

本間：手探りでいろいろなことをやっているという。自治体にサンドボックスというか、規制緩和エリアみたいなのがあるんですか。

北崎：そうです。先ほど話したように、グーグルが全米で自分たちの自由に使わせてくれる土地を提供してくれる自治体を公募して、自動運転の車を走らせたり、建物の用途規制も全部取っ払って、自分たちの効率のよいものをつくってみたいと言い出した。その結果トロントが選ばれたし、さらにその次の立地の選定も続いています。そうしたところで出来上がってくるものに注目したいですね。

本間：不動産テックは、ＩＴと不動産をつなぐ、自分のキャリアから言ってもとても面白い分野ですし、これからの業界を大きく変えてくれるのではないかと大いに期待しています。この本を通じて不動産のプロフェッショナルのみなさんや、若いスタートアップのみなさんが、不動産テックに少しでも関心を持っていただければ幸いです。

本日はありがとうございました。

（18年12月、東京都内にて）

（写真：柚木 祐司）

初出一覧

本書の内容は著者2人による書き下ろしのほか、日経BPの左記のウェブサイト、雑誌記事を基にしている。

○日経不動産マーケット情報（ウェブサイト）

連載「不動産テックの攻防」北崎 朋希

２０１６年８月８日～９月13日（シリーズ1）

Airbnbエコノミー／コラボオフィスの雄・WeWork／ＡＩの先駆者／クラウドファンディング／仲介ビジネス

２０１７年９月13日～10月12日（シリーズ2）

新旧勢力の戦い／ＶＣ投資／成長への苦悩／オープンイノベーションの潮流／テックが変えるオフィス市場／テックが変える都市空間

○日経不動産マーケット情報（月刊誌）

２０１７年１月号「大手に迫るデジタル革命 スタートアップの買収相次ぐ」本間 純

２０１７年10月号「不動産クラウドファンディング 大手参戦でメジャー化目前」本間 純

２０１７年12月号「不動産テック百花繚乱 若者の野心が揺らす業界秩序」本間 純

２０１８年４月号「広がる民泊ビジネス 問題物件の解消へ高まる期待」坂井 敦

２０１８年８月号「注目集めるコワーキングスペース」長廣 恭明

○日経ホームビルダー（月刊誌）

２０１８年12月号「本気のパナ、ＩｏＴ住宅で総力戦」安井 功

本書の内容は２０１９年１月時点の入手可能な情報に基づく。また、文中の氏名はインタビューを除き原則敬称略とした。

第４刷の発行にあたり、最新の情報を踏まえて一部の内容を見直している。

不動産テック
巨大産業の破壊者《ディスラプター》たち

2019年1月28日　初版第1刷発行
2019年9月9日　初版第4刷発行

著者　北崎 朋希、本間 純
監修　谷山 智彦
編集　日経不動産マーケット情報

発行者　望月 洋介
発行　日経BP社
発売　日経BPマーケティング
〒105-8308 東京都港区虎ノ門4-3-12
装幀・制作　東京100ミリバールスタジオ（松田 剛・前田 師秀）
印刷・製本　大日本印刷

ISBN978-4-8222-5660-9

・本書籍に関するお問い合わせ、ご連絡は下記にて承ります。
https://nkbp.jp/booksQA